언·어·치·료·사·를·위·한

한국어 문법

KOREAN GRAMMAR

| 이봉원 저 |

학지사

머/ 리/ 말/

의사소통의 문제를 다루는 전문가가 여러 가지 과제를 해결하기 위해서는 언어 구조에 대한 기본적인 지식과 분석 틀을 갖출 필요가 있다. 이 책은 한국어 문법에 대한 주요 지식을 습득하고, 이 지식을 이용하여 언어 현상을 효과적이면서도 정확하게 분석하려는 국어국문학 비전공자를 위한 교재로 기획한 것이다.

문법 지식을 담은 교재가 적지 않음에도 불구하고 이 책을 집필한 이유는 방대한 문법적 지식 내용을 개별 분야의 특성에 적합하도록 선별하고 정리할 필요가 있었기 때문이다. 한국어 연구의 성과는 매우 방대하지만 인접 학문의 전공자가 이들을 모두 섭렵하기는 쉬운 일이 아니다. 이보다는 문법 지식 중 해당 분야에서 필요한 핵심 지식을 선별하고 이를 이해하고 습득하여 응용하도록 하는 것이 문법 교육의 가치를 높이는 일이라고 보았다.

이 책은 학교 문법의 체재를 최대한 수용하였다. 물론 학교 문법이 실제 언어병리학 분야가 요구하는 평가 및 분석의 틀을 제공하기에 부족한 면이 있지만, 표준 문법의 체계와 괴리된 지식도 분석의 효율성이나 포괄성에 문제를 야기하므로 적절한 것으로 보기는 힘들 것이다. 구어에 대한 분석 틀을 제시하는 일과 아동의 언어발달에 대한 연구 성과를 반영하는 과제는 아직 이 책에 담지 못했다. 구어 문법 연구가 점차 활성화되고 있으므로 머지않아 그 성과를 정리할 수 있으리라 기대한다. 또한 책의 설명과 예시 자료 중에는 기존의 문법 교재에 기댄 것이 많다. 개론서의 성격에 따라 출처를 일일이 밝히는 데에는 한계가 있었으며 참고문헌을 제시하는 것으로 마무리하였다.

이 책은 언어병리학을 포함한 관련 전공의 학부 과정에서 한 학기에 다룰 수 있도록 구성하였다. 기초적 개념을 습득하여 이용할 수 있도록 핵심적인 내용을 간명하게 기술하였다. 또한 문법의 큰 틀을 이해하여 분석의 눈을 키울 수 있도록 기본 원리를 제시하는 데 비중을 두었다. 지식을 바탕으로 실제 자료를 분석하는 작업이 반드시 병행되어야 하므로 장마다 별도의 과제를 제시하였고 그 풀이는 온라인 사이트에 지속적으로 게시할 예정이다. 이 책은 담당 과목의 강의를 위해 펴낸 문법서에서 시작된 것이다. 부족한 내용에도 불구하고, 많은 분의 요구와 기대가 이 책의 출판을 가능하게 한 동력이 되었다. 출판 과정에서 도움을 주신 모든 분께 고마움을 전한다. 앞으로 이용자와의 상호 소통을 통해 이 책을 더 쓸모 있는 콘텐츠로 발전시켜 나갈 것이다. 독자 여러분의 관심과 조언을 기대한다.

2015년 2월

저자 씀

차 례

제1장

언어와 문법

언어

문법

한국어 문법(韓國語文法, Korean grammar)이라는 말은 두 개의 단어로 구성된다. '한국어'는 언어의 이름이다. '문법'은 언어 안에 있는 형식적 질서이다. 동일한 말을 제목으로 하고 있는 이 책은 한국어를 사용하는 사람들이 공유하고 있는 언어 질서를 탐구하고, 특정한 목적을 위해 그 지식을 실제적으로 응용하는 데 이용될 것을 목표로 집필한 것이다. 이 책은 독자가 대개 한국어 모어 화자이거나 한국어, 특히 문자 언어에 능통한 사람일 것이라는 가정하에 집필된 것임을 말해 둔다. 첫 번째 장에서는 언어의 여러 속성을 언어학적 성과를 바탕으로 미리 살펴보기로 한다. 문법을 이해해 가는 과정에서 이 장에서 소개한 여러 가지 개념은 중요한 밑바탕이 될 것이다.

언 어

언어란 무엇인가

언어(language)는 우리가 지금 사용하고 있는 의사소통 수단이다. 이 책을 읽고 있는 여러분과 이 글을 쓰고 있는 필자는 분명히 어떤 언어를 공유할 것이다. 그 언어에 이름을 붙여 보면 어떨까? 한국어(Korean)일 것이고, 문자 언어(written language)일 것이며, 자연 언어(natural language)도 될 수 있을 것이다. 대부분은 태어나서 처음 배운 말이 한국어일 것이다. 이 말은 한국어가 모어(mother language)가 된다는 뜻이다. 그런데 이런 개념을 자세히 모르더라도 언어를 사용하여 서로 의사소통하는 데에는 별 문제가 없다. 언어에 대한 학문, 즉 언어학(linguistics)을 공부하면 언어 사용 능력이 획기적으로 발전되리라는 보장이 있는 것도 아니다. 언어학자의 입장에서는 아쉬운 일이다.

언어는 쉽다. 적어도 일상적인 영역에서는 더욱 그렇다. 동료와 잡담을 나눌 때에는 별반 공을 들이지 않아도 대화가 쉽게 이어지기 마련이다. 사람마다 다르겠지만, 하루에 사용하는 언어의 양과 언어에 들이는 시간은 생각보다 많은 편일 것이다. 크게 의식하지 않고 수월하게 사용하고 있을지라도, 언어의 중요성은 따로 부연해서 설명할 필요가 크지 않을 정도로 분명하다. 언어는 의사소통의 수단이며, 인간을 인간답게 만드는 가장 중요한 지표이다. 인간이라는 종이 갖는 가장 뚜렷하고도 본질적인 특성은 직립 보행이나 사고 능력이 아니라 말하는 능력이다. 언어를 통해 우리는 사회를 구성하고 문화를 발전시켜 왔다. 인류의 현재는 언어라는 토대가 없었다면 불가능했을 것임에 틀림없다.

언어의 특성

언어가 중요하다고 해서 우리가 언어의 모든 것을 알고 있는 것은 아니다. 말을 잘한다고 해서 그 사람이 형태소의 정의를 완벽하게 이해하고 있다고 확신할 수는 없다. 언어에 대한 지식과 언어 사용의 능력이 일대일로 대응하는 것은 아니라는 증거는 수도 없이 댈 수 있다. 그럼에도 불구하고 언어에 대한 지식을 포기할 수는 없다. 언어를 이해하고, 언어를 이용하여 어떤 일을 하려면 언어 자체의 특성을 알지 못하고서는 그 다음 단계로 진행할 수 없는 것이다. 언어의 중요한 특성 몇 가지를 살펴보자.

언어는 기호다

언어가 일정한 형식과 내용이 결합된 체계인 '기호'라는 점을 파악하는 것이 언어를 이해하는 중요한 첫걸음이다. 기호(記號, sign)란 일정한 형식을 이용하여 어떤 내용을 나타내는 체계이다. 예를 하나 들어 보자. 신호등도 하나의 기호라고 할 수 있다. 초록색 신호등은 '진행', 붉은색 신호등은 '정지'를 나타내는 신호이다. 이때 초록색 등의 점등과 붉은색 등의 점등은 각각 형식(form)에 해당하고, 이 형식과 연결된 '진행'과 '정지'는 내용(meaning)에 해당한다.

$$\text{신호등(기호)} = \frac{\text{초록색 등(형식)}}{\text{진행(내용)}}$$

구조주의 언어학자 소쉬르는 언어를 기호의 한 종류로 파악했는데, 언어도 다른 기호 체계와 마찬가지로 일정한 형식, 그리고 이 형식과 연결된 내용이 있는 기호로서의 속성을 갖는다고 주장했다. 소쉬르의 용어에 따르면 언어의 외적 형식을 기표(記標 = 시니피앙, signifiant), 그 내용을 기의(記意 = 시니피에, signifié)라고 한다. 하늘을 날고 알을 낳으며 깃털이 있는 동물을 지시하고 싶을 때, 한국어 화자들은 치경 평 마찰음과 평순 전설 중모음의 연쇄 [sɛ](새)를 발음하여 이 목적을 달성한다.

$$\text{새(언어 기호)} = \frac{\text{소리의 연쇄 [sɛ](소리, 형식, 기표)}}{\text{'鳥'(의미, 내용, 기의)}}$$

형식과 내용이 결합되어 있는 상징체계가 바로 기호이다. 언어도 기호이다. 언어의 형식은 일정한 방식으로 실현되는데, 주로 말소리를 통해 나타난다. 형식과 내용이 결합되었을 때(또는 그렇게 해석될 때) 비로소 언어의 지위를 갖게 된다. '새'라는 말소리로 된 형식과 하늘을 나는 깃털

달린 생물이라는 의미, 즉 내용이 결합되었을 때 비로소 언어가 완성되는 것이다.

형식과 내용은 다르다

언어를 기호의 하나로 파악하면서 주로 언급되는 개념 중 하나가 **자의성**(恣意性, arbitrariness)이다. 언어의 형식과 내용의 관계는 자의적인 측면이 있는데, 자의적이라는 말은 반드시 그렇게 되어야 할 필연적인 이유가 뚜렷하지 않다는 말이다. 한국어에서는 '鳥(새)'라는 의미를 가진 말을 [새 sɛ]라고 하지만, 영어에서는 [버드 bəːrd]라는 형식이 이 생물의 개념을 나타내는 데 쓰인다. 물론 의성어와 같은 일부 단어에서는 형식과 내용 사이의 밀접한 관계가 발견되기도 한다. 천둥이 '우르릉 쿵쾅'하고 쳤다고 표현했다면 실제로 발생한 소리도 비슷했을 것이다. '우르릉'이나 '쿵쾅' 같은 말은 소리를 그대로 흉내낸 의성어이기 때문이다. 이렇게 형식과 내용의 관련성이 높은 경우, **유연성**(有緣性)이 있다고 볼 수 있다. 물론 같은 소리에 대한 의성어도 언어마다는 다르게 나타날 것이다. 개 짖는 소리를 한국어에서는 '멍멍', 영어에서는 'bowwow'라고 표시한다. 개가 짖는 소리가 나라마다 크게 다르지는 않겠지만, 그 소리를 언어 형식으로 나타내는 방식에는 많은 차이가 있다는 것은 언어의 자의성을 보여 주는 증거가 된다.

이렇게 형식과 내용의 관계가 자의적인 만큼 두 요소는 서로 독립적이라고 할 수 있다. 이 말은 언어에서 형식에 해당하는 측면과 의미나 내용에 해당하는 측면을 서로 분리할 수 있다는 말이기도 하다. 다음의 예를 보자.

아이가 옷을 입었다.

*가아이 을옷 입다었

*아이가 옷의 입었다.

한국어 사용자는 첫 번째 문장을 전혀 문제가 없는 적합한 문장으로 판단할 것이다. 그러나 두 번째 문장은 분명히 한국어 문장이 아니다. 이 문장은 그 위의 문장에 있는 형태소의 배열만 바꾼 것이다. 한국어의 문장을 구성하는 요소들은 정해진 순서가 있으며, 이를 어기면 적절한 문장을 만들 수 없음을 알 수 있다. 문장의 앞에 붙인 **별표**는 이 문장이 문법적으로 잘못되었다는 표시인데, 문법적으로 잘못된 문장을 **비문**(非文, ungrammatical sentence)이라고 한다. 비문은 주로 형식적 오류의 결과이다. 세 번째 문장에서는 조사 '을'을 '의'로 바꾸었는데, 역시 비문이 된다. 이것은 '의' 뒤에는 명사와 비슷한 요소들이 나와야 한다는 형식적 조건 때문이다. 어떤 자리에 올 수 있는 항목이 정해져 있어서 마음대로 바꿀 수 없다는 것을 알 수 있다. 문장이 적합한지 그렇지 않은지를 판단하는 것을 **문법성**(文法性, grammaticality) 판단이라고 한다.

?모자가 하늘을 입었다.

앞 문장은 무엇인가가 잘못되어 있다. 그런데 이런 오류는 처음에 제시했던 형식의 오류와는 조금 다르다. 형식적으로는 크게 잘못된 구석이 없지만 그 의미를 수용하기는 좀 힘들다. 도대체 무슨 말인지 이해하기 어렵다. 문장 앞에 붙인 **물음표**는 내용의 오류가 있어 받아들이기 어렵다는 것을 표시하기 위한 장치이다. 문법적으로는 큰 오류가 없지만 **수용 가능성**(acceptability)에 문제가 있는 것이다. 이렇듯 언어에서 형식과 내용에 해당하는 부분을 분리할 수 있다는 것은 언어 연구 및 분석에서 중요한 전제가 되어 왔다.

모어 사용자가 두 가지 유형의 오류를 구별할 수 있다는 것은 형식과 내용이 서로 다른 문제라는 것을 보여 준다. 언어학의 하위 분야인 형태론과 통사론은 언어 형식에 대한 이론이라고 할 수 있고, 의미론이나 화용론은 언어 내용을 다루는 언어학의 영역이다. 최근에는 이 두 영역의 관련성에 주목하는 연구도 많이 이루어지고 있지만, 기호의 두 측면이 분리되어 이해될 수 있음은 분명하다. 뒤에 다시 언급하겠지만, 문법은 형식에 주목한다는 것을 기억해 두었으면 한다.

언어는 쪼갤 수 있다

우리가 사용하는 말은 여러 종류의 단위로 나눌 수 있다. 실제 대화 상황에서는 대화에 참여하는 두 사람이 서로 번갈아 말을 하기 마련이다. 이렇게 차례가 교대되면 문장 또는 발화 단위가 분명히 드러날 것이다. 하나의 문장은 여러 개의 단어로 구성되어 있고, 다시 하나의 단어는 여러 개의 형태소로 이루어져 있다. 언어에서 단위를 찾아내기 위해서는 큰 단위를 분절해 가는 방식을 이용할 수 있다. 문장을 쪼개면 단어를 찾을 수 있고, 단어를 쪼개면 형태소를 찾을 수 있다.

언어를 어떤 단위로 분절할 수 있다는 것은 언어의 중요한 특성이면서 동시에 우리가 언어의 여러 가지 측면을 밝히는 데 기본적인 출발점이 된다. 언어 분석을 위해서는 먼저 언어에 포함되어 있는 여러 종류의 단위를 구별해 낼 수 있는 능력이 필요한 것이다. 그런데 이런 단위에는 두 가지 종류가 있다. 기호로서의 속성을 보존하고 있는 단위와 그렇지 않은 단위가 바로 그것이다. 기호로서의 속성, 즉 기호성이란 형식과 의미가 연결되어 있다는 것이므로, 형식에 대한 특정한 의미를 구체적으로 찾아낼 수 있는 단위들이 이런 특성을 보인다. 이것을 **문법 단위**(文法單位, grammatical unit)라고 한다. 문법 단위에는 형태소, 단어, 구, 문장 등이 포함된다. 반면 형식이 일정한 의미를 갖지 못하는 단위도 있는데, 분절음이나 음절이 여기에 속하고 이런 단위를 **음운 단위**(音韻單位, phonological unit)라고 한다.

사실 **분절성**(分節性)이라는 특성은 연속적인 세상을 불연속적인 인식의 단위로 구별하는 인간의 인식적 측면의 특성이라고 할 수 있는데, 색깔이나 가락을 생각해 보면 알 수 있다. 색의 수는 무한하고, 높이가 다른 소리도 무수히 많을 수 있지만 우리는 일곱 빛깔 무지개, 5음계와 같이 일정한 수로 이 특성을 정리해서 인식하는 것이다. 언어에서 단위를 찾아내는 작업은 시간을 분절하는 것이므로 역시 일정한 인식적 조정이 필요하다. 단위에 대한 분석 기준은 항상 동일한 것이 아니다. 분석의 기준에 따라 충분히 달라질 수 있다.

언어는 무한하다

언어의 가장 큰 특성 중의 하나는 **창조성**(創造性, creativity)이다. 이것은 문장의 생성 능력과 관계된 것이다. 언어 사용자는 누구나 세상에 태어나서 단 한 차례도 써 보지 못한 문장도 새로 만들 수 있다. "나는……"으로 시작하는 문장을 아무 것이나 한번 만들어 보자. 전혀 어렵지 않을 것이다. 이것이 가능한 이유는 바로 **조합 가능성** 때문인데, 세 개의 어절로 되어 있는 한국어 문장의 구조를 생각해 보자.

A + B + C

A자리에 올 수 있는 말은 '철수가', '학생이' 등의 명사+조사 결합이

다. 이 어절의 종류는 몇 개나 될까? 조사를 고려하지 않고 명사가 대략 1만 개라고 가정해 보고, B자리에도 같은 부류가 올 수 있다고 치자. C자리에는 동사가 오게 될 것이다. 목적어나 보어를 필요로 하는 동사가 1천 가지만 있다고 가정해 보면, 이렇게만 해도 1만×1만×1천, 무려 천억 가지의 문장을 만들 수 있다. 실제로는 훨씬 더 많은 수의 단어가 존재하는데, 대사전에 수록된 표제어는 수십만 단어가 넘으니까 만들 수 있는 문장의 종류는 거의 무한하다고 할 수 있다.

조합 가능성과 함께 무한한 문장의 생성을 가능하게 하는 장치는 바로 귀환성(歸還性, recursiveness)이다. 귀환성이란 문장 안에 또 다른 문장을 넣을 수 있다는 것이다. 이 특성을 반복성이나 순환성이라고 부를 수도 있는데, 다음 예를 보면 알 수 있다.

민서가 멋있다.
의준이가 민서가 멋있다고 말했다.
선이가 의준이가 민서가 멋있다고 말했다고 생각했다.

민서가 멋있다.
민서도 멋있고, 의준이도 멋있다.
민서도 멋있고, 의준이도 멋있고, 선이도 멋있다.

두 가지 예 모두 문장이 확장되어 가는 방식이다. 문장이 그 내부에 다시 문장에 해당하는 부분, 즉 절을 가질 수 있기 때문에 마치 거울 속의 거울을 보는 것처럼 무한히 반복될 수 있는 것이다. 물론 언어를 사용할 때에는 여러 가지 이유로 문장의 확장이 어느 정도 수준에서 제한되겠지만, 이 귀환성은 매우 복잡한 문장 구조를 가능하게 만드는 장치가 된다.

그 밖의 특성

언어는 여러 가지 정보를 전달하는 기능을 갖는다. 그러나 어떤 경우에는 언어가 효과적인 의사소통 수단이 되지 못하기도 한다. 범인의 인상착의를 글로 정리하는 것보다는 몽타주 한 장을 그리는 것이 훨씬 더 나은 표현 방법이 될 것이기 때문이다. 반대로 추상적인 개념이나 가상적인 상황은 언어가 아니면 표현할 수 없는 정보이다. '나는 그 자리에 있지 않았어.'를 나타낼 수 있는 방법이 언어말고 있을까? 이런 특성을 **추상성**(抽象性, abstraction)이라고 한다.

언어 체계는 사회적으로 수용된 후에는 개인이 바꿀 수 없는데, 이런 특성을 **사회성**이라고 한다. 새로운 말을 만들어도 언어 공동체 구성원들에게 인정받지 못하면 언어로 사용될 수 없다. 또한 언어는 고정되지 않고 시간의 흐름에 따라 계속 여러 가지 변화를 겪는다. 따라서 부모 세대와 자식 세대는 적지 않은 언어 차이를 경험하게 된다. 극단적으로는 몇 백 년 전의 사람들과는 타임머신을 타고 만날 기회가 있더라도 서로 대화하기 힘들 것이다. 이런 것을 언어의 **역사성**이라고 한다.

언어학의 영역

언어의 수많은 특성은 언어학자들의 관심 대상이 된다. 언어를 연구 대상으로 하는 학문인 **언어학**(言語學, linguistics)은 여러 가지 하위 분야로 나눌 수 있다. **음운론**, **형태론**, **통사론**, **의미론**, **화용론** 등이 그것이다. 물론 이것 외에도 방언학, 국어사, 사회언어학, 응용언어학 등 여러 분야가 있지만 위와 같은 다섯 분야가 가장 대표적인 언어학의 중심 분야라고 할 수 있다. 그런데 이들 분야는 다시 연관성 있는 것끼리 서로 묶을 수 있다. 소리의 특성을 다루는 음운론, 기호의 형식적 측면을 다루는 형태론과 통사론, 그리고 기호의 내용적 측면을 다루는 의미론과 화용론, 이렇게 세 가지 유형이 바로 그 묶음이다. 한국어를 대상으로 하는 한국어학도 위와 같은 언어학적 분류 체계를 따르게 된다. 이 중에서 형태론과 통사론을 묶어 **문법론**이라고 부르기도 하는데, 다음 절에서 기술할 **협의의 문법**과 일치한다.

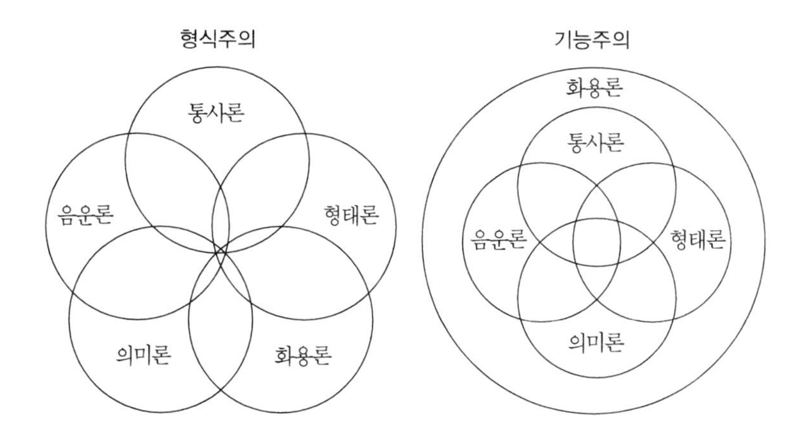

앞의 두 가지 그림은 음운론, 형태론, 통사론, 의미론, 화용론의 다섯 가지 언어 하위 영역들이 서로 어떤 관계에 있는지를 정리한 것이다(Owens, 2010; 김영태 외 공역, 2012: 11). 왼쪽에 있는 그림은 소위 이론언어학의 5대 영역이 동등한 가치로 결합되어 있는 **형식주의** 언어 이론의 모형이고, 오른쪽에 있는 그림은 의사소통 기능을 중요시한 **기능주의** 언어 이론의 모형이다. 이 그림에서 화용론이 다른 하위 분야들을 모두 포함하고 있는 것은 언어 연구의 가장 중요한 목적이 의사소통 과정에 대한 이해라는 것을 말하기 위한 설정이다. 언어와 관련된 학문마다 선호하는 모형은 다르다. 이 책은 전자의 입장에 선다. 형태론과 통사론이 갖는 이론적 독자성을 가정해야 문법의 중요한 측면을 이해하는 틀을 명확히 찾을 수 있기 때문이다. 기능주의적 문법 모형은 의사소통 장애를 연구하는 분야에서 선호되는 틀이지만 문법의 개념을 이해하고 적용하기 위해서는 형식주의적 연구의 성과를 먼저 확립해야 한다고 보는 것이다.

문 법

문법의 개념

문법이란 말을 들으면 무엇이 생각나는가? 이 연상 실험의 결과를 하나씩 검토해 가면서 이 문제의 답을 정리해 가도록 하자. 문법은 언어와 어떤 관련이 있을까? 예를 들어, 한국어를 배우는 외국어 화자가 문법을 공부할 이유는 충분해 보인다. 기초 문법을 모르면 단어를 배열하는 것부터 쉽지 않을 것이다. 그렇지만 문법을 배우는 일은 결코 쉽지 않다는 것을 경험적으로 알 수 있다. 우리는 초등학교와 중학교, 고등학교를 거치면서 외국어 문법의 여러 가지 지식을 힘겹게 외웠던 경험이 있다. 필자는 제2외국어로 독일어를 배웠는데, 기본 알파벳의 발음부터 시작해서 각종 변화표를 외우는 것이 주된 학습이었던 기억이 난다. 영어는 말할 것도 없다. 우리는 문법을 외웠던 것이다.

그렇지만 이 책에서 다루려는 문법은 타고 나는 문법이다. 문법은 태어날 때부터 저절로 타고 나는 것이다. 이 말은 어떤 사람에게는 희소식이고, 누구에게는 믿기 힘든 사탕발림일지도 모른다. 타고 나는 것이라면 배울 필요가 없거나 적어도 배우기 무척 쉬운 대상임에 틀림없을 것이다. 그러나 조금이라도 문법에 관심이 있었던 사람이라면 그렇게 말하기에는 문법이 너무나 복잡한 체계라는 사실을 체감한 경험이 있을 것이다.

사실 우리가 문법을 타고 난다는 것은 언어학자들의 상식이다. 이것을 문법학자들은 생득적이라는 말로 표현한다. 언어의 생득설(生得說, nativism)을 주장하는 사람들은 우리가 언어 능력을 태어날 때부터 갖게 되는 것으로 믿는다. 새는 알에서 깨어난 직후 바로 날지는 못하지만, 일정한 시간이 지나 날개의 형상을 갖추고 날갯짓을 몇 번 연습한 후에는 날 수 있다. 새에게는 하늘을 나는 능력이 생득적인 것이다.

생득적인 문법은 언어에 내재하는 질서를 말한다. 어떤 사람이 자신의 생각을 다른 사람에게 말할 때에는 여러 가지 원리를 준수하게 된다. 한국인이라면 한국어의 말소리 체계와 음절 구조 제약을 지키면서, 한국어 사전에 등재되어 있는 단어를 사용하여, 주어가 맨 앞에 오고 서술어가 맨 뒤에 오는 한국어 문장의 구성 원리에 따라 문장을 구성하고, 전달해야 할 의미와 사용 상황을 고려하여 말을 하게 될 것이다.

우리가 언어를 사용할 수 있는 것은 언어에 내재한 이와 같은 질서를 알고 있기 때문이다. 그러나 우리는 모어에 대해서라면 여러 가지 질서를 의식적으로 학습하지 않아도 말을 하는 데 별 문제를 느끼지 않는다. 물론 사용자가 이런 질서를 명확하게 찾아내서 설명하는 일은 쉽지 않다. 언어에 내재한 질서를 찾아내는 일은 언어학자의 몫이다. 언어를 연구하는 학자들은 이러한 내재적 지식의 체계와 원리를 밝히려 노력하고 있다. 언어에 내재한 문법을 내재 문법이라고 한다면, 학자들에 의해 기술된 것을 이론 문법이라고 부를 수도 있을 것이다.

문법의 종류

문법이 타고 나는 것이라는 말의 뜻이 어느 정도 드러났지만, 여기서 의문이 생긴다. 그럼 우리가 외운 것은 모두 헛수고였다는 말인가? 그렇다고 말하기에는 들인 시간과 노력이 참 아깝다. 결론적으로 그렇지는 않다. 외국어를 배우면서 단어와 문법 범주를 외우지 않을 수는 없을 것이다. 그럼 한국어는 어떤가? 태어나서 처음 접하고, 현재 자유롭게 구사할 수 있는 유일한 언어가 한국어인 사람은? 이 경우에는 외국어를 배울 때와는 사정이 조금 다른 것 같다. 한국어 공부를 그렇게 열심히 하지 않아도 말 하나는 자신 있다는 사람이 적지 않을 것이다.

사실 문법이라는 용어는 그 뜻이 다소 넓다. 보통 한글 맞춤법과 같이 구체적으로 정해져 있는 규정만을 문법으로 인식하기도 하는데, 이것은 문법의 전체적인 틀로 보면 극히 일부분에 지나지 않는 것이다. 문법이라는 말이 가리키는 다양한 개념을 정리해 보자.

규범문법과 기술문법

문법은 몇 가지 유형으로 분류할 수 있다. 먼저 말을 하거나 글을 쓸 때 바람직한 방향을 제시하거나, 특정한 표현은 쓰지 않도록 하는 규범으로서의 문법, 즉 **규범문법**(規範文法, prescriptive grammar)이 있다. 규범문법은 전통적으로 문법의 주류였으며, 지금도 사람들이 문법에 대해서 갖는 대표적인 선입관은 모든 문법은 규범적이라는 것이다. 그러니까 규범문법은 이런 말은 써도 되고, 이런 표기법은 잘못되었다고 말할 수 있는 문법이다. 물론 언어의 소통성을 보장하기 위해서는 이런 규정이 필요한 측면이 있다. 일정한 규준은 소통의 혼란을 방지하는 장치가 될 수 있기 때문이다. 국어 어문 규정에 속하는 표준어, 맞춤법 등이 이 문법의 특성을 보여 주는 사례가 된다.

규범문법과 비교되는 문법이 바로 **기술문법**(記述文法, descriptive grammar)이다. 기술문법은 언어에 내재되어 있는 질서를 찾아내서 정밀하게 기술하고 그 체계를 설명하는 것을 목표로 하는 문법으로, 과학문법이나 학문문법으로도 불린다. 최근의 모든 언어 연구는 과학성의 기반 위에서 이루어지는 기술문법의 지위를 갖는다고 볼 수 있다. 기술문법의 바탕 위에서 얻은 각종 연구 성과는 규범문법에 반영될 수 있으며, 규범문법도 가능하면 합리적인 근거에 기반을 두어 획정되고 교육되는 것이 바람직할 것이다.

넓은 의미의 문법과 좁은 의미의 문법

문법은 **광의의 문법**과 **협의의 문법**으로 구별할 수 있다. 광의의 문법, 즉 넓은 의미의 문법은 앞에서 밝힌 대로 언어에 내재하는 여러 질서를 모두 포함하는 것이다. 이렇게 하면 문법은 언어의 여러 특성 또는 그 특성에 대한 학문으로 범위가 상당히 넓어져서 '언어학'과 동일한 의미로 쓰일 수도 있다.

그러나 일반적으로 문법은 문장 및 하위 단위의 구성 원리로 받아들여지는 것이 보통이다. 이렇게 언어 질서 중에서 단어와 관련된 **형태론**(形態論, morphology)과 문장과 관련된 **통사론**(統辭論, syntax)을 묶은 것이 협의의 문법, 즉 좁은 의미의 문법이다. 좁은 의미의 문법은 **문법론**이라고 불리기도 한다. 문법형태소, 문법 관계, 문법 범주 등의 용어에 나타나는 '문법'은 바로 형태론 · 통사론과 관련된 것이라는 의미로 사용되고 있는 것이다.

학교 문법에서도 이 두 가지 문법 개념이 혼용되어 쓰이고 있다. 전반적으로 학교 문법은 전자, 즉 광의의 문법을 가리키며, 언어를 운용하는 데 필요한 여러 원리를 아우르는 개념으로 쓰인다. 따라서 학교 문법이 기술된 교과서에는 음운론과 화용론, 규범 등의 여러 지식 내용이 모두 들어 있는 것이 일반적이다. 그러나 '문법의 특질'과 같은 일부 용어에 쓰인 '문법'은 좁은 의미의 문법, 즉 문법론의 영역에 대한 것이다.

보편문법과 개별문법

언어 연구의 목표에 따라 문법을 나눌 수도 있다. 여러 언어에 나타나는 현상을 바탕으로 언어에 보편적으로 나타나는 핵심 특성을 밝히려는 태도가 있고, 개별 언어의 특성을 정밀하게 밝히려는 것이 주된 목표일 수도 있다. 앞의 것을 **보편문법**이라고 하고 후자를 **개별문법**이라고 한다.

이 세상에는 한국어 외에도 여러 언어가 존재한다. 영어, 일본어, 중국어, 러시아어 등 수많은 언어가 있고, 한국어에는 이들과 구별되는 어떤 특성이 있다. 물론 여러 언어에 두루 나타나는 특성도 있다. 모든 언어에 공통으로 나타나는 보편적 질서가 있다면, 그 질서에 보편문법이라는 이름을 붙일 수 있다. 그런 점에서 이 책은 한국어의 개별적 특징에 더 집중하게 될 것이다.

한국어의 보편성과 특수성

한국어는 언어의 한 가지 종류이므로 다른 언어와 마찬가지로 기호로서의 특성을 갖고 있다. 그렇지만 한국어는 다른 언어와 구별되는 여러 특징도 보유하고 있다. 한 가지 예를 들면, 한국어에는 다른 언어와 마찬가지로 문장에 주어나 서술어와 같은 문장성분이 존재하고 이들이 일정한 구조를 형성하고 있는데 주어와 서술어, 그리고 목적어의 상대적 순서는 어떤 언어와는 같고, 어떤 언어와는 다르다. 문장을 구성하는 성분들의 상대적 순서를 어순이라고 한다. 한국어는 주어가 문장에서 가장 먼저 실현되고, 목적어나 보어 등의 필수 성분이 그 다음에 오며, 서술어가 문장의 맨 마지막에 온다. 이런 순서를 가진 언어를 주어(Subject)-목적어(Object)-서술어(동사, Verb) 유형, 즉 **SOV 유형**의 언어라고 한다. 영어는 SVO 유형의 언어이고, VSO, VOS 등 다양한 유형의 언어가 존재한다. 문장성분과 어순의 존재는 보편적이지만 그 유형은 언어마다 다른 특수성을 갖고 있는 것이다.

학교 문법

정규 교육과정에 포함된 언어와 문법 관련 지식을 학교 문법이라고 지칭한다. 학교 문법은 한국어를 연구해 온 학자들의 연구 성과를 통일성 있게, 그리고 실용성을 확보하여 체계적으로 정리한 것이다. 학교 문법은 광범위한 언어 지식과 언어 사용의 양상을 모두 다루고 있어서 넓은 의미의 문법이라고 할 수 있다.

학교 문법은 수많은 학생에게 교육되는 문법이다. 곧 각종 시험을 통해서 평가되는 내용이기 때문에 주요 용어가 통일되어야 하고 개념도 정확하게 규정되어야 한다. 이런 점에서 학교 문법은 규범문법의 한 가지로 볼 수도 있지만, 여러 이론적 연구의 성과가 반영된 것이므로 언제나 수정될 수도 있고 다른 체계로 다시 개편될 수 있는 가능성이 항상 열려 있다고 봐야 할 것이다.

학교 문법은 실제의 언어 사용 능력을 키우기 위한 실용문법의 성격도 갖는다. 학교 문법이 언어에 대한 지식 외에도 어문 규정이나 언어에 대한 태도의 측면도 다루고 있는 것은 학교 문법이 이론 문법과는 다른 목표로 만들어졌다는 것을 보여 준다. 학교 문법이 가진 통일성과 실용성의 두 가지 요건 때문에, 학교 문법은 학교교육이 아닌 다른 분야에서 문법과 관련된 지식을 필요로 할 때에도 유용하게 쓰일 수 있다. 학교 문법은 모든 국민이 교육과정에서 배우는 기본 지식에 속하므로 별도의 체계를 세우는 부담 없이 문법 관련 지식을 해당 분야에서 이용하는 데 기본적인 기준이 될 수 있는 것이다. 언어병리학이나 다른 응용 분야에서 이용하는 문법적 지식도 학교 문법의 체계를 따르는 것이 기본이 될 수밖에 없는 이유가 여기에 있다.

문법 지식의 필요성

의사소통의 참여자인 언어 사용자는 문법에 대한 지식을 따로 배우지 않아도 언어 사용에 큰 어려움을 겪지는 않는다. 필자의 경험으로는 말을 잘하는 언어학자도 많지만 그렇지 못한 경우도 적은 것 같지는 않다. 거꾸로 정규 교육을 받지 않은 사람도 놀라울 정도로 정교하고 유창하게 말할 수 있다.

물론 문자 언어의 사용, 즉 글쓰기는 여러 가지 관습과 규약을 지켜야 하는 행위이므로 어느 정도의 학습이 필요하다. 그러나 이것으로 문법적 지식의 필요성이 완전히 증명되는 것 같지는 않다. 적어도 언어의 산출과 이해는 우리가 의식하지 못하는 내재적 문법의 영역이므로 문법적 지식의 학습량이 언어 사용 능력과 비례한다고 하기도 힘들 것이다.

그렇다면 문법적 지식은 왜 필요할까? 국어 교육의 목표를 언어를 사용하는 능력의 배양에 두는 기능주의적 관점에서는 문법적 지식의 목표 역시 의사소통 능력 신장에 있다고 생각할 수 있지만, 학교 문법의 목표는 이보다도 더 광범위하다. 학교 문법은 의사소통 능력의 신장은 물론, 탐구를 통한 지적 성장과 언어관 확립, 규범적 언어 사용과 언어 발전에 이르기까지 매우 폭넓은 목표를 세우고 있다.

그렇다면, 의사소통 장애 전문가에게 문법 지식은 왜 필요할까? 여러 가지 필요성을 찾을 수 있겠지만 가장 중요한 것은 언어 분석을 위해서는 문법 지식이 필수라는 것이다. 의사소통의 문제를 발견하고 그 정도를 평가하기 위해서는 언어의 여러 측면에 대한 분석이 필요한데, 언어를 분석하려면 음운론, 형태론, 통사론, 의미론, 화용론과 같은 여러 가지 언어학적 이론 틀에 대한 지식이 필요하고, 분석의 방법과 자료의 수집 방법도 결정해야 한다. 문법 지식은 이런 과정에서 도구처럼 사용해야 하는 지식이다.

물론 의사소통 장애 전문가는 한국어 사용자, 특히 아동에게 큰 영향을 줄 수 있는 위치에 있으므로 한국어 언어 사용의 여러 측면을 잘 이해하고 있어야 한다. 이런 점에서 언어 사용 능력의 신장이나 언어 규범의 준수 역시 이들에게 요구되는 덕목이며, 문법 지식이 필요한 한 가지 이유가 될 수 있다. 그러나 문법 지식의 필요성은 무엇보다도 언어 분석 능력을 키우기 위함에 있다고 보는 것이 좋을 것이다. 도구로서의 문법에 대한 지식이 이 책의 주요 내용이 될 것이다.

이 책이 기술하고 있는 문법적 지식은 주로 협의의 문법에 대한 것이다. 한국어 단어와 문장의 구성 원리를 전반적으로 파악하고, 분석에 필요한 주요 지식을 정리하는 것이 그 내용이 될 것이다. 주로 형태론과 통사론을 중심으로 하고 다른 언어학의 세부 분야와 문법의 관련성을 소개하였다.

이 책은 학교 문법을 기초로 한 것이다. 학교 문법의 기본 개념을 바탕으로 하고 분석을 위한 부가 정보나, 효율적인 언어 분석을 위해서 수정해야 할 사항 등을 첨가하였다. 학교 문법은 통일성을 갖고 있으므로 이에 대한 지식은 언어 관련 전문가에게는 필수적인 것이지만, 실제 응용 분야에서 필요한 분석의 틀을 제공하기에는 적합하지 않은 경우도 적지 않다. 이 문제를 해결하기 위해서는 실제 자료의 분석을 통해 자료의 특성에 맞는 더 유연한 틀이 만들어져야 할 것이다. 특히 구어를 분석하기 위한 문법적 틀에 대한 연구가 점차 증가하고 있으므로 그 성과를 반영하려는 시도가 필요하다.

과제

※ 과제의 풀이는 다음 사이트에서 확인할 수 있습니다.
〈http://blog.daum.net/koreangrammar〉

1. 언어를 언어가 아닌 다른 기호와 비교해 보시오.
2. 형식과 내용의 독립성을 확인할 수 있는 몇 가지 예를 찾아보시오.
3. 단어 몇 개를 임의로 선택해서 이 단어로 여러 문장을 최대한 만들어 보시오.
4. 언어학의 여러 하위 분야를 한 장의 그림으로 도식화해 보시오.
5. '문법'이라는 말의 다양한 개념을 여러 가지 기준에 따라 정리해 보시오.
6. '학교 문법'의 개념과 현황에 대해 조사해 보시오.
7. 의사소통 장애 전문가에게 필요한 문법 지식은 어떤 것인지 정리해 보시오.

제2장

문법 구조

언어에 내재해 있는 질서인 문법을 이해하려면 적절한 프레임, 즉 분석의 틀이 필요하다. 언어가 형식과 내용이 결합되어 있는 기호 체계라는 사실은 우리가 언어적 특성을 파악하려고 할 때 형식적 측면과 내용적 측면을 분리해서 접근할 수 있음을 짐작하게 한다. 문법은 주로 언어의 형식적 측면을 다루므로 이 점에 착안하면 문법적 기술과 분석에 사용할 수 있는 도구적 지식을 발견할 수 있을 것이다. 이 장에서는 문법이 다루는 영역의 범위와 문법적 구조 분석에 필요한 기본적 원리를 다룰 것이다.

문법의 범위

형태론과 통사론

협의의 문법을 다루는 문법론에는 **형태론**과 **통사론**이라는 하위 분야가 있다. 그렇다면 형태론과 통사론을 나누는 기준은 무엇일까? 전자는 주로 단어의 형식적 특성을, 후자는 주로 **문장**의 형식적 특성을 다룬다는 점이 가장 중요한 차이가 될 수 있지만 이것 역시 아주 단순화된 설명이다. 물론 단어가 형태론의 핵심어이고 문장이 통사론의 중요 용어라는 것을 부인할 수는 없다.

문제는 한국어 문법에서 형태론과 통사론 모두에 걸쳐 있는 범주들이 꽤 많이 있어서 기계적으로 나누기 어렵다는 점이다. 예를 들어, 조사나 어미는 단어의 차원, 즉 형태론에서 살펴볼 수 있을 것 같지만, 실제로는 문장의 특성과 매우 관련이 깊다. '철수가 오니?'라는 문장을 생각해 보

자. '철수가'라는 어절에서 조사 '가'는 단어이기도 하고, 문장의 주어를 표시하는 격 표지이기도 하다. '오니'라는 단어에서 어미 '-니'는 이 문장을 의문문으로 만들어 주는 장치이다. 이 어미는 단어의 일부분을 이루는 형태소이지만, 문장의 형식을 결정하는 역할도 하는 것이다. 그렇다면 어미를 형태론에서 다루어야 할까, 통사론에서 다루어야 할까? 같은 대상을 두 분야에서 모두 다루는 것이 불가능하지는 않다는 정도로 마무리하고 이후에 더 살펴보기로 한다.

기호성

형태론은 주로 단어의 형식적 특성을, 통사론은 주로 문장의 형식적 특성을 다룬다고 한다. 언어의 형식적 측면을 다룬다는 것은 무슨 뜻일까? 우리는 언어의 **기호성**을 제1장에서 이미 확인하였다. 언어가 형식과 내용이 결합된 기호 체계의 일종이라는 사실은 언어 분석에 중요한 단서를 제공한다. **기호**(記號, sign)는 일정한 형식을 이용하여 어떤 내용을 지시하는 것이고, 기호의 특성을 기호성이라고 부를 수 있을 것이다. 기호 도식을 다시 한 번 떠올려 보자.

$$\text{나무(언어 기호)} = \frac{\text{소리의 연쇄 [n}\alpha\text{mu] (소리, 형식, 기표)}}{\text{'樹' (의미, 내용, 기의)}}$$

기호의 두 가지 측면, 즉 형식과 내용을 위의 예처럼 언어에서도 찾을 수 있다. 그런데 형식은 겉으로 드러나는 특성이므로 적어도 우리 감각 기관으로 수용할 수 있어야 할 것이다. 시각, 청각, 후각, 촉각, 미각 등 감각의 다양한 측면 중에서 언어는 주로 청각 기관으로 실현 여부를 파악할 수 있다. 이것은 언어가 소리로 이루어진 형식을 갖고 있기 때문이다. 즉,

언어의 형식이란 귀를 통해 감지할 수 있는 것이다.

그런데 여기서 두 가지 정도 풀고 가야 할 문제가 있다. 우선 언어의 형식이 소리로 전달된다면, 음운론 역시 언어의 형식적 측면을 다루는 분야가 아닐까? 말소리의 특성을 연구하는 음성학 및 음운론도 우리가 감지할 수 있는 대상인 소리를 다루고 있다. 이 문제는 기호성에서 답을 찾을 수 있다. 기호성과 관련을 갖는 형식과 그렇지 않은 형식에는 본질적인 차이가 있다. 기호성이 있는 단위를 **문법 단위**라고 부르는 것은 이 차이를 표현하기 위한 용어이다. 또 하나의 문제는, 언어가 시각적 형식으로도 전달될 수 있다는 점이다. 편지나 책도 언어로 이루어진 것인데, 이 경우에는 소리가 아닌 글자로 이루어진 형식이라고 볼 수 있는 것이다.

음성 언어와 문자 언어

언어 형식의 실현이 어떤 매체로 이루어지느냐에 따라 언어를 두 가지로 나눌 수 있다. **음성 언어**(spoken language)는 말소리로 실현되는 언어를 말하고, **문자 언어**(written language)는 문자로 실현되는 언어를 말한다. 즉, 이들은 기호의 형식에 해당하는 부분이 어떻게 실현되는지의 차이로 구분되는데, 일상 언어로는 음성 언어를 '말', 문자 언어를 '글'이라고 부른다. 문자 언어는 음성 언어의 여러 가지 한계를 보완하기 위해 인류에 의해 만들어진 기호 체계이다. 그러나 음성 언어는 인류가 의도적으로 만들지 않았지만 인간이라는 종족이 본래부터 타고 난 고유하고 본질적인 특성이라고 할 수 있다.

흔히 음성 언어가 문자 언어보다 더 근원적인 언어라고 하는 것은 언어의 형식과 관련된 말이다. 사람들이 말소리 언어에서 더 나아가 새로운 형식인 문자를 사용하기 시작한 것은 약 5,000여 년 전으로 인류의 역사에 견주어 보면 그리 오래 되지는 않았기 때문이다.

그런데 간혹 음성 언어를 구어로, 문자 언어를 문어라고 부르기도 한다. 구어는 의사소통의 매체가 말소리인 언어이고, 문어는 그 매체가 문자와 같은 시각적 부호인 언어이므로 음성 언어 및 문자 언어와 거의 비슷한 개념이지만, 음운론 이외의 영역에서는 **구어**와 **문어**라는 용어를 더 많이 사용한다. 그런데 구어와 구어의 특성인 **구어체**, 문어와 문어의 특성인 **문어체**는 조금 다른 개념이다. 매체로는 구어와 문어가 구별되고, 문체로는 구어성과 문어성이 구별되는 것이다. 소설가가 창작한 소설에 나오는 인물의 대화는 분명히 문자로 쓰인 것이므로 문자 언어, 즉 문어라고 할 수 있지만 그 안에 있는 여러 특성은 우리의 일상 대화와 유사하므로 구어체라고 할 수 있다. 따라서 이런 장르의 언어는 구어적 문어, 또는 구어체 문어라고 부를 수 있고, 음성 언어는 아닌 것이다.

그럼 우리가 문법의 연구 대상으로 삼는 언어는 무엇일까? 예를 들어, 아동의 발화를 수집해서 문서 자료로 기록하고 기록된 발화에 포함된 단어의 수를 센다고 가정해 보자. 이 언어는 음성 언어일까, 문자 언어일까? 최초의 언어는 음성 언어이고 기록된 문서 자료는 문자 언어의 형식을 갖고 있지만, 여전히 우리가 관심을 두고 있는 것은 음성 언어로서의 원 발화일 것이다. 그러니까 문자 언어로 된 자료는 분석과 연구를 위해서 어쩔 수 없이 이런 형식을 갖게 된 것이라는 점을 음미해 봐야 한다.

한국어와 한글

한국어는 **한글**을 이용해서 표기한다. 한국어를 문자 언어로 실현하기 위해 사용하는 문자가 한글이다. 한글은 세종 25년(서기 1443년) 음력 12월에 세종대왕에 의해 창제되었고 세종 28년(서기 1446년) 음력 9월 상순에 반포되었다. 한글은 문자의 창제 원리가 체계적으로 정리되어 있는 거의 유일한 문자이다.

한글은 **표음 문자**에 속한다. 문자는 표의 문자와 표음 문자로 나눌 수 있는데, **표의 문자**는 어떤 개념을 그 내용으로 하는 형식의 문자이다. 즉, 표의 문자는 문자 하나하나가 형식과 내용을 갖춘 기호라고 할 수 있다. 한자가 대표적인 표의 문자이다. '天'이라는 글자는 그 자체로 '하늘'이라는 의미를 갖춘 기호인 것이다. 그러나 표음 문자는 문자의 형식이 어떤 특정한 소리를 나타내는 것으로 규정할 수 있다. 로마자(알파벳)에서 'n'(소문자 엔)이라는 글자는 치경 비음을 나타내는데, 이 문자에 대응하는 특별한 개념을 찾기는 어렵다. 만약 'n'에 어떤 뜻이 있다면 그것은 나중에 단어 차원에서 획득한 의미일 것이다.

한글은 한국어를 표기하는 데 쓰는 문자의 이름이고, 한국어는 여러 언어 중 한국에서 주로 사용되며 한국어로서의 개별적 특수성을 갖는 언어이다. 따라서 '한글'은 한자, 가나, 알파벳 등의 문자와 같은 부류에 속하고, '한국어'는 중국어, 일본어, 영어, 프랑스어 등과 한 부류를 이루게 된다. 그런데 적지 않은 경우 한글을 한국어와 같은 의미로 오용하는 예를 볼 수 있다. '세종대왕이 한국어를 만들었다.'든지, '영어를 한글로 번역했다.'는 표현은 적절하다고 볼 수 없다. 이런 혼동은 한글이 한국어를 표기하는 거의 유일한 문자이기 때문에 나타난 현상이지만, 주의해서 구별하고 사용할 필요가 있다.

형식의 중요성

언어 기호에서 형식이 더 중요할까, 내용이 더 중요할까? 흔히 듣는 일상적인 질문이고 형식보다는 내용이 중요하다는 말이 더 친숙하게 들릴 것이다. 적어도 문법의 영역에서는 그렇지 않다. 문법에서는 형식이 더 중요하다. 이것은 문법이라는 체계는 언어에 내재한 다양한 체계적 질서 중에서도 주로 형식적 측면에 집중한다는 것을 의미한다. 넓은 의미의 문법은 이보다 더 큰 외연을 갖겠지만, 일반적으로 문법이라는 용어는 문법론이라는 언어학적 분야에서 다루는 좁은 의미의 문법을 지칭하고, 이 문법은 형태론과 통사론을 아우르는 범위로 한정되는 것이 보통이다. 문법론은 소리를 다루는 음운론과 구별되고, 언어의 의미를 연구하는 의미론과도 다른 것이다. 즉, 문법론은 언어의 형식적 측면을 다룬다.

문법의 단위

단위란 무엇인가

오래전 고대인은 세상에 존재하는 모든 것이 네 가지 종류의 기본 물질, 즉 공기, 물, 불, 흙이라는 4대 원소로 이루어져 있다고 믿었다고 한다. 물론 오늘날에는 이런 주장을 하는 사람은 거의 없다. 물질이 원자로 구성되어 있다는 상식을 알고 있기 때문이다. 우리는 존재하는 물질을 눈에 보이지 않는 극단적 단계까지 분해하면 현실의 체험적 수준에서 확인하기는 어려운 기본 단위를 찾을 수 있다고 믿고 있다. 원자(atom)는 그보다 더는 나눌 수 없는 단위를 말하지만 현대 물리학은 원자보다 더 작은 단위, 이를테면 양자 같은 존재에 대해서 거침없이 논의하고 있다. 원자도 더 이상 기본 단위가 아닌 것이다.

원자나 양자의 수준이 아니더라도 어떤 대상의 기본 단위를 찾는 일은 그 대상을 이해하는 데 매우 중요한 단계이다. 언어를 연구하기 위해서 처음 해야 할 일은 무엇보다도 우리가 다룰 수 있는 만큼의 범위와 분량을 미리 정하는 일이다. 이 세상의 모든 언어를 연구할 수는 없으니까 시간과 공간을 제한해야 한다. 또한 그렇게 한정한 자료에 대해서도 차근차근 분석의 단계를 거쳐야 할 것이다. 예를 들어, 전체에서 일정한 양의 부분 집합을 분리해 내고, 그 부분을 다시 나누어 보는 식으로 분석해 나가서 더 쪼개지지 않는 어떤 단계에 이를 수 있다면 그것이 아마 물리학의 원자나 화학의 원소(元素)와 같은 지위를 갖게 될 것이다.

단위(單位, unit)는 일정한 기준에 따라 분석할 수 있는 요소를 말한다.

일정한 기준에 따라 단위를 정의할 수 있고, 또 그렇게 만들어진 단위는 측정할 수 있다. 단위를 이용하는 방법 중 가장 현실적이고 쉬운 것은 측정과 관련된 것이다. 음절이 몇 개, 형태소는 몇 개, 단어는 몇 개 하는 식으로 양적 특성을 계측할 수 있다는 것은 이러한 단위를 미리 정의하고 있었기 때문에 가능한 것이다. 언어의 문법적 특징을 이야기하려면 기본적 단위를 정의하고 그 개념을 공유하는 단계에서 시작해야 한다. 화학자에게는 원소 기호가 필수적인 지식이듯, 언어를 이해하려면 기본적 단위의 개념과 분석 방법은 꼭 필요한 도구가 되는 것이다.

문법 단위와 음운 단위

단위에는 두 가지 종류가 있다. 이 문제는 언어의 기호성에 호소해서 답을 찾을 수 있을 것이다. 어떤 대상이 언어의 형식적 측면이더라도 그것이 내용과 관계를 가져서 기호의 일부분으로 취급될 수 있는지, 그렇지 않은지가 이런 구별의 근거가 될 수 있다. 주로 문법 단위의 형식적 측면을 다루는 분야가 문법론에 속한다.

문법 단위(文法單位, grammatical unit)는 단어를 다루는 형태론과 문장을 다루는 통사론에서 대상으로 삼는 단위를 말한다. 문법 단위의 특성은 한마디로 '**기호성**'이라고 할 수 있다. 기호는 형식과 내용의 결합을 특성으로 하는데, 문법 단위는 이 조건을 충족해야 한다. 예를 들어, 형태소를 '최소의 유의미 단위'라고 규정한다면, 형식에 의미가 결합된 단위 중에 가장 작은 단위가 형태소라는 말이 될 것이다. 형태소를 더 분절하면 기호로서의 속성은 사라진다. '메달'을 '메'와 '달'로 쪼갤 수 없는 것처럼 말이다. 그렇지만 '메'와 '달'을 단위라고 할 수 없는 것도 아니다. '메'는 한 음절이 되고, '달'도 음절 하나가 된다. 즉, 형태소는 문법 단위에 속하지만, 음절은 문법 단위에 속하는 것이 아니다. 문법 단위가 아닌 단위는 대개 순수하게 형식적 측면, 주로 소리의 특성으로 규정할 수 있는 단위이며 이들은 **음운 단위**(音韻單位, phonological unit)라고 부른다. 음소나 음절은 음운 단위에 속한다.

구조 분석 방법

분절

언어를 작은 단위로 나누는 것은 무질서하고 복잡한 대상을 정리하고 일정한 질서를 발견해 내기 위해서 필수적인 작업이다. 언어를 분석한다는 것은 언어의 연쇄에서 어떤 단위를 발견해 내는 것과 크게 다르지 않다. 우리는 앞에서 언어의 특성 중 하나가 쪼갤 수 있다는 성질이라는 것을 확인한 적이 있다. 언어를 쪼갠다는 것, 즉 **분절**한다는 것은 무슨 뜻일까?

우리가 언어를 사용할 때 가장 필수적인 조건은 시간이라고 할 수 있다. 언어 행위는 반드시 시간을 전제한다. 언어는 시간이 없으면 존재할 수 없으며, 시간을 통해 실현되는 것이다. 말을 하고 듣는, 그리고 글을 쓰고 읽는 의사소통 행위는 시간의 흐름 속에서 이루어진다. 모든 문자 언어가 선형으로 실현되는 것은 바로 이런 시간성을 반영하고 있기 때문이다. 글을 쓸 때 특별한 일이 아니면 한 줄로 이어서 쓰지, 위아래로 들쭉날쭉 적지는 않을 것이다. 그 방향이 세로일 수도, 가로일 수도 있지만 선형성은 항상 지켜지는 것이다. **선형성**은 시간의 속성인 것이다.

언어를 분절한다는 것은 바로 시간의 축 위의 어떤 부분을 다른 부분과 구별하여 나누는 것이다. 앞 그림에서 축의 선 위에서 나뉜 각 부분들을 단위라고 할 수 있는데, 이 단위들은 더 쪼갤 수도 있고, 합쳐서 더 큰 덩어리를 만들 수도 있다. 작은 단위가 모여 큰 단위가 되었을 때 이 큰 단위를 **구성**(construction)이라 하고 구성을 이루고 있는 작은 단위를 **구성요소**(constituent)라고 부른다. '금메달'이라는 단위는 '금'과 '메달'이라는 구성요소가 모인 구성이다.

계열관계와 결합관계

앞과 같은 방법으로 언어의 단위를 발견해 내는 작업은 구조주의 언어학자들에 의해 이루어져 왔다. 구조주의 언어학자들이 즐겨 사용한 단위 발견 방법은 바로 단위 사이의 관계를 찾아내는 것이었다. 단위 사이의 관계는 크게 두 가지인데, 바로 결합관계(통합관계)와 계열관계라고 부르는 것이다. 어떤 단위를 같은 성질을 가진 다른 단위로 바꾸는 것을 **대치**(代置, substitution)라고 하는데, 대치될 수 있다는 것은 그것이 하나의 단위를 이룬다는 증거가 된다. 이때 대치될 수 있는 요소들 사이의 관계를 **계열관계**(系列關係, paradigmatic relation)라고 한다.

어떤 단위는 그 앞이나 뒤에 다른 단위와 결합할 수 있는 가능성이 있다. 이때 결합될 수 있는 요소들 사이의 관계를 **결합관계**(또는 통합관계)(結合關係, syntagmatic relation)라고 부른다. '금메달'을 구성하고 있는 두 단위인 '금'과 '메달'은 서로 결합관계에 있다. '은메달'은 '금메달'과 계열관계를 이루는 단위이다. '금'과 계열관계를 이루는 단위는 '은'이나 '동'이 될 것이다.

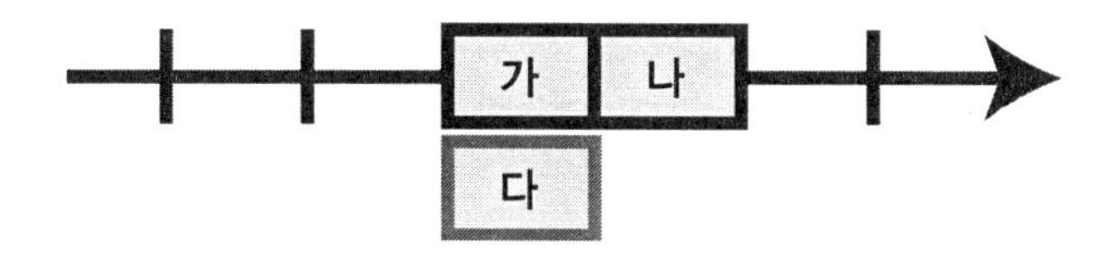

이런 관계는 앞에서 언급한 분절과 관련된 것이다. 시간의 축을 따라 분절한 단위 하나하나는 서로 결합관계에 놓일 수 있다. 위 그림에서 '가'와 '나'는 결합관계를 이루고 있는데, '가'가 올 수 있는 지점, 즉 그 시간에 '다'가 나타날 가능성도 있다. 물론 '가'가 일단 실현되었다면 '다'는 실현될 수 없다. 동일한 시간이라면 '다'는 가능성의 지위만 갖게 되는 것이다. 만약 '다'가 '가'를 대신해서 나타난다면 이를 대치 또는 교체라고 한다. 그리고 '가'와 '다'는 서로 계열관계를 이룬다고 한다.

한국어에서 대치와 결합은 주로 어절을 규정하는 데 쓰인다. '철수가 학교에 갔다.' 이 문장을 다른 문장으로 쉽게 바꾸는 방법은 어떤 단위를 다른 단위로 대치하는 것이다. '영이는 집으로 왔다.'를 생각해 보자. 이 때 서로 대치된 단위는 '철수가'와 '영이는' 등이고, 이 단위를 한국어에서는 어절이라고 부르는 것이다. 그러나 대치와 결합의 방법, 즉 계열관계와 결합관계를 이용하는 것은 어절을 넘어 모든 단위를 찾아낼 때 중요한 도구로 쓰일 수 있다. 형태소를 발견할 때에도, 단어를 찾을 때에도, 음절을 규정할 때에도 시간의 축에 따라 배열된 단위들 사이의 관계인 결합관계와 시간선상의 한 지점에서 서로 대치될 수 있는 단위들 사이의 관계인 계열관계를 이용하여 어렵지 않게 단위를 발견할 수 있는 것이다.

이분 원칙

문법적인 단위 분석은 같은 계열관계에 올 수 있는 집합의 일원을 일정한 결합관계에 놓인 다른 요소에서 분리해 내는 작업이다. 다음 문장을 분석한다고 가정해 보자.

(1) 철수가 닭고기를 먹는다.

(2) 철수가 / 닭고기를 / 먹는다.

(3) 철수가 / 닭고기를 먹는다.

(4) 철수가 닭고기를 / 먹는다.

이 문장은 두 군데의 띄어쓰기에 의해 세 부분으로 분리된다. '철수가, 닭고기를, 먹는다'의 세 어절이 보인다. 이 문장은 어떻게 세 부분으로 나뉜 것인가? 셋을 동시에 나눈 것인가? 아니면 (3)이나 (4)처럼 어떤 어절은 다른 어절과 더 긴밀한 관계를 갖는 중간 단계가 있는 것일까? (3)이라면 '닭고기를 먹는다'라는 구성이 더 긴밀한 것이고, (4)라면 '철수가 닭고기를'이라는 구성이 더 밀접한 것이다.

적어도 보통의 경우라면 (4)보다는 (3)이 더 그럴듯한 분석이 된다. 구성요소가 모여서 더 큰 구성단위를 만들 수 있다면 단위를 쪼개서 더 작은 단위로 나누는 작업도 가능하다. 만약 (3)과 (4)의 차이가 전혀 없다면 (2)와 같은 분석을 해도 별 문제가 없을 것이다. 그러나 분명히 (3)과 (4)의 비대칭성이 존재한다면 문법은 그 이유에 대해 설명해 주어야 한다.

비슷한 문제는 단어를 분석할 때에도 나타난다.

쌀떡볶이

이 단어에 포함된 형태소는 모두 네 개다. 이들은 어떻게 구성되어 있는가? 맨 먼저 나눌 수 있는 것은 '쌀'과 '떡볶이'인가? 아니면 '쌀떡'과

'볶이'인가? 그것도 아니면 '쌀떡볶-'과 '-이'인가? 어느 것이 더 맞는 분석인지에 대한 판단이 떠오른다면 분명히 둘 사이에는 비대칭성이 존재한다고 보아야 한다. 네 개의 형태소를 동시에 나누면 어느 것이 더 중요한 것인지 밝히기 어렵다. 그러나 두 부분씩 나누어 가는 이분(二分)의 방법을 이용하면 어느 쪽이 더 중심이 되는지 판정하기가 조금 쉬워진다.

분석의 과정에서는 한 번에 여러 개의 구성요소를 찾아내는 방법과 하나씩 하나씩 나누어 가는 방법을 모두 이용할 수 있을 것이다. 그러나 이 예에서 보듯 어느 한 단위를 두 개의 구성요소로 분석하는 방식은 우리에게 더 많은 정보를 알려 준다. 이게 아니면 저것, 이런 식으로 판단의 결과에 대해 책임을 지도록 압력을 가하는 것이다. 그렇다면 이런 판단이 가능한 분석이 언어 분석에서는 더 적합하다고 보아야 할 것이다. 단위를 분석할 때에는 더 잘 분리되는 어떤 지점을 먼저 찾고, 그다음에 남은 단위 분석을 수행하는 방식을 택하는 것이 좋을 것이다. 이 방식을 이분 원칙이라고 명명해 보자.

한국어의 분석 기준

교착어적 특성

한국어는 언어 보편적 특성은 물론 특수성도 갖고 있다. 보통 세계의 언어를 유형론적으로 교착어(첨가어), 굴절어, 고립어 등으로 나뉘는데, 한국어는 교착어에 속한다. 한국어를 분석할 때에는 한국어의 특수성을 반드시 염두에 두어야 한다. 한국어의 교착적 특성은 바로 문법적인 요소가 어휘적인 요소 뒤에 붙어서 실현된다는 것이다. 즉, 조사와 어미 등과 같은 요소가 어휘적인 요소 뒤에 나타나서 일정한 문법 기능을 수행한다.

영어에서 주어와 목적어를 표시하는 방법을 생각해 보면 다음과 같다.

She loves him.
He loves her.

앞의 두 문장에서 주어 자리의 단어와 목적어 자리의 단어는 모양이 같지 않다. 주어에 올 때는 'she'이고, 목적어에 올 때는 'her'가 된다. 통사적인 어순도 주어와 목적어를 표시하지만, 단어의 모양 자체가 주어와 목적어 자리에서 일정하게 바뀌는 것이다. 이렇게 단어의 모양이 바뀌는 현상을 단어의 굴절이라고 한다. 그런데 한국어라면 다음과 같이 표현할 수 있을 것이다.

그 여자가 그 남자를 사랑해.
그 남자가 그 여자를 사랑해.

첫 문장의 주어는 '그 여자가', 목적어는 '그 남자를'이다. 두 번째 문장의 주어는 '그 남자가'이고 목적어는 '그 여자를'이다. 한국어에서 주어를 나타내는 장치는 '가'이고, 목적어를 나타내는 장치는 '를'이다. 즉, 한국어에서는 문법적 특성을 나타내는 형태소가 다른 요소에 첨가되어 그 기능을 나타내는 것이다. 한국어에서 목적어를 나타내려면 조사 '을/를'을 체언 뒤에 붙이면 된다.

의문문의 경우도 비슷하다. 어떤 문장을 의문문으로 바꾸려면 영어는 주어와 동사의 어순을 교체하거나 대동사를 도입하면 되지만, 한국어는 어순의 변화 등의 문장의 구조적 변화 없이 의문형 종결어미를 서술어의 용언 어간 뒤에 첨가하면 된다. 어미를 어간에 교착시키면 문장의 종류가 바뀌는 것이다. 즉, 한국어에서는 어휘적 요소가 앞에 오고 그 뒤에 문법적 요소가 나타나는 일정한 **결합관계**가 형성된다. 이런 결합관계는 체언과 조사 사이, 어간과 어미 사이에서 발견할 수 있다.

교착어적 특성은 교착어에서만 나타나지는 않는다. 영어에서 문법형태소들이 나타나는 방법을 생각해 보면, '-s, -ing' 등이 단어의 원형 뒤에 붙어서 특정한 문법적 기능을 수행하는 것을 알 수 있다. 그렇지만 한국어의 교착성은 영어보다 더 체계적이고 폭넓게 나타난다. 한국어에서는 특정한 기능이 있는 형태소가 연속해서 붙을 수도 있다.

오셨겠네요.

이 단어는 어간 '오-'에 몇 개의 형태소가 더 첨가된 것일까? 높임을 나타내는 '-시-', 추측을 나타내는 '-겠-', 느낌과 종결을 나타내는 '-네', 높임을 나타내는 '요'까지 모두 네 개의 요소가 추가로 첨가되었다. 한국어의 교착성은 매우 강한 것이다.

언어 유형론에 따른 분류

한국어는 **언어 유형론**(typology)으로 보면 **교착어**(膠着語, agglutinative language)에 해당한다. 교착어는 **첨가어**(添加語)라고도 하는데, 문법적 기능을 갖는 형태소들이 따로 정해져 있고, 이들이 결합해서 문법적 특성을 나타내는 언어이다. 세계의 여러 언어는 문법 관계에 따라 몇 가지 유형으로 구분될 수 있다. **문법 관계**란 문장 안의 여러 성분이 문장 안에서 하는 기능, 즉 주어나 목적어를 표시하는 방법을 말한다. 이런 유형 중에 대표적인 것은 고립어, 교착어,

굴절어이다.
고립어(孤立語, isolating language)는 단어의 형태가 변하지 않으면서 순전히 그 위치에 따라 문법 관계가 결정되는 언어를 말하는데, 중국어가 대표적이고 태국어나 베트남어도 고립어에 속한다. 교착어 또는 첨가어는 문법적 의미를 가진 각각의 형태소들이 결합하여 단어를 구성하는 언어를 말하는데, 한국어, 일본어, 몽골어, 터키어 등이 여기에 해당한다. **굴절어**(屈折語, inflectional language)는 여러 가지 문법적 의미가 단어의 모양 변화로 표시되는 언어를 말한다. 단어의 모양 변화를 굴절이라고 부르기 때문이다. 영어, 프랑스어, 독일어, 러시아어, 라틴어, 산스크리트어, 아랍어 등이 여기에 속한다.
그러나 이런 구별 기준에 따라 모든 언어가 항상 어떤 특정한 범주에 속한다고 말하기는 어렵다. 사실 모든 언어에는 위와 같은 고립, 교착, 굴절의 특성이 어느 정도 혼재해 있기 때문이다. 영어에도 '-s, -ing' 등과 같이 단어 뒤에 붙어서 어떤 문법적 뜻을 나타내는 요소, 교착어적인 요소가 존재한다.

굴절과 조어

굴절과 어형 변화

그렇지만, 굴절어에 교착어적 특성이 나타나는 것처럼 교착어라고 해도 그 안에 굴절어적인 특성이 전혀 없는 것일까? 사실 이 문제에 대해서는 한국어를 연구하는 학자들이 수많은 논쟁적 연구를 해 왔다. 우리는 문법의 특성을 쉽게 이해하고 정리하기 위해서 어느 정도 절충적으로 그 성과를 받아들일 필요가 있다.

단어의 형태적 특성을 다루는 **형태론**에서는 **굴절**과 **조어**라는 개념을 이용하여 하위분류 체계를 정립하기도 한다. 보통 굴절은 단어의 어형 변화를 말한다. **굴절**(屈折, inflection)은 단어가 문법적인 이유로 모양을 바꾸는 현상이다. 굴절 현상은 굴절어 유형의 언어에서 잘 드러나는데, 영어에서 일인칭 대명사가 문장성분에 따라 'I, me, my'처럼 모양이 바뀐다든지, 동사가 시제에 따라 'take, took'과 같이 모양이 바뀌는 현상이 대표적인 예이다.

한국어는 교착어에 속하지만 굴절처럼 보이는 변화도 일부 나타난다. 동사나 형용사 같은 용언이 '가다, 가고, 가는, 갔다, 가신다' 등과 같이 다양한 활용형으로 실현되는 현상은 결국 단어의 모양 변화이므로 어떻게 보면 굴절이라고 부를 수도 있는 것이다. 한국어를 문법적으로 기술할 때 굴절이라는 용어를 널리 사용하지는 않는다. 그렇지만 한국어에서도 굴절과 유사한 단어의 어형 변화 현상이 분명히 있으며, 이 현상의 구체적 실현 방식은 어간 뒤에 문법형태소인 어미가 붙는 것이라고 설명하는 것은 문법 기술에 굴절의 개념을 적극적으로 이용하는 방식이며, 문법론을 체계적으로 이해하는 데 도움이 된다. 용언의 굴절을 **활용**(活用, conjugation)이라고 한다. 어간은 활용에서 변하지 않는 부분, 어미는 활용할 때 변하는 부분으로 규정된다.

그런데 체언에서도 단어의 모양 변화가 나타난다. 체언의 한 종류인 대명사는 문장성분에 따라 '내가, 나를, 나의' 등과 같이 모양이 달라진다. 한국어에서 이 변화는 체언에 조사가 결합하여 나타나는 것으로 설명할 수 있다. 체언의 굴절을 **곡용**(曲用, declension)이라고 한다. 곡용에서 변하는 부분은 조사이므로, 조사는 활용에서의 어미와 비슷한 지위를 갖는다고 할 수 있다. 그러나 학교 문법에서는 조사가 단어로 인정되므로 체언의 굴절과 용언의 굴절은 적지 않은 차이가 있다. 체언의 굴절은 한 단어 내에서 일어나는 것이 아니라 체언과 조사라는 두 단어가 결합하는 현상이기 때문이다. 곡용이라는 표현을 잘 쓰지 않는 이유도 이 때문이다.

굴절 접사라는 말을 들어 본 적이 있을 것이다. 한국어의 조사와 어미는 굴절 접사로 볼 수 있다. 그러나 현재 학교 문법에서는 조사가 단어로 취급되므로, 학교 문법의 처리 방식을 따른다면 조사를 어미처럼 굴절 접사로 단정하기는 힘들다. 학교 문법은 조사와 어미를 이질적인 것으로 보고 있는 것이다. 다만, 조사와 어미의 공통성에 주목하는 관점도 존재하고 최근의 문법 연구자들은 이 공통성을 문법 기술에 적극적으로 도입하려 시도하고 있다. 조사는 전형적인 굴절 접사의 범위에는 속하지 못하더라도 굴절적 요소의 특성을 갖고 있다고 봐야 한다.

조어와 단어형성

한편, 조어(造語, word formation)는 단어가 만들어지는 원리를 밝히는 분야이다. 따라서 단어형성이라고 부르기도 한다. 단어의 중심 요소를 이루는 것을 어근이라고 하고, 여기에 결합하는 주변적 요소, 즉 형식형태소를 접사라고 한다. 조어법 중 어근과 어근이 결합하는 것을 합성(合成, compounding), 어근과 접사가 결합하는 것을 파생(派生, derivation)이라고 한다. 따라서 조어 과정에 참여하는 접사는 파생 접사라고 할 수 있다.

굴절과 조어는 단어와 관련된 것이지만, 내용이 서로 다르다. 조어는 말 그대로 새로운 단어를 만드는 방법이며, 굴절은 만들어진 단어를 이용해 문장을 만드는 과정에서 일어나는 여러 형식적 문제를 가리키는 것이다. 굴절과 조어의 개념은 형태론적, 통사론적 분석에서 매우 중요한 도구가 된다. 대개 굴절적 요소는 조어적 요소보다 어떤 단위의 바깥쪽에 나타난다. 또한 문법적으로 중요한 기능은 굴절적인 요소, 즉 조사와 어미에 집중적으로 나타난다.

지우개를 떨어뜨리다.

이 문장에는 두 개의 어절이 있다. 첫 번째 어절은 '지우개를'인데, 조어적 요소인 '-개'보다 굴절적 요소인 '를'이 더 바깥쪽에 있다. 두 번째 어절에서도 조어적 요소인 '-뜨리-'보다 굴절적 요소인 '-다'가 바깥쪽에 분포한다.

굴절과 조어적 요소 분석의 예

언어를 문법적으로 분석할 때에는 조사와 어미 등의 굴절적 요소에 주목할 필요가 있다. 굴절 요소의 분석은 정밀하게 하고, 조어적인 요소는 상대적으로 간결하게 처리하는 것이 좋을 것이다. 조어적인 요소는 어휘사전의 특성과 관련되며 일관성 있는 규칙을 쉽게 찾기 어렵고 유형도 매우 다양하기 때문이다. 다음과 같은 어절을 분석해 보자.

사랑스럽다.

이 어절은 그 자체로 하나의 단어이면서 세 개의 형태소로 구성되어 있다. '사랑'은 명사로도 쓰이는 어휘형태소이고, '-스럽-'은 명사를 형용사로 바꾸어 새로운 단어로 파생시키는 문법형태소, 그중에서도 파생접사이다. 이 파생 접사는 조어적 요소이다. '-다'는 문장을 종결하는 문법형태소이며, 굴절적 요소인 어미이다.

그러면 이 어절을 맨 먼저 어떻게 분석해야 할까? 앞에서 확인한 이분원칙에 따라 어간과 어미를 나누는 것, 즉 굴절적 요소를 분석하는 것이 우선이다. '사랑스럽-(어간)+-다(어미)'의 분석이 이 지점에서 가능하다. 어간과 어미는 서로 결합관계를 갖고 있다. 만약 어미를 다른 것으로 바꾸어 보면 어떨까? 이 작업은 계열관계에 있는 단위를 다른 단위와 대치하는 것이며, **활용**이라고 부르는 현상이다. 이 과정에서 어간은 바뀌지 않고 있음을 주목해야 한다.

사랑스럽네. (사랑스럽-+-네)
사랑스럽군. (사랑스럽-+-군)
사랑스러워요. (사랑스럽-+-어요)
사랑스러워? (사랑스럽-+-어)

두 번째 분석은 '사랑스럽-'에 대한 것이다. 이 요소는 '사랑'과 '-스럽-'으로 분석할 수 있다. 그러면 '-스럽-'은 무슨 역할을 할까? '-스럽' 자리에 다른 요소를 대치해 보면 쉽게 알 수 있다.

사랑스럽다.
사랑하다.

'-스럽-'과 '-하-'는 같은 자리에 나타날 수 있고 성질이 비슷한 단위이다. '-스럽-'이 파생 접사라면 계열관계에 있는 '-하-'도 파생 접사가 된다. 전자는 형용사를 만들어 주는 접사이고, 후자는 동사를 만들어 주는 접사이다. 조어와 굴절의 차이도 알 수 있을 것이다. 굴절 요소의 변화는 동일한 단어가 문장에서의 기능에 따라 형식을 바꾸는 현상에 그치지만, 조어 요소가 변하면 아예 다른 단어가 되어 버린다. 사전에서 '사랑스럽다'와 '사랑하다'는 관련성이 있기는 하지만 서로 다른 단어로 취급된다. '사랑스럽네'와 '사랑스럽다'가 서로 다른 단어가 아니고 같은 단어의 활용형인 것과는 다르다.

내용어와 기능어

영어에서는 **내용어**(內容語, content word)와 **기능어**(機能語, function word)를 서로 다른 단어 부류로 설정한다. 내용어는 의미 내용을 갖는 말이고, 기능어는 내용어에 문법적 기능을 부여하는 말을 가리키는데, 영어에서는 명사, 동사, 형용사, 부사, 감탄사 등은 내용어로 분류되고, 관사, 전치사, be 동사, 인칭대명사, 관계대명사, 조동사, 접속사 등은 기능어로 분류된다. 영어에서는 내용어와 기능어가 강세에서도 차이를 보이는 등 중요한 정보가 되지만, 한국어의 문법 기술에서는 내용어나 기능어라는 용어는 잘 쓰지 않는다. 그렇지만 내용어에 해당하는 품사를 한국어에서 찾는다면 명사, 대명사, 수사 등의 체언과 동사, 형용사 등의 용언이 포함될 것이다. 관형사, 부사 등의 수식언도 어휘적 의미가 있으므로 내용어로 보아야 하겠지만 일부는 문장에서 문법적 기능을 주로 실현하기 때문에 기능어적 특성이 있다. 특히 접속부사는 기능어적 특성이 뚜렷하다고 보아야 할 것이다. 또한 조사는 분명히 기능어이지만 보조용언이나 의존명사도 문법적 기능을 갖고 있으므로 단순히 명사나 동사 등의 품사 부류에 속한다고 모두 내용어라고 할 수는 없다.

한국어에서 내용어와 기능어의 구별 문제가 간단하지 않은 것은 기본적으로 이들의 구분이 단어에 대한 것이기 때문이다. 특정 단어 부류가 문법적 기능을 나타내는 굴절어에서는 이런 구분이 가능한 것이지만, 문법적 기능이 단어에 첨가된 일부 형태소에 집중적으로 나타나는 교착어에서는 다소 맞지 않는 개념인 것이다. 한국어에서는 내용어와 기능어의 구별보다는 조사, 어미 등의 문법형태소를 직접 언급하는 방법을 모색하는 것이 바람직하다. 즉, 기능어의 대상을 단어보다 더 작은 단위까지 확장해야 하는 것이다. 한국어에서도 조사, 보조용언 등 문법적 기능을 갖는 단어 부류가 존재하기는 하지만, 용언의 어간에 결합된 어미와 같이 문법적 기능을 담당하는 요소가 단어의 내부에 들어 있는 경우가 많다. 따라서 한국어에서는 이런 문법형태소에 대한 분석 작업이 반드시 필요하다.

과제

1. 형태론과 통사론의 차이는 무엇인지 생각해 보시오.
2. 한국어와 한글이라는 용어는 왜 혼동되는지 이유를 찾아보시오.
3. 문장 하나를 임의로 작성하고 문장에 포함된 여러 단위와 계열관계에 놓이는 항목들을 찾아보시오.
4. 문장 하나를 임의로 작성하고 문장 내 단위들의 결합관계를 찾아보시오.
5. 한국어와 영어의 공통점과 차이점을 나열해 보시오.
6. 굴절적 요소와 조어적 요소의 차이점에 대해서 설명해 보시오.
7. 문장에 쓰인 어절 중 상대적으로 긴 것을 임의로 골라서 굴절적 요소와 조어적 요소가 무엇인지 분석해 보시오.
8. 한국어에서 내용어와 기능어의 범주를 어떻게 구별할 수 있을지 생각해 보시오.

제3장
문법 단위

한국어 문법에서 다루는 여러 가지 기본 단위의 개념을 미리 정리하는 작업은 문법을 이해하는 데 기초가 된다. 문법 단위(文法單位, grammatical unit)는 단어를 다루는 형태론과 문장을 다루는 통사론에서 연구 대상으로 삼는 단위이며, 형식과 연결된 의미를 찾을 수 있는 단위이다. 문법 단위의 종류는 문장, 절, 구, 어절, 단어, 형태소 등 다양하다. 각각의 문법 단위는 문법적 특성에 의해 정의되며, 각 단위를 찾아내는 데 필요한 분석 방법을 정리하려는 것이 이 장의 목적이다.

문법 단위의 개념

단위의 발견

앞에서 확인한 대로 언어의 단위를 발견하는 방법은 대치와 결합의 특성을 이용하는 것이다. 그런데 단위는 우리의 감각 기관으로 확인할 수 있어야 그것이 실현되었는지의 여부를 알 수 있다. 그렇다면 단위라는 것은 형식적 특성의 차원에서 찾아야 하는 것이다. 소리든 문자든 귀에 들리든지 눈에 보여야 해당 단위와 다른 단위의 관계를 파악할 수 있기 때문이다. 대개 언어를 분석할 때에는 글로 써서 고정해 놓고 분석의 대상으로 삼게 될 것이다.

언어 단위를 발견하는 작업은 아마도 가장 큰 단위부터 시작하여 점점 작은 단위로 쪼개 나가는 방식이 될 것이다. 전체 담화를 일정한 완결성이 있는 문장으로 나뉘고, 다시 주어가 있는 부분과 서술어가 중심인 부분으로 나뉘고, 또 대치와 결합의 특성이 잘 드러나는 어절을 찾고, 단어로 분석하고, 형태소를 분리하고, 음절을 낱낱의 말소리로 쪼개는 과정으로 이어질 것이다.

단위는 두 가지 유형으로 나뉜다. **문법 단위**(文法單位, grammatical unit)는 의미가 있는 단위를 말한다. 다양한 언어 단위 중에는 온전히 말소리의 특성만으로 규정할 수 있는 **음운 단위**도 존재한다. 문법에 대한 논의는 음운 단위가 아니라 문법 단위를 대상으로 이루어진다. 어떤 언어 단위라도 그 의미에 대한 접근이 가능할 때에만 문법의 틀 안에서 이야기할 수 있는 것이다. 이런 이유로 가장 작은 문법 단위는 최소의 유의미 단위인 형태소가 된다.

문법 단위의 종류

언어에서 찾을 수 있는 단위는 앞장에서 확인한 대로 상당히 다양하다. 한국어의 문법 구조를 이해하기 위해서는 먼저 문법 단위에 대한 이해가 필요하다. 문법 단위의 종류는 형태소, 단어, 어절, 구, 문장 등 매우 다양하다. 이 단위들은 모두 일정한 형식과 연결된 내용을 갖는다.

우리는 우리의 목표를 찾았어.

이 문장에서 각 문법 단위의 예를 들어 보자. **형태소**는 가장 작은 문법 단위로 정의된다. '찾았어'에서 '찾-'은 '발견'의 의미가 있는 형태소이고, '-았-'은 '문장에서 표현된 사건이 과거에 일어났음'을 나타내는 형태소이다. '-어'는 '문장이 평서형, 해체로 종결되었음'을 나타내는 형태소이다. 단어는 자립 형식으로 규정되지만 사실 가장 정의가 모호한 단위이다. '찾았어'는 하나의 단어가 된다. 이것은 '찾-', '찾았-', '-았어'와 같은 연쇄만을 문장에서 사용하는 일은 없고, 세 개의 형태소를 모두 다 함께 실현해야 문장에서 쓸 수 있기 때문이다. 세 개의 형태소가 다 모여야 자립성을 갖는 것이다. 어절은 문장에서 대치와 결합의 원리로 찾아낼 수 있는 단위로, 한국어에서는 문장을 구성하는 기본 요소가 된다. 이 문장에는 네 개의 어절이 있다. 구는 단어나 어절이 결합되어 한 단위처럼 행동하는 단위로 규정할 수 있는데, '우리의 목표'와 같은 명사구의 예를 들 수 있다. 문장은 주어와 서술어의 관계가 나타나는 문법 단위이지만 한국어에서는 문장의 완결성 여부가 또 다른 기준이 될 수 있다. 완결된 것을 문장이라고 하고, 완결되지 않은 것은 보통 절이라고 한다.

문법에서는 이들 단위의 형식적 측면을 주로 다룬다. '문장은 어떻게 규정되는가?', '단어는 어떤 구조를 갖고 있는가?', '형태소는 어떤 특성을 기준으로 분류할 수 있는가?' 등의 문제를 다루는 것이다. 어떤 단위의 내용적 측면, 즉 그 단위의 의미를 다루는 분야는 의미론이다. 예를 들어, '여자'라는 단어의 반의어는 '남자'라든지, '그 사람 입이 가벼워.'라는 문장의 의미를 해석하는 문제 등은 문법론의 영역이라기보다는 의미론의 문제인 것이다. 물론 형식과 의미를 칼처럼 명확하게 나누기가 쉬운 것은 아니다. 언어 기호의 형식과 내용은 밀접하게 관련되어 있고 문법에서도 단위의 의미를 확인해야 하는 경우가 적지 않다. 그러나 기본적으로 문법은 형식을 다룬다는 점을 인식할 필요가 있다.

문법 단위의 필요성

문법 단위는 문법을 이해하는 중요한 단서가 된다. 단위를 발견하는 일이 대상을 이해하는 일차적 절차이기도 하지만, 의사소통 문제에 대한 연구에서도 중요한 기본 단계가 된다. 특히 문법 단위는 도구적 차원으로서의 언어학적 지식의 중요한 내용이라고 할 수 있다. 예를 들어, 언어발달의 문제를 계량하는 척도로 문법 단위의 양적 정보를 활용할 수 있다. 언어병리학 분야에서 흔히 이용되는 것 중 하나가 **평균 발화 길이**(MLU: Mean Length of Utterance)이다. 평균 발화 길이는 각 발화에 나타난 문법 단위의 수를 총 발화의 수로 나눈 것이다. 각 발화에 나타난 형태소 수를 모두 계산하여 발화 단위의 수로 나누면 평균적으로 발화에 포함된 형태소의 수, 즉 길이를 알 수 있는 것이다.

평균 발화 길이

평균 발화 길이는 발화 길이를 측정하기 위한 대표적인 방법으로, 일정한 발화에 나타난 문법 단위의 수를 측정해서 이 문법 단위의 수를 발화의 수로 나눈 것이다.

평균 형태소 길이 = 각 발화에 나타난 형태소 수의 합 / 총 발화의 수
평균 단어 길이 = 각 발화에 나타난 단어 수의 합 / 총 발화의 수
평균 어절 길이 = 각 발화에 나타난 어절 수의 합 / 총 발화의 수

평균 발화 길이는 언어장애 아동을 진단하고 평가하는 기준으로, 또 아동의 문법 발달 수준을 측정하는 지표로 이용될 수 있다. 국내외의 많은 연구에서 평균 발화 길이의 측정과 의의를 많이 다루어 왔지만, 한국어와 영어의 문법 단위와 분석 기준은 상당히 다르기 때문에 문법적 특성에 대한 정확한 이해와 적용이 요구된다.

문법 단위의 수를 측정하는 작업을 하려면 문법 단위에 대한 정밀한 규정과 분석 기준의 일관성을 확보해야 한다. 형태소 분석이나 단어 분석, 어절 분석이 쉽지 않은 이유는 분석의 기준을 설정하기가 그리 간단하지 않기 때문이다. 다음 절에서는 언어병리학 분야에서 많이 쓰이는 형

태소, 단어, 어절 이 세 가지 기본 문법 단위의 정의와 분석 방법을 자세히 다룰 것이다.

형태소

형태소는 문법 단위 중 가장 작은 단위이다. 따라서 형태소를 찾기 위해서는 더 큰 문법 단위를 작은 것으로 쪼개 나가는 작업이 필요하다. 대개는 어절이나 단어를 더 분석하면 형태소를 찾을 수 있다. 한국어의 교착어적 특성에 따라 개별 형태소가 문법적 기능을 보이는 사례가 많으므로 형태소 차원의 분석은 매우 중요하다. 앞에서 형태론은 단어를, 통사론은 문장을 주로 다룬다고 했는데, 한국어의 형태소는 단어의 구성요소일 뿐만 아니라 문장의 정보를 표시하는 통사론적 역할도 담당하고 있기 때문에 어느 한쪽에서만 다룰 수는 없다.

형태소의 개념

기호로서의 가치를 갖는 가장 작은 문법 단위를 **형태소**(morpheme)라고 한다. 즉, 일정한 형식과 연결된 내용을 갖는 최소의 단위가 형태소인 것이다. '하늘'이라는 형식은 이 형식과 관련된 '天'이라는 뜻을 가지지만, '하'와 '늘'로 쪼개면 각각의 음절에 대한 명확한 뜻을 찾기 어렵게 된다. 이때 '하늘'은 형태소가 되고, '하'나 '늘'은 형태소가 되지 못한다.

일반적으로 형태소는 의미를 가진 가장 작은 단위(minimal meaningful unit)라고 규정된다. 학교 문법에서는 형태소를 '일정한 뜻을 가진 가장 작은 말의 단위'로 정의하고 있다. 이 말을 조금 더 일반적인 용어로 풀면, '최소의 유의미 단위' 정도가 될 것이다. 예를 들어, '하늘이 맑다.'라는 문장은 다음과 같이 네 개의 형태소로 구성된다.

하늘(명사) + 이(조사) + 맑-(형용사 어간) + -다(종결어미)

예에서 줄표(-)가 표시된 형태소가 있는데, 이 표시는 해당 형태소가 의존적이며, 단어가 아니라는 것을 나타낸다. 즉, 줄표가 있으면 단독으로는 문장에서 쓸 수 없으며, 다른 말이 그 앞이나 뒤에 와야 한다는 것을 알 수 있다. 줄표는 표시된 방향으로 다른 형태소가 결합할 수 있다는 것을 표시해 준다. 형태소 '맑-'은 그 뒤에 다른 형태소가 결합하고, '-다'는 그 앞에 다른 형태소가 붙는다. '이' 역시 그 앞에 다른 형태소가 와야 하지만, 이 경우에는 줄표를 붙이지 않는다. 이것은 조사가 학교 문법에서 단어로 인정되기 때문이다.

여기에서 한 가지 의문이 생긴다. 일정한 뜻, 즉 의미가 있어야 형태소의 자격을 부여할 수 있다고 하는데, '이, -다'의 의미가 무엇인지 설명할 수 있을까? 가능하다. '이'를 보고 우리는 그 말이 주어라는 사실을 알 수 있다. '-다'를 보면 그 문장이 끝났다는 것을 알 수 있다. 이것이 의미일까? 이 말들은 일반적인 단어들이 보유하고 있는 개념적 의미와는 많이 다른 뜻을 갖고 있다. 즉, 다른 말과의 관계를 표시하는 문법적 기능을 담당하고 있는 것이다. 문법적 기능을 다른 말로 문법적 의미라고도 한다. 이렇게 보면 주어를 표시하고 문장을 종결하는 기능도 형태소의 의미라고 할 수 있는 것이다.

또 한 가지 생각해 볼 것은 형태소의 요건에는 '최소의'라는 말이 붙는다는 것이다. 그러니까 어떤 단위가 의미를 갖더라도 더 분리할 수 있으면 형태소의 지위를 갖는다고 하기 어렵다. '하늘색'이라는 단어는 그 자체의 뜻이 있지만, '하늘'과 '색'으로 분리할 수 있으므로 형태소가 될 수는 없다. 물론 이 정의는 실제 분석에서 그대로 적용되지는 않고 상당히 완화되거나 수정되어 이용된다. '책상'은 분명히 '책'과 '상'으로 분리할 수 있고, 각각의 요소는 분명한 뜻을 갖지만 아동 언어에 대한 형태소 분석에서 이들을 분리하는 것은 매우 부담스러운 일이다. 조어적 요소에 대한 분석은 제한적으로 하는 것이 바람직하다.

형태소의 종류

형태소는 몇 가지 종류로 나눌 수 있다. 형태소는 자립성의 유무에 따라 자립형태소와 의존형태소로 나뉘고, 의미에 따라 실질형태소와 형식형태소로 구별된다.

자립형태소와 의존형태소

분류의 첫 번째 기준은 **자립성**이다. 자립성에 따라 자립형태소와 의존형태소를 나눌 수 있다. **자립형태소**(free morpheme)는 혼자 쓰일 수 있는 형태소로 앞 문장에서는 '하늘'이다. **의존형태소**(bound morpheme)는 반드시 다른 말에 기대어 쓰이는 형태소로 앞 문장에는 '이, 맑-, -다' 세 개의 형태소가 여기에 속한다.

자립성은 해당 단위가 문장에서 다른 단위의 도움 없이 홀로 쓰일 수 있는지, 그렇지 않은지의 문제이다. '하늘', '구름', '날씨'처럼 명사는 자립성이 있다. 그러나 이런 경우는 어떨까? '저 구름 좀 봐.'에서 '저'는 자립성이 있을까? '할 것이 있어.'에서 '것'은 자립성이 있을까? 엄밀히 말하면 '저'와 같은 관형사는 뒤에 명사가 있어야 온전하게 쓰일 수 있고, '것'과 같은 의존명사는 앞에 수식하는 말이 있어야 문장에서 사용할 수 있다. 따라서 이들 요소도 의존성이 있다고 봐야 할 것이다. 그러나 형태소의 종류를 나눌 때는 이 말들을 의존형태소라고 처리하지는 않는다.

이것은 자립성의 범위와 관련된 것이다. '저'나 '것'은 다른 단어의 도움을 받아야 문장에서 쓰일 수 있는 의존적 단어이다. 그런데 형태소의 차원에서 생각해 보면, 이들이 반드시 다른 형태소의 도움이 있어야 하는 것은 아니다. 예를 들어, '맑다'의 '맑-'은 그 자체만으로는 절대 독립적으로 쓸 수 없고, 뒤에 '-다'라는 다른 형태소가 결합해야 단어가 된다. 이 경우에는 두 형태소 모두 의존형태소가 된다. 그러나 '저'나 '것' 등은 의존적 단어이기는 하지만, 여기에서 나타나는 의존성은 단어 사이의 문제이며 이 단위들 역시 온전한 단어이므로 의존적인 형태소는 아닌 것이다. 다시 말하면 '저'나 '것'은 형태소의 종류로 볼 때는 자립형태소에 속하게 된다. 일단 그 자체가 단어라면 자립형태소로 보는 것이 한국어 형태소에 대한 일반적 해석인 것이다.

물론 한 가지 예외가 있다. **조사**는 학교 문법에서 단어로 처리하지만 앞말과의 의존성이 매우 체계적이며 고정적이므로 다른 단어와는 달리 의존형태소로 처리한다. 조사는 매우 특이한 단어 부류인 것이다.

실질형태소와 형식형태소

두 번째 기준은 형태소의 의미 유형이다. 형태소는 의미에 따라 두 부류로 나뉜다. **실질형태소**(full morpheme)는 구체적인 대상이나 구체적인 상태를 나타내는 실질적 의미를 가진 형태소이다. 앞의 문장에서는 '하늘, 맑-' 두 개가 여기에 속한다. **형식형태소**(empty morpheme)는 형식적 의미, 즉 문법적 의미만을 표시하는 형태소인데, 앞 문장의 '이', '-다'가 이 범주에 포함된다. 형태소의 의미란 실질형태소와 형식형태소를 부르는 용어를 통해서 더 자세히 알 수 있다. 실질형태소를 **어휘형태소**(lexical morpheme)라고도 하고, 형식형태소를 **문법형태소**(grammatical morpheme)라고도 한다. 어휘형태소는 어휘적 의미를 가진 형태소이고, 문법형태소는 문법적 의미를 가진 형태소라고 할 수 있다. 앞에서 살펴보았듯이 문법적 의미란 문법적인 기능을 말하는데, 그 형식이 문장의 주어임을 나타낸다든지, 문장이 끝났다는 것을 표시한다든지 하는 것이다.

이 경우에도 모호한 사례가 많이 있다. '지우개'에서 '지우-'는 실질적 의미가 있다. 그렇다면 '-개'의 의미는 무엇일까? 물론 새로운 명사를 만드는 형식적 장치로 볼 수도 있지만, 그 안에 '도구'라는 의미가 들어 있다고 볼 수 있지 않을까? 이 형태소는 실질적인 것일까, 형식적인 것일까? 한국어에는 이런 종류의 형태소, 즉 형식적인 것처럼 보이지만 실질적인 의미도 담고 있는 것이 적지 않다. 접두사와 접미사와 같은 **파생 접사**들 중에는 실질적인 의미를 나타내는 것이 있다. 그럼에도 형식형태소, 즉 문법형태소의 일종으로 보는 것이 학교 문법의 처리 방식이다.

정리하면, 모든 형태소는 자립성과 의미에 따라 구별할 수 있는데, 자립형태소와 의존형태소, 그리고 실질형태소(어휘형태소)와 형식형태소(문법형태소)가 그것이다. 어느 한 분류가 다른 분류의 특성을 예측할 수도 있다. 한국어에서 형식형태소(문법형태소)는 모두 의존형태소이다. 자립형태소는 모두 실질형태소가 된다. 단, 용언의 어간은 의존형태소이면서 동시에 실질형태소(어휘형태소)이므로 주의해야 한다. 한국어의 형식형태소(문법형태소)에는 조사, 어미, (파생) 접사가 있다.

형태소와 이형태

형태소는 '최소의 유의미 단위'이다. 그런데 의미나 기능이 같은데도 실현된 형식이 다른 경우를 생각해 볼 수 있다. '사과가 맛있다.'의 '가'와 '수박이 맛있다.'의 '이'는 그 기능이 완전히 같다. '가'와 '이'는 사실 하나의 형태소에 속하는 것이고, 다만 환경에 따라 모양이 달라진 것이다. 이렇게 형태소가 어떤 환경에서 특정한 형식으로 실현되는 것을 형태(morph)라고 한다. 그리고 의미가 같지만 형태가 다른 것들을 이형태(allomorph)라고 한다. 이형태는 같은 형태소의 다른 실현형이라고 할 수 있다. 이형태는 환경에 따라 두 가지 유형으로 나눌 수 있다.

음운론적 이형태

하나의 형태소가 음운론적 환경에 따라 다른 형태를 갖는 것을 말한다.

> 눈이 내린다.
> 비가 내린다.

주격을 나타내는 조사에는 '이'와 '가'가 있다. 두 형태 모두 해당 조사와 결합한 전체 단위가 주어임을 표시하는 기능, 즉 문법적 의미를 갖고 있으므로 같은 의미를 가졌다고 할 수 있으나 출현 형식은 서로 다르다. 조사 앞의 요소가 자음이면 '이', 모음이면 '가'로 실현되는 것이다. 모음이나 자음은 말소리의 특성, 즉 음운론적 환경이므로 이렇게 인접한 말소리의 특성에 따라 달라지는 이형태를 음운론적 이형태라고 한다.

형태론적 이형태

하나의 형태소가 음운론적으로 설명될 수 없는 서로 다른 환경에서 모양이 달라지는 것이다.

보았다.

먹었다.

하였다.

'-았-, -었-, -였-'은 모두 과거 시제를 나타내는 선어말어미이다. '-았-'이나 '-었-'은 어간의 모음에 따라 달라진다. 'ㅏ'나 'ㅗ' 뒤에서는 '-았-', 그 이외의 모음 뒤에서는 '-었-'이 오는 것이다. 그런데 '-였-'은 좀 다르다. '하-' 어간 뒤에서만 '-였-'이 나타나는 것이다. 용언 '하다'의 어간 '하-'라는 정보는 말소리의 특성이 아니므로, 음운론적인 것이라고 할 수 없다. 이런 이형태를 형태론적 이형태라고 한다.

이형태 중에서 하나를 선택하여 기본형으로 정하기도 한다. 형태소의 이형태가 여러 가지인 경우 이들을 모두 나열하기는 어려울 것이다. 그러나 기본형을 택하는 기준이 항상 분명한 것은 아니다. 음운론적인 설명이 쉬운 것, 역사적으로 더 먼저 출현한 것, 현재 더 우세하게 쓰이는 것 등 몇 가지 기준이 있으나, 뚜렷하게 우위를 보이는 형태가 없는 경우에는 '이/가' 이런 식으로 형태를 모두 밝혀서 표시하기도 한다.

한자어의 형태소

형태소의 정의는 '최소의 유의미 단위'이지만, 이 정의를 그대로 따르면 몇 가지 문제를 피할 수 없다. 우선 한자어 형태소의 문제가 발생한다. '동화'는 '童'과 '話'로 이루어진 단어인데, 이때 '동'은 '아동, 동요, 동심'에서 알 수 있듯이 어린 아이를 나타내는 말이고, '화'는 '설화, 우화' 등에서 알 수 있듯이 이야기를 나타내는 말이다. 따라서 형태소의 원래 정의에 충실한 분석이라면 두 개의 형태소로 만들어진 단어가 될 것이다.

그러나 이런 분석은 언어 화자의 인식을 고려하면 매우 부담스러운 방법이다. '동'이나 '화' 모두 실질적인 의미를 나타내는 실질형태소이므로 이런 분석을 인정하면 '동화'를 합성명사로 볼 수도 있지만 이런 분석은 대상의 수가 지나치게 많아져서 분석 자체가 어려울 정도가 된다. 따라서 한자어는 가능하면 개별 단어를 하나의 형태소로 보는 것이 좋다. 다만, 접사의 성격을 갖고 있는 한자어는 필요에 따라 분석할 수 있다.

인간(人間)
한국인(韓國人)

언어병리학과 같은 응용 분야에서는 '인간'에서 '인'을 개별 형태소로 분리해 내기는 힘들 것이다. 그렇지만 '한국인'에서 '인'을 분리하는 것은 목적에 따라 가능하다. 일본인, 중국인, 영국인 등 다른 단어와의 관련성을 포착해 낼 수 있기 때문이다.

형태소의 사용 양상

한국어의 형태소 중에 가장 많이 쓰이는 것은 무엇일까? 다음의 사용 빈도 정보는 강범모 · 김흥규(2009)가 제시한 것으로, 형태를 고빈도 순서대로 20위까지 나열한 것이다. 이 빈도는 엄밀히 말하면 형태소가 아니라 이형태 정보이다. 이형태를 각각의 유형으로 따로 두고 그 빈도를 측정한 것으로, 조사로 쓰이는 형태소 '이'와 '가'가 따로 계량된 것이다. 또한 이 자료는 문어 텍스트에서 추출한 것이므로 마침표나 쉼표 등의 기호도 결과에 포함되어 있다. 기호를 제외하면 가장 많이 쓰인 형태소는 관형격조사 '의'이다. 그다음은 관형사형 전성어미 '-ㄴ', 그리고 목적격조사 '을'의 순서로 많이 쓰였는데, 상위 20위까지의 형태소는 대부분 형식형태소에 속한다. 한국어에서는 조사, 어미, 파생 접사 등의 형식형태소, 즉 문법형태소의 빈도가 높다.

형태소 사용 빈도 순위(강범모 · 김흥규 2009)		
순위	형태	종류
1	.	기호
2	의	관형격조사
3	ㄴ	관형사형 전성어미
4	을	목적격조사
5	다	종결어미
6	하	동사파생접미사
7	이	지정사(서술격조사)
8	에	부사격조사
9	이	주격조사
10	는	관형사형 전성어미
11	고	연결어미
12	는	보조사
13	,	기호
14	를	목적격조사
15	었	과거시제선어말어미
16	은	보조사
17	가	주격조사
18	았	과거시제선어말어미
19	어	연결어미
20	것	의존명사

단어와 어절

단어의 개념

단어나 어절 등도 문법의 기본 요소가 되는 중요한 단위이다. 단어는 낱말이라는 친숙한 용어를 통해서도 알 수 있듯이 누구나 일상적으로 사용하는 말이다. 그렇지만 정작 단어가 무엇인가라는 질문에는 쉽게 대답하기 어려울 것이다.

단어(word)는 자립할 수 있는 최소의 형식이다. 구조주의 언어학에서는 단어를 '최소의 자립 형식'이나 '그 내부에 다른 요소를 넣어 분리할 수 없는 것' '그 내부에 휴지를 둘 수 없는 것' 등 다양하게 정의하려고 시도해 왔다. 그러나 이런 기준만으로 단어를 명쾌하게 정의하기는 어렵다. 예를 들어, 처음의 정의에 따르면 자립할 수 있는 가장 작은 단위가 단어라는 것인데, '책가방' 같은 합성어는 그 자체로 단어이기도 하고, '책'과 '가방'을 따로 분리하여 자립적으로 쓸 수도 있으므로 위의 정의는 불완전한 것이다.

그럼에도 불구하고 학교 문법에서는 단어를 '자립할 수 있는 말이나 자립할 수 있는 형태소에 붙어서 쉽게 분리할 수 있는 말'로 규정하고 있다. '하늘이 맑다.'라는 문장을 단어로 나누면 다음과 같다.

하늘(명사) + 이(조사) + 맑다(형용사)

이 문장에서 단어를 찾으면 '하늘', '이', '맑다'가 된다. '하늘'과 같은 자립형태소는 그대로 하나의 단어가 되고, 의존형태소인 '맑-', '-다'는

'맑다'처럼 서로 결합해야 비로소 자립성이 있는 단어가 된다. 그런데 조사 '이'는 의존형태소이다. **자립성**을 홀로 문장에서 쓰일 수 있는 특성으로 정의한다면, 조사는 자립성이 없는 단위이다. 따라서 자립성을 기준으로 한다면 조사는 단어가 될 수 없다. 그러나 현재 학교 문법에서는 조사를 단어로 인정한다. 조사 자체는 자립성이 없어도 이들과 직접 결합되는 형식이 자립 형식이며, 또 앞말과 쉽게 분리되는 특성이 있다는 것을 근거로 조사를 단어로 처리하고 있는 것이다.

조사가 앞말과 쉽게 분리될 수 있다는 특성을 **분리성**이라고 하고, 단어 규정의 보조 기준으로 이용한다. 따라서 한국어 단어는 자립성과 분리성이라는 두 가지 기준에 의해 규정된다고 할 수 있다.

단어의 종류

단어는 여러 가지 기준에 따라 분류될 수 있다.

구조에 따라: 단일어와 복합어

단어는 구성요소의 수와 자격에 따라 단일어와 복합어로 나눌 수 있다. 다시 말하면 구조가 더 분석할 필요가 없을 정도로 단순한 것과 요소들이 일정한 방식으로 결합되어 복잡한 구조를 갖는 것, 두 가지로 볼 수 있는 것이다. 전자를 **단일어**(單一語, simple word), 후자를 **복합어**(複合語, complex word)라고 한다. 예를 들어, '새'는 단어를 구성하고 있는 요소가 하나뿐인 단일어이지만, '산새'는 두 개의 요소가 결합하여 한 단어를 이룬 복합어가 될 것이다. 복합어는 구성요소의 특성에 따라 파생어와 합성어로 구분할 수 있다.

문법적 특성에 따라: 품사

사전에서 단어를 찾으면 표제어 바로 다음에 품사 정보가 함께 기록되어 있는 것을 볼 수 있다. 다른 정보보다도 품사를 먼저 기록한 것을 보면, 품사 정보의 중요성을 짐작할 수 있다. 단어를 문법적 특성에 따라 분류한 것이 품사이다. 학교 문법에서는 한국어의 품사를 체언(명사, 대명사, 수사), 용언(동사, 형용사), 수식언(관형사, 부사), 독립언(감탄사), 관계언(조사) 등 총 아홉 가지로 설정하고 있다. 예를 들어, '새'는 명사에 속한다. 이것은 '새'가 문장에서 쓰일 때 모양이 변하지 않고, 조사와 결합할 수 있으며, 사물의 이름을 나타내는 말이라는 특성에 따라 정한 분류이다.

유래에 따라: 고유어, 한자어, 외래어

한국어에서는 단어의 유래, 즉 단어가 만들어진 역사를 참조하여 고유어, 한자어, 외래어라는 단어 집합을 분류하는 것이 보통이다. 영어 단어 중에도 라틴어에서 유래한 것이나 프랑스어에서 유래한 것 등을 찾을 수 있듯이, 한국어에는 한자 문화권이라는 역사적 배경하에서 유입된 한자어나, 근대 이후 서구 문물의 도입과 함께 수용된 외래어 등 고유어와 구별되는 특징을 가진 단어들이 있다. '새'는 한자어나 외래어가 아니라 고유어이다. '산'은 '山'처럼 한자로 쓸 수 있으므로 한자어이다. '산새'는 한자어와 고유어가 함께 결합한 것인데, 이런 단어를 혼종어라고 한다. 합성어의 두 가지 어근 중에서 '산'은 한자어이고, '새'는 고유어로 두 요소의 유래가 서로 다른 단어인 것이다.

길이에 따라: 단음절어와 다음절어

단어를 길이에 따라 분류할 수도 있다. 대개 단어의 길이는 음절로 측정한다. 단음절어(單音節語, monosyllabic word)는 한 음절로 된 단어이다.

한국어에서는 단음절어의 수가 2음절이나 3음절 단어에 비해 극히 적다. 다음절어는 단어의 음절 수가 하나보다 많은 것이다.

단어를 정의하는 세 가지 견해

한국어의 단어를 규정하는 일은 다소 복잡하고 논쟁적이다. 단어의 범위에 대해서 문법 연구자들은 크게 세 가지 견해를 보인다. 이 견해는 **조사**와 **어미**를 단어로 인정할 것인지 그렇지 않은지의 여부로 구별된다.

- 조사와 어미를 모두 단어로 인정하는 견해: 이 견해에 따른 문법 체계를 **분석적 체계**라고 한다. 조사와 어미가 문장에서 문법적 기능을 나타내는 장치이므로, 이들의 중요성을 감안하여 모두 단어로 인정한 것이다. 자립성이라는 단어의 본래 기준과는 맞지 않는 점이 있다.
- 조사는 단어로 인정하고, 어미는 단어로 인정하지 않는 견해: **절충적 체계**라고 한다. 조사와 어미가 모두 자립성이 없으므로 단어가 되기에는 불충분하지만, 조사는 앞말과 분리할 수 있으므로 분리성을 인정하여 단어로 인정하고, 어미는 단어로 인정하지 않는 것이다. 학교 문법이 이 체계를 따르고 있다.
- 조사와 어미를 모두 단어로 인정하지 않는 견해: **종합적 체계**라고 한다. 조사와 어미 모두 자립성이 없으므로 단어로 인정하지 않고, 체언과 조사의 결합형과 용언의 어간과 어미의 결합형을 단어로 보는 것이다. 이 체계에서는 '사람이'가 한 단어가 되므로 어절과 단어가 일치하는 체계라고 할 수 있다. 북한의 학자들이 이 견해를 따르고 있다. 자립성에 따른 단어 정의에 가장 잘 맞는 체계가 될 수 있지만 조사의 특이성을 포착하지는 못한다.

어절의 개념

단어와는 별도로 어절이라는 말을 들어 본 적이 있을 것이다. 어절이란 무엇일까? 어절은 띄어쓰기로 알 수 있는 문법 단위이지만, 사실 띄어

쓰기는 문자 언어의 운용 방식일 뿐이지, 어절에 대한 기준이 되기는 어렵다. 영문 표기에서 단어 단위로 띄어 쓰는 관습이 있는 것처럼 한국어 표기도 단어 단위로 띄어서 적는 기준은 영어와 다르지 않다. 다만, 한국어에서는 조사를 앞말에 붙여 쓴다는 점이 영어와 다른 특성이고, 이것이 어절의 정의에 대한 단서가 된다. 즉, 어절은 문장을 구성하는 기본 단위라는 점에서 단어와 구별된다. 어절은 어휘적인 부분이 문법적 요소와 결합하여 여러 가지 문법적 기능을 갖고 문장에 나타나는 단위이다. 다음 예를 보자.

하늘, 맑다

이 두 단어를 이용하여 문장을 만들려면 문법적 요소를 더해야 한다. 대표적인 것이 체언에 조사를 결합시켜 문장에서 어떤 성분이 되는지를 표시하는 일이다. 주어를 표시하기 위해서는 '이'라는 주격조사를 더하면 된다. '맑다'의 경우에는 그대로 문장에 쓰일 수도 있지만 각종 문법적 특성이 포함된 형식으로 실현되는 것이 일반적이다. '맑다'는 형용사이므로 활용을 할 수 있는데, 문법적 기능을 수행하는 어미가 교체되면 '맑다, 맑습니다, 맑아요?'와 같이 모양이 바뀌어서 문장에서 쓰이게 된다.

하늘이 맑습니다.

이 문장은 두 어절로 구성된 것이고, 앞의 어절은 주어, 뒤의 어절은 서술어가 된다. 어절은 문장 안에서 일정한 기능을 수행한다. 이런 기능 단위를 문장성분이라고 하는데, 어절은 문장성분을 이루는 가장 기본 단위라고 할 수 있을 것이다. 어절은 문장을 구성하는 기본 단위이며 따라서 통사론적 단위라고 볼 수 있지만, 굴절이라는 형태론적 과정을 거쳐 만들어지는 단위이다. 어절 안에는 어휘형태소와 문법형태소가 모두 포함되어 있다. 따라서 문자 언어에서 띄어쓰기라는 장치로 실현되는 어절은 풍부한 문법적 정보를 담고 있으므로 분석의 출발점으로 삼을 수 있다. 또한 한국어와 같은 교착어에서는 어절이 문장을 구성하는 기본 단위라고 보는 것이 적합하다. 그렇다면 한국어의 어절은 영어의 단어와 유사한 특성을 보인다고 할 수 있다.

어절 단위의 중요성

언어병리학 분야에서는 분석의 용이성 때문에 어절 단위가 널리 이용되고 있다. 그런데 어절을 단위로 한 분석 결과가 다른 분석 단위와 큰 차이를 보이지 않는다는 보고가 있다. 김영태(2014: 362)는 한국어의 평균 발화 길이에서는 어절을 분석 단위로 한 수치가 영어권 아동의 평균 형태소 길이와 유사한 수치를 보였다는 김영태(1997)의 자료를 제시하고 있다. 윤미선 외(2013)는 아동의 자발화에서 형태소, 단어, 어절의 세 가지 문법 단위로 측정한 평균 발화 길이를 측정하여 표본 규모의 신뢰성을 살펴보았는데, 어절 수준에서는 50발화 정도, 단어와 형태소 분석은 그보다 더 큰 규모의 표본을 추출해야 한다는 것을 밝혔다(윤미선 외 2013: 373). 어절 분석은 다른 단위에 비해 분석이 더 쉽다. 그럼에도 어떤 집단의 대표성을 획득할 수 있다면 이용 가능성이 더 높아질 것이다.

분석의 실제

형태소 분석

형태소 분석의 기본 원리

앞에서 우리는 어떤 단위를 분석할 때 단어 사이의 관계를 이용한다는 것을 확인하였다. 계열관계와 결합관계가 그것이다. 간단한 예 하나를 들어 보자.

하늘이 높다.
바다가 넓다.

어절 '하늘이'는 다른 어절과 대치될 수 있다. '높다'도 '넓다'와 대치될 수 있다. 그런데 이 어절은 모두 두 개의 형태소로 구성되어 있다. 각각의 어절을 분석해 보면 형태소가 무엇인지 알 수 있다.

하늘이
하늘 + 이

'하늘'은 '이'와 결합관계를 이룬다. '하늘' 자리에 올 수 있는 말은 '하늘'과 계열관계를 이루는데, '바다, 들, 땅' 등 상당히 다양한 말이 이 자리에 올 수 있다. 이들은 대개 명사일 것이다. 즉, 계열관계에 있는 말들은 서로 비슷한 범주에 속할 것이다. '이' 자리에는 '은, 과, 도, 보다' 등의 요소가 올 수 있다. 이들은 조사일 것이다.

높다
높- + -다

'높-'은 '-다'와 결합관계를 이룬다. '높-' 자리에 올 수 있는 말은 이것과 계열관계를 이루게 될 것이다. '넓-, 낮-, 푸르-' 등이다. 이들은 대개 형용사의 어간을 이루는 요소이다. '-다' 자리에는 '-고, -아, -으니' 등이 올 수 있는데, 이들은 어미이다.

형태소가 결합하여 형식이 달라진 경우에는 주의해야 한다. 이 경우 형태소 분석은 원래의 기본형을 복원하는 작업이 추가되어야 하기 때문이다. 예를 들어, '선생님이 오셨다.'에서 '오셨다'는 '오-' '-시-' '-었-' '-다' 이렇게 네 개의 형태소로 이루어진 어절이다. '셨'이라는 음절이 있지만, 이것은 두 개의 음절인 '-시-'와 '-었-'이 하나로 축약된 것이다. 따라서 형태소 분석을 할 때는 원래의 형식을 복원해 주어야 한다.

미운 네 살
밉다

말을 좀 들어!
듣다

밥을 지어 본다.
짓다

속도가 너무 빨라 자세히 볼 수 없었다.
빠르다

이 예들은 불규칙용언이라고 부르는 용언의 활용형이다. 이 용언의 어간은 어미와 결합할 때 예측하기 힘든 변화를 보인다. 이 경우에는 변화하지 않은 형태와 비교하여 형태소 분석을 할 필요가 있다.

결합 과정에서 형태소가 아예 생략되는 경우도 있다. 이 경우에는 어떻게 분석해야 할까? 다음 예에서 '사'는 '팔아'와 형태소 수가 같을까, 다를까? 한번 생각해 보기 바란다. 다음 절에서 이 문제를 조금 더 자세히 살펴볼 것이다.

물건을 사 주다.
물건을 팔아 주다.

형태소 분석의 원칙

형태소 분석에는 여러 문제가 여전히 남아 있다. 한국어의 형태소 분석은 형식형태소를 분리해 내는 것이 중요한 과제인데, 한 단어 안에도 몇 개 이상의 형태소가 교착되어 쓰일 수도 있기 때문에 쉬운 일은 아니다. 따라서 분석 이전에 몇 가지 원칙을 세우고 일관성 있게 적용하는 것이 중요하다.

굴절적인 요소를 먼저 분석하기

형태소 분석을 할 때는 굴절과 조어의 두 가지 형태론적 범주를 고려해야 한다. 형태소 분석의 목적이 단어의 구조를 밝히는 것보다는 문장의 사용 양상을 살펴보기 위한 것이라면 조어적인 것보다는 굴절적인 것, 그러니까 조사와 어미를 찾아내는 일에 큰 비중을 두어야 할 것이다. 이를 **굴절 우선 원칙**이라고 이름붙일 수도 있을 것이다. 예를 들어, '심술쟁이가'라는 어절에는 '심술, -쟁이, 가'의 세 가지 형태소가 있는데, '-쟁이'는 파생접사, '가'는 조사이다. 이때 조사를 분리하는 것이 명사 파생 접미사를 분리하는 것보다 더 우선적인 작업이 되어야 한다. 1차적으로는 굴절적 요소를 분석하고, 필요에 따라 2차적으로 조어적 요소를 분석하는 것이 효과적인 분석 방법이 될 것이다. 조어적인 요소를 분석하는 방법은 다음 장에서 다룬다.

구조의 동일성을 고려하기

또 한 가지 중요한 것은 한국어의 형태소 결합 구조를 고려한 분석이 되어야 한다는 점이다. 한국어의 용언은 어간과 어미로 분석할 수 있다. 어간은 실질적인 의미를 실어 나르는 형식이며, 어미는 여러 문법적 기능을 표시하는 부분이다. 따라서 용언과 이에 상당하는 지정사(또는 서술격조사) '이다' 등은 어간과 어미의 결합관계를 내부에 갖게 된다. 형태소의 수를 세거나 형태소를 찾아낼 때는 이 점을 잊지 말아야 한다.

(이리) 와!
(저리) 가!

이 문장에서 '와'는 어간 '오-'와 어미 '-아'가 결합된 활용형이다. 이 단어의 형태소는 두 개라고 할 수 있다. '가' 역시 어간 '가-'와 어미 '-아'가 결합한 것이다. 그런데 이렇게 두 형태소가 한 음절로 나타나는 경우 어간과 어미에 있는 동일한 모음 'ㅏ' 두 개가 하나로 줄어들기 때문에 마치 형태소가 하나밖에 없는 것처럼 착각하기 쉽다. 그러나 한국어의 용언이 그 내부에 어간과 어미의 결합관계를 갖고 있다는 점을 고려하면 '가' 역시 형태소 두 개로 이루어졌음을 이해할 수 있을 것이다. 이를 동일 구조 원칙 정도로 명명할 수 있다.

물건을 사 주다.

앞서 보았던 예에서도 동일한 분석 원칙을 적용할 수 있다. '사'는 어간 '사-'와 어미 '-아' 두 개의 형태소로 구성되어 있는 것이다. 이렇게 생략된 요소의 분석에 동일 구조 원칙을 적용할 수 있다. 체언과 조사의 결합에서도 이런 예를 찾을 수 있다.

이번에 갈 곳은 부산이다.
이번에 갈 곳은 광주다.

'부산이다'에는 서술격조사의 어간인 '이-'가 보인다. '광주다'에는 보이지 않는다. 그렇다고 '광주다'에 '이-'가 없다고 할 수 있을까? 한국어에서 명사를 서술어로 쓸 때에는 명사에 서술격조사를 결합시키는 결합관계가 나타난다는 사실을 고려하면, '광주다'도 '광주+이-+-다'로 분석해야 한다.

형태소 분석의 문제 중 한자어에 대한 것은 앞에서 언급한 바 있다. 한자어에 포함된 한자 하나하나는 의미를 갖고 있으므로 형태소가 될 수 있다. 그렇지만 한국어의 문법적 구조를 파악하는 데에는 이런 분석은 별 도움이 되지 않는다. 한자어 구조의 특성상 언어병리학 분야에서는 한자어 단어 전체를 하나의 형태소로 보는 것도 분석의 일관성만 확보된다면 수용할 수 있는 분석이 될 것이다.

언어 분석에서 중요한 것은 일관성이다. 분석 작업에 들어가기 전에 분석의 기준을 확정한 후 분석 과정에서는 이 기준을 가능하면 유지할 필요가 있다. 그러나 실제로 언어 분석에서 명확한 답을 찾기가 힘든 경우도 적지 않다. 따라서 반복적인 분석을 통해 일종의 '분석의 눈'을 키우는 것이 중요하다. 분석의 기준은 분석의 목적과 분리될 수 없다. 언어 분석의 필요성이 있을 때, 분석 결과를 어떻게 이용할 것인지를 미리 생각하고 여기에 따라 분석의 층위와 정밀도를 다르게 할 수 있는 것이다.

단어 분석의 문제

단어는 자립성의 여부로 판단할 수 있다. 그런데 한국어에서는 단어 단계의 분석은 형태소 단계의 분석이나 어절 단계의 분석에 비해 지위가 조금 모호하다. 한국어에서는 어미와 같은 문법형태소의 분석이 무엇보다도 중요한데, 문법형태소 중에서 조사는 단어로 인정되고 어미는 단어로 인정되지 않기 때문에 비대칭성이 나타나는 것이다. 단어 분석의 핵심은 조사를 별도의 단어로 분석한다는 것이다.

단어와 관련된 분석에서 직면하는 문제는 합성어나 파생어 등의 복합어에 대한 것이다. 예를 들어, '걸어가다'는 한 단어인가, 두 단어인가? 이 단어를 사전에서 찾으면 하나의 표제어로 등재되어 있다. 이 단어는 '걷다'와 '가다'가 어근의 자격으로 합성된 합성어이다. 결국 이 문제를 풀 수 있는 방법은 사전과 같은 정보에 의존하는 것이다. 한국어의 단어는 사전에 등재되므로 단어 여부를 판단하기 위해서는 사전을 적극적으로 이용해야 한다.

어절 분석의 문제

한국어의 어절은 영어의 단어에 해당하는 단위라고 볼 수 있다. 문장을 구성하는 단위로서의 어절은 언어병리학에서도 유용한 단위로 이용할 수 있다. 어절의 분석은 대개 띄어쓰기에 의존하게 되지만, 때로는 띄어쓰기가 적절한 정보를 주지 못하는 경우가 있다. 띄어쓰기 오류는 매우 자주 나타나므로 언어 분석에서는 이 점을 고려해야 한다. 어절은 문장성분과 밀접한 관련이 있으므로 문장 내에서의 계열관계와 결합관계를 고려해야 한다. 예를 들어, 보조용언은 본용언과 함께 문장의 서술어가 되므로, 본용언과 함께 하나의 어절로 처리될 가능성도 있는 것이다.

형태소 분석은 문장을 분석에 용이한 단위로 분리한 다음에 하는 것이 유리하다. 어절은 한국어의 특성을 잘 드러내는 단위이므로, 대개 어절을 대상으로 형태소 분석을 시작할 수 있다. 한국어는 실질형태소에 형식형태소가 교착되어 문법적 기능을 나타내는 교착어이며, 어절은 실질형태소와 형식형태소가 결합되어 만들어진 단위이므로 어절을 분석하면 문법적인 여러 정보를 알아낼 수 있다. 다음 어절을 보자.

가시는

이 어절에서 형태소를 찾아보면 몇 가지 다른 답이 나올 수 있다. 이것을 분석의 **중의성**이라고 한다. 한국어의 어절은 어휘형태소에 문법형태소가 결합하여 이루어진 것이므로 이 특성을 고려하면 그리 어렵지 않게 분석할 수 있다.

가시(명사) + 는(조사)
가–(동사 어간) + –시–(선어말어미) + –는(관형사형 전성어미)
가시–(동사 어간) + –는(관형사형 전성어미)
갈–(동사 어간) + –시–(선어말어미) + –는(관형사형 전성어미)

형태소나 단어 등의 문법 단위를 찾기 위해서는 어절이 갖는 이런 특성을 감안해야 한다. 어절은 문자 언어에서 띄어쓰기로 표시되므로 컴퓨터를 이용한 분석의 기본 단위가 된다. 한 어절이 여러 개의 형태소로 구성된 경우도 흔하다. 사실 한국어의 **교착성**은 이 지점에서 잘 드러나는데, 일정한 기능을 가진 형태가 계속 첨가될 수 있다는 것이다.

높다
높았다
높았겠다
높으셨겠다

이 예는 각각 2, 3, 4, 5개의 형태소로 구성된 어절이다. 어절의 특성을 활용하면 형태소 분석을 더 쉽게 할 수 있다.

형태소 분석기

언어 분석을 자동화하려는 시도는 오래전부터 이루어져 왔다. 형태소 분석기라고 불리는 이런 프로그램들은 한국어의 어절이 일정한 결합관계와 계열관계에 있는 단위들의 결합으로 구성된다는 점을 이용하여 구현된 것이다.
한국어의 형태소 분석은 교착어인 한국어의 특성 때문에 쉽지 않은 작업이다. 그러나 이 분야의 연구가 활성화되어 이제는 매우 강력한 성능의 형태소 분석기가 많이 개발되어 있다. **21세기 세종계획**에서 공개한 **지능형 형태소 분석기**는 대규모 말뭉치 자료의 주석에 실제로 쓰인 프로그램이므로 다른 언어 자료를 분석하는 데 사용한다면 분석 정보를 비교하는 등 다양하게 응용할 수도 있을 것이다. 이것 외에도 다양한 종류의 형태소 분석기가 개발되어 공개되어 있으니 검색해 보기 바란다.

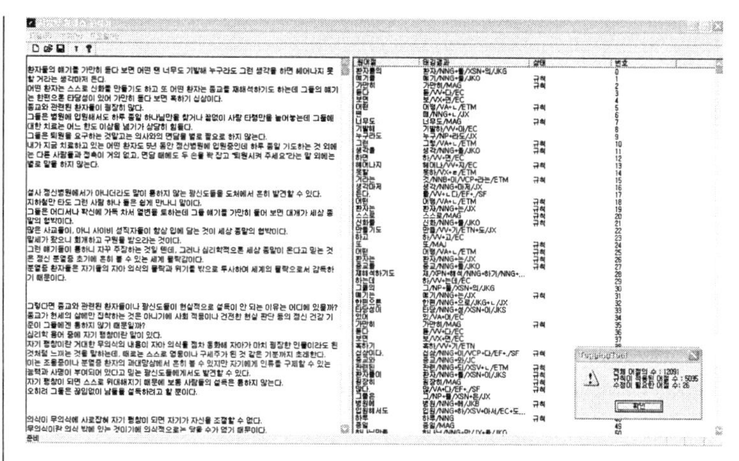

지능형 형태소 분석기 실행 화면

지능형 형태소 분석기 프로그램은 **국립국어원 언어정보나눔터**에서 받을 수 있다. 이 그림은 형태소 분석기의 분석 결과인데, 왼쪽 창은 문장을 입력하거나 텍스트 파일을 불러올 수 있는 곳이고, 오른쪽 창에는 형태소 분석 결과가 출력된다. 분석 결과는 각 항목별로 정렬이 가능하며, 결과를 수정할 수도 있다. 분석이 끝나면 문서에 포함된 어절의 수나 규칙에 의해 품사가 부착된 어절의 수, 그리고 미등록어가 포함된 어절의 수가 화면에 표시된다. 각 단어나 형태 뒤에는 해당 형태소의 품사나 문법 정보가 붙어 있다. 이를 태그 혹은 분석 표지라고 한다. 분석 후에는 분석 결과를 검토하고 이용 목적에 맞게 수정할 수 있다. 단, 형태소 분석기의 결과는 확률 정보를 이용해 후보 중 하나를 선택한 것으로, 결과가 나온 후에는 반드시 사람이 수작업으로 점검해야 한다. 오류도 적지 않으므로 결과를 그대로 이용하는 것은 적절하지 않다.

과제

1. 언어의 형식적 측면과 내용적 측면을 어떻게 구별할 수 있는지 사례를 들어 설명해 보시오.

2. 문장 하나를 선택해서 자립형태소와 의존형태소를 찾아보시오.

3. 같은 문장에서 실질형태소와 형식형태소를 찾아보시오.

4. 음운론적 이형태와 형태론적 이형태의 예를 들어 설명해 보시오.

5. 굴절 우선 원칙이란 무엇인지 실제 분석에서 예를 들어 설명해 보시오.

6. 한국어의 단어와 어절에는 어떤 차이가 있는지 설명해 보시오.

7. '가는 게 좋겠어.'의 '게'와 '걔는 너무 착해'의 '걔'를 분석한다면 어떻게 할 것인가? 둘 사이의 차이점에 주목하여 시도해 보시오.

8. 다음 어절을 형태소 분석해 보고, 어떤 분석 가능성이 있는지 설명해 보시오.

   가는
   수가
   해도

9. 형태소 분석기를 설치하고 이용해 보시오.

제4장

단어의 구조

우리는 본격적인 문법 특성을 알아보기 전에 이 장에서 단어의 구조를 먼저 살펴볼 것이다. 단어(單語, word)는 여러 가지 문법 단위 중에서도 특별한 지위를 갖고 있다. '단어'는 우리에게 매우 친숙한 단어이며 낱말이라는 고유어로도 널리 쓰인다. 그러나 사실상 단어라는 용어의 의미를 명확하게 정의하는 것은 거의 불가능에 가깝다. 그렇다고 해서 단어의 개념을 우리가 잘 모른다고 할 수도 없다. 우리는 사전에 수록되어 있는 단어 외에도 수많은 신어와 유행어를 쉽게 받아들이고 사용하고 있다. 이 단어들은 일정한 원리에 따라 형성되는데, 이 장에서는 한국어 단어의 기본 구조에 대해 살펴볼 것이다.

단어형성

단어형성, 즉 조어의 개념

단어를 만드는 것을 단어형성 또는 조어(造語, word formation)라고 하고 단어를 만드는 체계적 방법을 단어형성법 또는 조어법이라고 한다. 조어는 단어의 구조를 드러내는 것이기 때문에 문법에서 매우 중요한 개념이다. 단어를 분석하면 단어를 구성하는 요소를 찾아낼 수 있는데, 거꾸로 이 형태소들이 특정한 원리를 따라 결합해서 하나의 단어로 형성되는 과정을 규명할 수도 있다. 어떤 단어에 대해 분석과 형성의 두 가지 관점에서 모두 접근할 수 있으며, 단어형성의 과정은 단어 구조에 대한 분석으로 추정할 수 있다. 결국 조어의 특성은 단어 분석을 통해 알 수 있다. 단어형성은 새로운 단어를 만드는 것인데, 만들어진 단어를 문장에서 사용할 때 드러나는 방식과는 구별해야 한다. 전자를 조어, 후자를 굴절이라고 부를 수 있다.

사전에는 수많은 단어가 어휘소의 자격으로 등재되어 있다. 사람의 머릿속에도 사전이 있을까? 우리는 수많은 단어를 기억하고 사용할 수 있는 능력을 갖고 있다. 언어학자들은 문법의 모형 내에 어휘부(lexicon)라는 모듈을 상정해 왔다. 어휘부는 저장할 수 있는 다양한 단위를 담고 있는 언어학적 장치이다. 어휘부는 문법의 모형 안에 들어 있지만, 문법적인 지식과는 조금 다른 본질을 갖고 있다. 문법적 지식은 암기해야 하는 것은 아니다. 문장에서 목적어와 서술어의 위치는 미리 정해져 있는데, 이런 배열에 대한 원리를 외워서 쓰는 것은 아니다. 반면에 새로 만난 사람의 이름이나 유행어 등은 노력을 많이 들여야 하는 것은 아니지만 머릿속에 저장된다. 저장할 수 있는 지식과 저장하지 않아도 되는 지식은 본질적으로 서로 다른 영역에서 작동한다고 보는 것이다. 조어는 저장할 수 있는 지식과 관련된 것이다. 어휘부에 어떤 단어를 추가하는 데에도 일정한 원리가 있는데, 조어는 이 원리를 다루는 영역이다.

단어의 구조

우선 어떤 단어 하나의 구조를 살펴보자.

치솟다

이 단어는 세 개의 형태소로 구성되어 있다. '치-', '솟-', '-다'라는 세 가지 형태소가 차례대로 배열된 것이다. 각각의 형태소가 단어 구조 안에서 어떤 역할을 담당하고 있는지 명명해 보자. 먼저 이 단어의 의미를 가장 잘 드러내는 것은 무엇인가? '솟-'의 의미가 결국 이 단어의 중심 의미라고 할 수 있을 것이다. 그렇다면 '솟-'은 이 단어의 중심이 된다. 이렇게 단어를 형성할 때 실질적인 의미를 나타내는 중심 부분을 **어근**(語根, root)이라고 한다. '솟-'이 '치솟다'의 중심 요소이므로 어근이 된다. 한편, '치-'는 '아래에서 위로'라는 뜻을 가지고 있는 형태소이다. 이렇게 어근에 붙어 그 뜻을 제한하는 주변 부분을 **접사**(接辭, affix)라고 한다. '-다' 역시 중심 요소에 붙은 접사라고 할 수 있다. '-다'는 평서형 종결어미라고 부르는데, 해당 단어가 쓰인 문장이 평서문이 된다는 것을 나타내는 장치이다.

이렇게 어근은 단어형성에 참여하는 실질형태소, 접사는 단어형성에 참여하는 형식형태소로 정의한다. 접사에는 두 가지 종류가 있다. '치-'와 같은 접사를 **파생 접사**라고 한다. 파생 접사는 새로운 단어를 만드는 조어 과정에 기여하는 접사를 말한다. '-다'와 같은 접사는 굴절 접사라고 한다. **굴절 접사**는 어떤 단어가 문장에서 쓰일 때 문법적 기능을 담당하는 접사이다. 한국어에서는 이런 기능을 담당하는 것이 조사나 어미이다. 따라서 조사나 어미는 굴절 접사의 범주에 속할 수 있다. 다만, 조사는 그 자체로 단어가 되므로 학교 문법에서는 접사의 범위를 벗어난다. 그러면 굴절 접사로 볼 수 있는 것은 어미밖에 남지 않는데, 굴절 접사라는 용어보다는 '어미'라는 용어가 더 일반적으로 쓰인다. 따라서 보통 '접사'라고 하면 파생 접사를 가리키는 것으로 보면 될 것이다.

단어는 구조에 따라 단일어와 **복합어**로 나눌 수 있다. 단일어와 복합어는 어근의 수에 따라 구별할 수 있다. 단일어는 하나의 어근으로 된 단어이고, 복합어는 둘 이상의 어근이나 어근과 파생 접사의 결합으로 이루어진 단어를 말한다.

산, 하늘, 맑다

이 단어는 모두 단일어이다. '맑다'는 형태소가 둘이지만, 어근은 하나이므로 단일어로 볼 수 있다. 형태론에서 조어와 굴절은 각각 다른 영역에 관심이 있다. 단어형성, 즉 조어 영역에서는 굴절적 요소인 어미는 고려 대상이 되지 않는 것이다.

어깨동무: 어깨 +동무
앞뒤: 앞 +뒤
작은아버지: 작(은) +아버지
뛰어나다: 뛰(어) +나(다)

이 단어는 모두 복합어인데, 실질적인 의미를 나타내는 실질형태소인 어근 두 개가 한 단어 안에 나타난다. 이런 복합어를 합성어라고 한다.

풋- + 사랑
치- + 솟- + -다
톱 + -질
잡- + -히- + -다
일 + -하- + -다

이 단어 역시 모두 복합어인데, 여기에는 파생 접사가 들어 있다. 밑줄 친 것이 파생 접사이다. 이 단어는 실질형태소인 어근이 파생 접사와 결합하여 이루어진 단어로, 이런 복합어를 파생어라고 한다.

복합어, 합성어, 파생어라는 용어에는 다소 혼란이 있다. 어근과 어근이 결합된 단어를 합성어, 어근과 접사가 결합된 단어를 파생어, 이 둘을 합쳐서 복합어라고 하는 것이 학교 문법의 용어이다. 그런데 학자에 따라 복합어를 합성어라고 부르고, 합성어를 복합어로 바꾸어 부르는 경우도 있다. 이런 명명법도 생각보다 널리 쓰이고 있다. '복합명사'라는 용어를 들어 본 적이 있을 것이다. 만약 학교 문법의 방식대로 하면 복합명사보다는 합성명사라는 용어가 더 적절할 것이다.

합성과 파생이라는 조어법은 어떤 단어를 만드는 데 같이 참여하기도 한다. '눈웃음', '코웃음' 같은 단어는 단일어 '눈'과 파생어 '웃음'이 모두 어근의 자격으로 결합한 합성어이다. 그런데 '해돋이'와 같은 단어는 '해'와 '돋-'처럼 어근이 두 번 나타났으니까 합성어로 볼 수도 있지만, 최종적으로 결합한 요소가 접사라는 점에서는 파생어로 볼 수도 있다. 이 문제는 구성요소가 어떤 순서로 결합했느냐가 해결의 관건이 된다. '해+돋이'라면 합성어이고, '해돋-+-이'라면 파생어라고 보는 것이다. 조어의 유형에 대해 더 자세히 살펴보기로 하자.

합성어

합성어의 개념

합성어는 실질형태소인 어근과 어근이 직접 결합해서 만들어진 단어이다. 합성어는 품사에 따라 합성명사, 합성동사 등으로 나눌 수도 있고, 어근의 의미적 관계에 따라 대등 합성어, 종속 합성어, 융합 합성어로 나누기도 한다. 또 한국어의 통사적 질서를 지키고 있는지의 여부에 따라 통사적 합성어와 비통사적 합성어를 구별하기도 한다.

합성어의 종류

품사에 따른 분류

합성어 중 가장 많은 수를 차지하고 있는 것은 합성명사이다. 합성명사는 두 개 이상의 어근이 모여 만들어진 명사 단어이다. 그런데 합성명사에는 명사 어근이 합쳐진 '강산, 앞뒤, 고추잠자리, 밤낮' 등도 있지만, 관형사와 명사가 합쳐진 '새해', '첫사랑', 용언의 관형사형과 명사가 합쳐진 '큰집', 용언의 명사형과 명사가 합쳐진 '비빔밥' 등 여러 유형이 있다. 관형사와 명사가 합쳐진 '이것', '그것', '저것' 등은 합성대명사로, 수사와 수사가 결합한 '열하나' 등은 합성수사로 볼 수 있다.

명사, 대명사, 수사 등의 체언 외에도 용언의 합성어도 찾을 수 있다. '힘들다, 힘쓰다'와 같이 명사와 동사가 결합하거나 '잘살다, 바로잡다'와 같이 부사와 동사가 결합하여 합성동사를 만든다. 또 동사와 동사가 바로 결합하기도 하는데, 이때는 '오가다, 오르내리다'와 같이 어근끼리 바로 결합하는 경우도 있지만, '들어가다, 일어나다, 다녀오다'처럼 어미가 어근과 어근 사이에 나타나는 경우가 많다. '높푸르다, 굳세다'는 형용사와 형용사가 결합한 합성형용사이고, '맛있다, 재미있다'는 명사와 형용사가 결합한 합성형용사이다.

'한두, 두세' 등은 관형사와 관형사가 합쳐진 합성관형사이다. '곧잘, 잘못'과 같이 부사와 부사가 합쳐지거나 '어느새'처럼 관형사와 명사가 합쳐져서 합성부사가 되기도 한다. '구석구석, 오래오래, 두근두근, 콜록콜록, 곤드레만드레' 등은 동일한 요소가 두 번 이상 결합하여 만들어진 합성어인데, 이를 반복 합성어라고 한다. 반복 합성어는 대부분 부사이며, 의성어와 의태어가 많다.

합성명사 또는 복합명사

합성명사는 어근이 둘 이상 모여 만들어진 명사로, 합성명사라는 말보다는 **복합명사**라는 명칭이 더 널리 쓰인다. 그런데 합성명사 중에는 '한국대학교'와 같이 개별적으로 사용되는 단어가 모여서 만들어진 것도 있다. 이 명사는 '한국'과 '대학교'라는 두 개의 명사가 결합한 구성이다. 현행 띄어쓰기 규범으로는 이런 합성명사, 또는 복합명사는 '한국대학교'와 같이 붙여 쓸 수도 있고, '한국 대학교'와 같이 띄어 쓸 수도 있다. 고유명사나 전문용어일 때는 붙여 쓸 수도 있는 허용 규정이 있는 것이다. 합성명사를 하나의 단어로 볼 것인지, 그 안에 있는 어근 역할을 하는 명사를 모두 분리해서 각각을 단어로 보고, 전체는 구 구성으로 볼 것인지는 분석의 목적에 부합하도록 결정해야 한다.

의미에 따른 분류

대등 합성어는 어근이 서로 대등한 의미를 갖는 것이다. '밤낮, 앞뒤, 강산' 등이 여기에 속한다. **종속 합성어**는 '쇠고기', '돌다리'처럼 앞의 어근이 뒤의 어근을 수식하거나 의미상 종속적인 것이다. 합성어 중에는 어근들의 원래 의미와는 다른 의미가 새로 나타난 것도 있다. '돌아가다'가 '죽다'의 뜻을 나타낸다면 이는 원래 어근들의 의미가 아닌 다른 의미가 생성된 것으로 보아야 하는데, 이를 **융합 합성어**라고 한다.

통사적 합성어와 비통사적 합성어

통사적 합성어는 합성어를 형성하는 어근들이 문장을 구성하는 요소들이 결합하는 방식과 동일한 방식으로 결합하는 것이다. 예를 들어, '큰집'을 보면, '정말 큰 집'과 같은 구 구성과 배열 방식이 일치한다. '힘들다'도 '힘이 들다'와 같은 문장의 배열 방식과 일치한다. 이 경우 조사는 생략될 수 있으므로 전체적인 배열에 문제가 있는 것은 아니다. '들어가

다' 에서도 문장에 나타나는 결합관계, 즉 용언과 용언이 연결되려면 앞 용언에 연결어미가 있어야 한다는 결합 원리가 지켜지고 있는 것이다. 이 합성어는 연결어미 '-어'가 어근 사이에 나타났으므로 한국어의 통사적인 질서를 지키고 있다고 볼 수 있다. 이런 합성어를 통사적 합성어라고 한다.

반면 **비통사적 합성어**는 일반적인 한국어의 통사적 구성 방법을 지키지 않으면서 만들어진 것이다. 예를 들어, 앞에서 언급한 대로 용언과 용언이 연결될 때에는 연결어미가 나타나야 한다는 제약이 있지만, '오가다', '굶주리다' 등은 어근과 어근이 바로 결합했으므로 이 제약을 어긴 것이다. 이런 합성어를 비통사적 합성어라고 한다. 용언과 체언이 연결될 때 관형사형 전성어미가 나타나지 않는 '덮밥', '접칼', '늦잠' 이나, 부사가 체언 앞에 오는 '부슬비' 등도 비통사적 합성어의 예가 된다. 만약 문장에서 이 어근들을 배열한다면 '접는 칼'과 같이 관형사형 전성어미를 써야 하는 것이다.

합성어와 구

통사적 합성어는 때로는 구(phrase)와 구별이 불분명한 경우도 있다. '큰집'과 '큰 집'은 서로 의미가 다른데, '큰집'은 '큰아버지 댁'의 뜻으로 사전에 수록되는 단어이고, '큰 집'은 집의 크기가 크다는 것을 나타내는 구 구성이다. 둘은 문자 언어에서는 띄어쓰기로, 음성 언어에서는 운율의 차이로 구별할 수 있지만 문법적으로 중간에 다른 말이 끼어들 수 있는지를 확인하는 것이 가장 확실한 구별 방법이 된다. 합성어는 어근 사이에 다른 말이 들어갈 수 없지만, 구 구성은 '매우 큰 저 집'처럼 중간에 다른 요소를 넣을 수 있다.

파생어

파생어의 개념

파생어는 어근의 앞이나 뒤에 파생 접사가 붙어서 만들어진 단어이다. 접두 파생어는 파생 접사가 어근의 앞에 붙어서 만들어진 단어이다. 이때 어근의 앞에 붙은 접사를 **접두사**(接頭辭, prefix)라고 한다. 접두사는 주로 특정한 뜻을 더하거나 강조하는 기능을 한다. 이런 기능은 의미적인 것이라서 마치 실질형태소처럼 보이지만, 그 자체가 단어의 중심 요소가 아니라 다른 중심 요소에 뜻을 더해 주는 것이므로 일반적으로는 형식형태소로 취급한다. 이렇게 의미를 더해 주는 접사를 **한정적 접사**라고 한다.

접미 파생어는 어근의 뒤에 파생 접사가 붙어서 이루어진 단어이다. 이렇게 어떤 요소의 뒤에 붙는 접사를 **접미사**(接尾辭, suffix)라고 한다. 접미 파생어를 형성하는 접미사 역시 접두사처럼 뜻을 더하는 한정적 접사나 어근의 품사를 바꾸는 **지배적 접사**가 있다.

파생어의 종류

접두 파생어와 접두사

접두 파생어는 접두사의 유형에 따라 분류할 수 있다. 접두사는 접미사에 비해서 숫자가 상대적으로 적으며, 주로 명사, 동사, 형용사에 나타난다. 접두사의 예를 몇 가지 들어보면 다음과 같다. 먼저 고유어로 된 접두사들이 있다.

군-, 날-, 돌-, 맏-, 맨-, 풋-, 한-

짓-, 치-, 새-, 들-, 설-, 뒤-

헛-, 덧-, 엇-

우선 체언으로 된 어근 앞에 붙어서 체언의 뜻을 더해 주는 접두사가 있다. '군말, 날고기, 돌배, 맏아들, 맨손, 풋고추, 한겨울' 등에 나타나는 '군-, 날-, 돌-, 맏-, 맨-, 풋-, 한-' 등이 이런 접사이다. 또 용언 앞에 붙어서 뜻을 더해 주는 접두사가 있다. '짓밟다, 치솟다, 새까맣다, 들끓다, 설익다, 뒤덮다' 등에 나타나는 '짓-, 치-, 새-, 들-, 설-, 뒤-' 등이 이런 접두사이다. 그리고 체언과 용언에 다 붙을 수 있는 접두사가 있는데, '헛-, 덧-, 엇-' 등이 그 예가 된다. '헛-'은 '헛수고'처럼 체언 접두사로도 쓰이고, '헛돌다'처럼 용언 접두사로도 쓰인다. '덧신, 덧나다'를 만드는 '덧-'이나 '엇박, 엇갈리다'를 만드는 '엇-'도 이런 부류의 접두사이다.

어떤 접두사는 그 단어의 품사나 통사적 역할을 변화시킨다. 예를 들어, '메마르다'는 '메-'라는 접두사가 '마르다'의 어근인 '마르-'에 붙어서 새로운 단어가 된 것인데, '마르다'는 동사이고, '메마르다'는 형용사이다. 앞에서 의미를 더해 주는 접사를 **한정적 접사**라고 했는데, 이와는 달리 단어를 다른 부류로 바꿔 주는 접두사를 **지배적 접사**라고 한다. 이렇게 어휘에 의미를 더해 주는 것과 통사적인 차이를 만드는 것을 구별해서 전자를 **어휘적 접사**라고 하고 후자를 **통사적 접사**라고 한다.

한정적 접사, 즉 어휘적 접사는 분명히 어근에 어휘적 의미를 더해 준다. 따라서 실질형태소의 특성도 일부 가지고 있는 것이 사실이다. 그렇지만 앞에서 확인한 것처럼 다른 접사들과의 부류적 특성을 존중해서 형식형태소로 처리하는 것이 일반적이다.

접두사 중에는 한자로 된 접두사도 많다. '생크림, 생맥주'의 '생(生)-' '친환경'의 '친(親)-' 같은 것인데, 이들은 비교적 생산성이 높아서 새로운 단어를 만들 때 자주 사용된다. 강범모 · 김흥규(2009)가 제시한 한자어 접두사 목록을 제시하면 다음과 같다.

가(假), 고(高), 과(過), 구(舊), 노(老), 대(大), 무(無), 미(未), 반(反), 범(凡), 부(不), 불(不), 비(非), 생(生), 소(小), 신(新), 왕(王), 재(再), 제(第), 저(低), 준(準), 초(超), 최(最), 친(親), 탈(脫), 폐(廢), 피(被) 등

이 한자 형태소들은 단어의 일부로 쓰이면서 그 단어의 뜻을 한정해 준다. 이들은 새로운 단어를 만들어 내는 데 쓰일 수 있다. '생치즈'는 실제로 존재하는 음식 재료이지만 국어 사전에는 수록되지 않는다. 이 단어는 '생크림, 생맥주'와 같은 방식으로 접두사 '생-'이 붙어서 새로 만들어진 신어인 것이다.

접미 파생어와 접미사

접미사는 접두사에 비해 숫자도 많고, 접미사가 붙어서 파생어가 되는 품사도 명사, 대명사, 수사, 동사, 형용사, 부사, 조사 등으로 매우 다양하다. 접미 파생어를 단어의 품사로 구별하면 다음과 같다.

우선 파생명사는 어근에 접사가 결합한 구조를 갖는 명사이다. 파생명사에는 어휘적인 것과 통사적인 것이 있다. 어휘적 파생명사는 어근에 한정적 접사, 즉 어휘적 접사가 붙어서 이루어진 단어로 본래의 품사가 그대로 유지된다. 명사 '구경꾼, 나무꾼, 낚시꾼, 살림꾼' 등의 접미사 '-꾼'은 명사 어근에 붙어 '그 일을 잘하는 사람, 어떤 일을 하려고 몰려드는 사람'의 뜻을 더해 새로운 명사를 만든 것이다.

반면 통사적 파생명사는 다른 품사로 쓰이는 실질형태소가 어근이 되고 여기에 접사가 붙어 만들어진 명사를 말한다. 명사 '넓이'는 형용사 '넓다'의 어근 '넓-'에 명사 파생 접미사 '-이'가 결합하여 명사로 파생된 것이다. '지우개'는 동사 '지우다'의 어근 '지우-'에 명사 파생 접미사 '-개'가 붙어 명사가 된 것이다.

대명사나 수사에도 이런 유형이 있다. '너희'는 대명사 '너'가 어근이 되고, 여기에 복수의 의미를 나타낸 접미사 '-희'가 붙어 이루어진 어휘적 파생대명사이다. '첫째'는 관형사 '첫'에 접미사 '-째'가 붙어서 이루어진 통사적 파생수사가 된다.

동사 중에도 파생된 것이 있다. '밀치다'는 접미사 '-치-'가 어근 '밀-'에 붙어 강조의 뜻을 더한 어휘적 파생어라고 할 수 있다. 그러나 파생 용언은 대개 다른 품사, 특히 명사에서 온 것이 많다. '공부하다'는 명사 '공부'가 어근이 되고 여기에 동사 파생 접미사 '-하-'가 붙어서 만들어진 파생동사이다. '사랑스럽다'는 명사 '사랑'이 어근이 되고 여기에 형용사 파생 접미사 '-스럽-'이 붙어 만들어진 파생형용사이다.

사동사와 피동사도 사동 접미사와 피동 접미사가 결합하여 형성되는 파생 용언이다. 동사 '잡히다'는 동사 '잡다'의 어근에 피동 접미사 '-히-'가 결합하여 파생된 피동사이고, '높이다'는 형용사 '높다'의 어근에 사동 접미사 '-이-'가 붙어 만들어진 사동사이다. 사동 접미사나 피동 접미사는 문장의 통사 구조를 바꾸므로 지배적 접사에 속한다.

'높이', '많이'와 같은 부사는 '높-', '많-'과 같은 형용사 어근에 부사 파생 접미사 '-이'가 붙어 만들어진 파생부사이다. '조차', '밖에' 등은 파생된 조사에 속한다.

접미사 중에는 한자로 된 것도 있다. '대기권, 취업률, 생산성' 등의 단어에 나타난 '-권', '-률', '-성' 등이 한자어 접미사이다. 한자어 접미사는 결합이 자유롭고 새로운 단어를 만드는 데 자주 사용된다. 단음절 한자어 중 상당수는 명사로 쓰이기도 하고 접사로도 쓰이는데, '성(性)'은 명사라는 품사에 속하는 단어이만, '생산성'과 같은 단어 안에서는 접미사로 사용된다. 강범모 · 김흥규(2009)가 제시한 한자어 접미사 목록을 제시하면 다음과 같다.

가(價), 가(哥), 경(頃), 계(系), 계(界), 광(狂), 권(圈), 권(權), 당(當), 대(臺), 댁(宅), 론(論), 별(別), 여(餘), 류(類), 률/율(率), 리(裡), 분(分), 산(産), 상(上), 생1(生), 생2(生), 성(性), 시(視), 용(用), 적(的), 형(型), 형(形), 제(制), 층(層), 치(値), 풍(風), 화(化) 등

이 한자어 접미사는 다른 말에 붙어서 새로운 단어를 만드는데, 일상적으로도 빈번히 사용된다. 예를 들어, '-적(的)'은 그것이 붙은 어근과 함께 명사나 관형사로 쓰일 수 있는 단어 부류를 형성한다. '과학적, 예술적, 학문적' 등 수많은 단어를 형성하는 중요한 장치인 것이다.

기타 조어법

단어를 만드는 방법은 합성이나 파생 외에도 여러 가지가 있다. 몇 가지 방법을 알아보자.

품사 전성

단어 중에는 형식이 변하지 않고서도 다른 기능으로 사용되는 경우가

있다. 바로 **품사 통용**이라고 부르는 현상이다. 예를 들어, '있다'는 형용사이지만 동사로 쓰일 수도 있다. 이런 특성을 설명하는 방법에는 크게 두 가지가 있다. '있다'가 두 가지 품사로 모두 쓰일 수 있는 단어라고 보는 것과 '있다'는 원래 어떤 품사였는데 성질이 바뀐 단어가 새로 만들어졌다고 보는 것이다. 전자를 품사 통용, 후자를 **품사 전성** 또는 **영파생**이라고 부른다. 전자는 해당 단어의 본래 속성이 기능적 다양성을 갖고 있다고 보는 것이고, 후자는 형식의 변화 없이 새로운 단어가 만들어졌다는 해석을 반영한 용어이다. 후자의 해석에서는 이런 단어의 특성이 조어법적으로 설명될 수 있을 것이다.

준말

단어를 만드는 방식은 대개 어떤 형식을 다른 형식과 결합하여 증가시키는 것이다. 합성어는 어근과 어근이 합쳐져서, 파생어는 어근과 접사가 합쳐져서 만들어지는 것이다. 그런데 어떤 경우에는 형식이 줄어드는 방식으로 새로운 단어가 형성되기도 한다. **준말**은 원래의 단어 형식보다 음절이나 형태소 등의 단위가 줄어서 만들어진 말이다.

머무르다 – 머물다, 마음 – 맘
그 아이 → 걔, 것이 → 게

'머무르다', '마음' 등은 단어 안에 포함된 모음이 탈락하면서 '머물다', '맘' 등으로 형식이 줄어들 수 있다. 준말에는 두 단어 이상이 하나의 단어로 줄어드는 유형도 있는데, '그 아이'가 준말 '걔'로 바뀌는 것이 대표적인 예가 된다. '게'는 '것'과 '이'의 연쇄가 한 음절로 줄어든 것인데, 체언과 조사, 즉 어휘형태소와 문법형태소가 하나의 준말을 형성한 것이다.

두자어

두자어 또는 두문자어(頭文字語, acronym)로 부르는 방식은 최근 온라인 네트워크 공간에서 사용량이 대폭 늘어나고 있는 대표적인 신어 형성 방법이다. 두자어는 준말의 한 가지 유형으로, 알파벳을 사용하는 언어에서는 단어의 첫 글자를 따서 이런 단어를 만들 수 있다. 'EU'는 유럽 연합(European Union)의 각 단어에서 앞 글자를 따서 만든 두자어이다. 한국어에서는 개별 자소가 아니라 음절을 이용하여 두자어를 만드는 것이 보통이다.

비대위(비상 대책 위원회), 노조(노동조합)
불금(불타는 금요일), 먹튀(먹고 튀다)

'비대위'는 '비상 대책 위원회'의 각 단어에서 첫 음절을 이용하여 만든 두자어이다. 두자어는 상당히 많은 단어를 만들 수 있는 조어 방법인데, 사전에 수록되지 않은 다양한 신어가 이 방법으로 만들어지고 있다. '불금'이나 '먹튀' 등은 아직 사전에 수록되지는 않았지만 널리 쓰이는 표현이다. 이런 유형의 표현은 특히 온라인 공간에서 빠르게 확산되고 있다.

과제

1. '공부하다'에서 조어적 요소와 굴절적 요소를 찾아내고 설명해 보시오.

2. 고유어 접두사가 들어 있는 단어를 찾아서 각 접두사의 의미를 기술해 보시오.

3. 한자어 접두사와 접미사로 형성된 파생어를 더 찾아보시오.

4. '해돋이'는 합성어인가, 파생어인가? 근거를 들어 설명해 보시오.

5. 합성어와 구를 구별할 수 있는 방법을 설명해 보시오.

6. 상품명에서 조어의 다양성을 확인할 수 있습니다. 우리 주변에서 흔히 접할 수 있는 상품의 이름이 어떤 조어 방식을 택하고 있는지 조사해 보시오.

7. 두자어의 예를 더 찾아보시오.

제5장

9품사와 사전

단어를 일정한 문법적 성질에 따라 분류하고 그렇게 형성된 각각의 집단에 이름을 부여한 것이 **품사**(parts of speech)이다. 품사는 단어의 문법적 분류 체계이지만 개념이 명확하지는 않다. 학교 문법은 한국어에는 아홉 개의 품사를 설정할 수 있다고 규정하고 있다. 이 장에서는 **9품사** 체계의 특성과 현재의 품사 체계가 보완해야 할 점을 정리한다. 또한 단어의 집합인 어휘와 어휘를 등재하는 사전에 대해서도 알아본다. 사전에는 각 단어의 품사 정보와 문법적 특성, 의미적 특성 등이 모두 표시되므로 한국어 문법을 제대로 이해하려면 반드시 적극적으로 참고해야 한다.

품 사

품사란 무엇인가

품사(parts of speech)는 단어를 문법적 성질에 따라 분류하는 체계이다. 유사한 특성이 있는 단어를 모아 놓은 단어의 문법적 종류라고 할 수 있다. 품사를 영어로는 'word class'나 'parts of speech'라고 하는데, 그대로 번역하면 '단어 부류', '말의 부분' 정도가 될 것이다. 최근의 연구를 통해 품사의 정의에서 'speech'는 '문장'을 잘못 번역한 것임이 밝혀진 바 있다. 따라서 이런 해석을 두루 합쳐 보면 품사는 '문장의 부분을 이루는 단어의 종류' 정도로 이해할 수 있다. 즉, 어떤 단어의 품사 특성은 문장 안에서 가장 잘 드러난다.

품사는 고대 그리스 시대부터 문법 연구의 주제가 될 만큼 역사가 오래된 개념이며, 학교 문법에서도 주요한 교육 내용으로 다루어지고 있다. 사전에 등재된 표제어에 품사 정보가 필수적으로 표시되는 것은, 우리가 단어를 이해하는 데 품사가 매우 중요한 기준이 된다는 것을 보여준다.

품사는 언어마다 달리 설정될 수 있다. 영어와 한국어의 문법에서 일반적으로 수용되는 체계를 비교하면 다음과 같은 차이가 있다.

- 영문법의 8품사: 명사, 대명사, 동사, 형용사, 부사, 전치사, 접속사, 감탄사
- 한국어 문법의 9품사: 명사, 대명사, 수사, 동사, 형용사, 관형사, 부사, 조사, 감탄사

영어의 8품사와 한국어의 9품사는 상당히 유사해 보이지만 적지 않은 점에서 서로 다르다. 우선 한국어에는 영어에 없는 수사, 관형사, 조사가 품사로 존재한다. 영어에는 한국어 문법에서는 설정하지 않고 있는 접속사, 전치사가 있다. 물론 겉으로 드러나는 부류의 이름 말고도 범주의 문법적 특성 자체에도 구별되는 점이 있다. 영어와 한국어의 형용사는 상당히 차이가 있는 범주이다. 영어의 형용사는 명사와, 한국어의 형용사는 동사와 가까운 범주인 것이다.

품사의 분류 기준

품사는 단어들을 성질이 공통된 것끼리 모아 갈래를 지어 놓은 것이다. 품사는 다음의 세 가지 분류 기준에 의해 나눌 수 있다.

- 기능적 기준 – 문장 내에서 단어가 담당하는 역할
- 형식적 기준 – 문장 속의 일정한 자리에서 단어가 보이는 모양의 변화 여부
- 의미적 기준 – 단어가 나타내는 의미

학교 문법은 위 기준에 따라 한국어의 품사를 9개로 설정하고 있다. 명사, 대명사, 수사, 동사, 형용사, 관형사, 부사, 감탄사, 조사이다. 이 품사는 모두 단어가 갖는 특별한 성질을 기준으로 분류한 것이다. 단어를 특정한 품사로 분류할 때에 이용하는 세 가지 기준인 기능, 형식, 의미에 대해 조금 더 알아보자.

저 아이가 정말 예쁘네.

이 문장에는 5개의 단어, '저', '아이', '가', '정말', '예쁘네'가 있는데, 각 단어는 다른 단어와 다른 점이 몇 가지 있다. 세 가지 기준을 하나씩 살펴보면 다음과 같다.

기능적 기준

기능적 기준은 품사를 정하는 가장 중요한 기준이다. 기능이란 문장 안에서 해당 단어가 하는 역할을 말하는데, 이것은 문장 안에서 다른 단어와 맺는 관계를 보면 알 수 있다. 예를 들어, 앞의 문장 '저'는 '아이'를 수식하고 '정말'은 '예쁘네'를 수식한다. 이 두 단어는 다른 말을 수식하므로 수식언의 특성을 갖는다고 할 수 있다. '아이'는 '가'와 같은 말과 결합하여 문장에서 주어, 목적어 등의 중요한 문장성분으로 쓰일 수 있다. 이런 기능을 갖는 말을 체언이라고 한다. 체언과 결합한 '가'는 문장에서

다른 말과의 관계를 표시하는 기능이 있으므로 관계언, 조사라고 한다. '예쁘네'는 문장에서 서술어로 쓰였는데, 이렇게 주로 서술어로 쓰이는 단어를 용언이라고 한다.

형식적 기준

그런데 '예쁘네'는 다른 단어와는 달리 '예쁘다, 예쁘고, 예뻐서, 예쁜'처럼 모양이 달라질 수 있다. '저', '아이', '정말'은 형식의 변화가 나타나지 않는다. 형식의 변화라는 것은 앞서 알아본 이형태와는 다른 개념을 갖는다. '가'는 '이'로 모양이 달라질 수 있지만 모음으로 끝나는 단어 뒤에서는 '가'가, 자음으로 끝나는 단어 뒤에서는 '이'가 되는 것이므로 문법적인 특성에 따른 변화라기보다는 말소리의 특성에 따른 변화라고 할 수 있다. 그러니까 '예쁘네'와 같은 종류의 변화라고 보기는 힘들다. 이렇게 모양이 달라질 수 있는 단어를 그렇지 않은 단어와 구별하는 기준을 형식적 기준이라고 한다. 한국어에서는 동사와 형용사, 그리고 학교문법에서 서술격조사로 처리되는 '이다'가 이 기준에 따라 가변어로 분류되고, 나머지 단어는 불변어로 분류된다. 한국어에서 단어의 모양이 달라지는 것은 어간과 어미가 결합하는 활용이라는 과정을 통해서 이루어진다. 따라서 이 기준은 활용하는 말과 그렇지 않은 말을 구별하는 기준이 된다.

의미적 기준

의미적 기준은 단어의 의미가 속하는 부류에 따라 결정되는 기준이다. 어떤 단어가 사물의 이름을 나타낸다면 명사가 되고, 움직임이나 작용을 나타낸다면 동사가, 감정을 직접 드러내는 말이라면 감탄사가 되는 식이다. 그러나 이 기준은 다소 모호한 면이 있어서 보조적인 기준으로만 쓰인다. 의미적 기준에서 말하는 의미는 일반적인 어휘적 의미와는 다르다. 예를 들어, '탑승'은 비행기나 자동차에 올라탄다는 의미가 있다. 그렇다고 해서 이 단어가 동사가 되는 것은 아니다. 형식적 기준에 의해 이 단어는 불변어이므로 용언이 될 수 없다. 즉, 의미적 기준은 다른 기준의 기반 위에서만 제대로 적용할 수 있는 것이다.

9품사의 설정 방법

학교 문법은 주로 기능과 형식 기준에 따라 다음 다섯 개의 품사 유형을 설정하고 있다. 체언, 용언, 수식언, 관계언, 독립언이다. 각각의 유형은 다시 몇 개의 하위 품사로 나뉘고 이렇게 구분된 결과가 바로 9품사이다. 체언은 다시 세 개의 하위 품사로, 용언은 두 개의 하위 품사로, 수식언도 두 개의 하위 품사로 나뉜다.

체 언

체언이라는 용어는 문장의 주체의 구실을 한다는 이유로 붙여진 것이다. 문장의 구조를 결정하는 역할은 서술어가 한다. 이때 서술어가 요구하는 필수 요소를 논항이라고 하는데, 주어, 목적어, 보어 등의 논항 자리에는 체언이 조사와 결합하여 나타난다. 즉, 체언은 주어, 목적어나 보어 자리에 오는 부류의 단어이다. 물론 체언은 관형어나 부사어, 독립어 등 다른 문장성분으로 쓰일 수도 있는데 조사의 기능 때문이다. 체언은 조사와 결합하는 것이 가장 큰 특징이며, 형식의 변화가 없는 불변어이다. 명사, 대명사, 수사가 여기에 속한다.

용 언

용언은 문장에서 주로 서술어로 기능하는 단어 부류로, 용언이라는 말은 이 단어 부류가 활용, 즉 모양의 변화라는 특성을 갖기 때문에 붙여진 것이다. 대상의 동작과 상태를 나타내며 서술하는 기능을 주로 담당하는 단어로, 동사와 형용사가 이 품사에 속한다. 용언은 어간과 어미로 나눌 수 있으며, 어간과 어미가 결합하여 단어 전체의 모양이 달라지는 것을 활용이라고 한다. 모양이 달라지므로 가변어이다.

수식언

문장에서 다른 단어를 수식하는 기능을 담당하는 단어 부류를 수식언이라고 한다. 관형사와 부사가 여기에 속한다. 관형사는 체언 앞에서 체언을 수식하며, 부사는 용언이나 문장 등을 수식한다.

독립언

독립언은 문장 내의 다른 단어와 관련성을 갖지 않는 단어 부류이다. 독립적으로 쓰이는 감탄사가 이 부류에 속한다.

관계언

관계언은 다른 말과의 문법적 관계를 표시하는 단어 부류이다. 체언 뒤에 붙어서 다양한 문법적 관계를 나타내거나 의미를 추가하는 의존형태소인 조사가 관계언이다. 학교 문법에서는 조사를 단어로 처리하고 있지만 어미와의 비대칭성 때문에 재검토할 여지가 있다. 조사는 체언 뒤에 결합하는 것이 보통이지만, 때로는 동사, 형용사, 부사나 문장 뒤에 붙기도 한다. 조사 중에서 서술격조사는 어간과 어미로 나눌 수 있는 가변어이다. 서술격조사는 그 특성이 조사보다는 용언에 가깝기 때문에 지정사

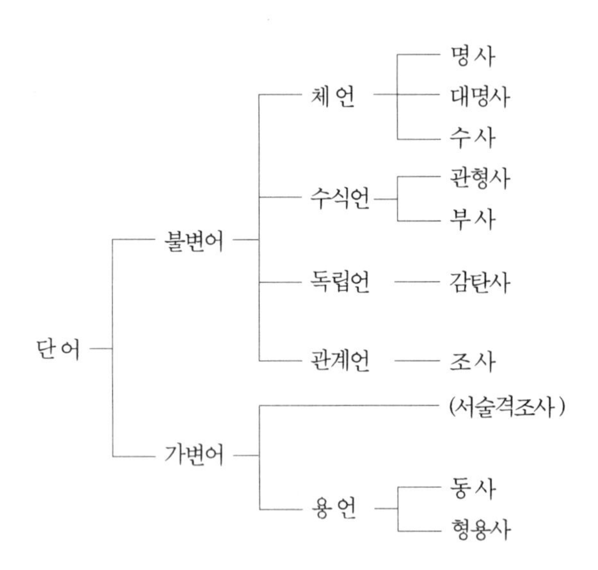

라는 다른 품사로 처리하기도 한다.

품사 분류의 문제

앞의 표는 형식에 따라 활용하는 말인 가변어와 그렇지 않은 불변어를 나누고, 다시 기능 기준에 의해 품사를 분류한 것이다. 여기서 서술격조사를 따로 명시한 이유는 서술격조사가 조사 범주에 속하기는 하지만 동시에 활용을 하는 다소 모순된 특성을 보이고 있기 때문이다. 일반적으로 조사는 문법적 형식 변화를 겪지 않는다. 단 한 가지 조사만, 즉 서술격조사 '이다'만 문장 안에서의 문법적 기능에 따라 형식이 변하는 가변어이다. 이 '이다'를 어떤 품사로 처리할 것인가는 오랜 시간 동안 국어학의 논쟁적 주제가 되어 왔다.

체언과 결합하는 조사는 단어로 인정되어 품사 체계 안에 포함되었지만, 용언의 어간과 결합하는 어미는 단어로 인정되지 않아서 앞의 체계에서는 나타나지 않는다. 이런 문제에 대해 조금 더 알아보자.

조사는 품사인가

학교 문법에서는 9품사를 설정하고 있지만, 품사의 수는 학자에 따라 견해가 다르다. 특히 조사와 어미를 단어로 인정할 것인지의 여부는 한국어 문법에서 주요 논쟁의 대상이 되어 왔다. 조사와 어미를 모두 단어로 인정하는 분석적 체계, 조사는 단어로 인정하고 어미는 단어로 인정하지 않는 절충적 체계, 그리고 조사와 어미를 모두 단어로 인정하지 않는 종합적 체계의 세 가지 견해가 그것이다. 학교 문법은 조사를 품사로 인정하기 때문에 다른 응용 분야에서도 이 방식에 준해서 조사를 품사로 보고 있다. 언어병리학적 분석에서도 단어 분석에서는 조사를 분리하고 있다.

어미는 품사가 아닌가

조사가 단어라면, 조사와 유사한 특성을 보이는 어미를 단어로 볼 수도 있지 않을까? 실제로 학교 문법에 채택되지는 않았지만, 분석적 체계에서는 어미를 단어로 인정하고 품사를 부여한다. 최근의 한국어 문법 연구자 중 상당수는 한국어의 특성에 따라 어미를 단어로 인정하고 조사와 대칭적으로 다룰 것을 주장하고 있다. 어미는 한국어 문법에서 가장 중요한 요소 중 하나이기 때문에 이런 주장은 다시 음미할 필요가 있다.

'이다'의 품사는 무엇인가

학교 문법에서는 '이다'를 서술격조사로 보고 있다. 이것은 '이다'가 체언과 결합하여 서술어로 쓰이기 때문이다. 그러나 다른 조사는 모두 형식의 변화가 없는 불변어인데 비해 '이다'는 '이고, 이어서, 이면' 등으로 모양이 변하는 가변어, 즉 활용어의 특성을 보이므로 문제가 된다.

'이다'가 동사나 형용사와 같이 활용한다는 점에서 용언 부류로 보려는 견해도 있다. 이런 견해 중 대표적인 것은 '이다'를 **지정사**라는 품사로 설정하는 것이다. 이렇게 되면 '이다'의 '이-'는 어간이 되고, '-다'는 어미가 된다. 이 어미는 동사와 형용사에 붙는 어미와 같은 것이다. 이와는 달리 '-이-'를 접사로 처리하는 견해도 있는데, '-이-'가 하는 역할이 체언을 용언처럼 쓸 수 있도록 만들어 주는 것이므로 '-이-'를 접사로 보고 '학생이다' 전체를 한 단어로 해석하는 방식이다. '공부하다'와 같은 파생동사에서 파생 접사 '-하-'가 하는 역할을 생각해 보면 이해될 것이다. 최근에는 학교 문법과는 달리 '이다'의 용언적 특성을 인정하는 견해를 널리 받아들이고 있다.

접속사는 왜 품사가 아닌가

한국어의 9품사에는 **접속사**가 없다. 영어의 8품사 중에는 접속사가 있다. 이 차이는 왜 발생하는 것일까? 문장과 문장을 연결하는 '그리고, 그러나, 또는' 등을 영어의 'and, but, or'처럼 접속사로 처리할 수 있는 가능성이 아예 없는 것은 아니다. 실제로 이 단어들은 부사 중에서도 '접속부사'라고 불리는 부류이다. '접속부사'라는 특정 부류로 묶일 수 있다는 것은 이들의 특성이 다른 범주와 구별된다는 것을 의미한다.

그러나 중요한 문제가 남아 있다. 한국어는 영어와는 달리 **접속부사** 외에도 **연결어미**를 문장과 문장을 접속하는 중요한 방법으로 이용한다. 또 체언과 체언을 연결할 때에는 '와/과' 등의 **접속조사**를 이용한다. 그러니까 만약 접속사라는 품사를 설정한다면 연결어미나 접속조사 등 기능이 유사한 부류의 문법 단위를 어떻게 처리할지를 결정해야 한다. 학교 문법이 접속사라는 품사를 따로 설정하지 않은 것은 이런 문제를 고려한 결과이다.

기타 논의

품사 분류에는 몇 가지 문제가 더 있다. 우선, 명사, 대명사, 수사를 나누지 않고 하나의 품사인 명사로 통합하려는 견해도 있으며, 동사와 형용사를 동사로 통합하는 것이 바람직하는 주장도 있다. '있다, 없다'를 존재사로 따로 분류해야 한다는 주장도 있다.

어휘와 사전

어휘의 개념

한국어 단어의 수는 일반적인 예상보다 훨씬 더 많다. 국립국어원의 표준국어대사전에도 50만 개 이상의 단어가 수록되어 있지만, 이 단어 중에는 우리가 한 번도 들어 보지 못한 것이 수두룩하다. 우리가 사전에 수록된 표제어를 모두 다 알고 있는 것도 아니고, 알고 있는 단어 중에 언어생활에서 사용하는 것은 극히 일부분에 지나지 않는다. 약 3,000개 정도의 단어만 알아도 일상생활을 하는 데에는 별 어려움이 없을 것이다.

어휘(語彙)는 이렇게 다양한 단어를 집합적으로 부르는 말이다. 어휘는 집합에 대한 이름이므로, 개별 요소인 단어는 **어휘소**라고 부르기도 한다. 어휘는 한국어 단어의 전체 집합이 될 수도 있지만, 개별적인 특성에 따라 구성된 여러 가지 부분 집합이 되기도 한다. 이 부분 집합에는 특정한 기준에 따라 여러 이름을 붙일 수 있다. 개인의 어휘, 청소년의 어휘, 제주도 방언의 어휘, 색채 어휘 등이 그 예가 될 것이다. 고유어, 한자어, 외래어, 전문어, 신어, 유행어 등도 일정한 기준에 의한 어휘의 종류라고 할 수 있다.

어휘의 분류

어휘는 단어의 유래에 따라 고유어, 한자어, 외래어로 분류할 수 있다. 이를 어종(語種)이라고 한다. 표준어와 방언도 주로 어휘의 측면에서 파악되는 경우가 많다. 사용 집단의 특성이나 단어의 생성 시기 등도 어휘 분류의 기준이 될 수 있다.

어종에 따른 분류

한국어의 단어는 유래에 따라 고유어, 한자어, 외래어의 3중 체계로 구성된다는 것이 일반적인 견해이다. 고유어는 순우리말이라고도 부르는 단어들로서, 다른 나라 말에서 들여온 것이 아닌 단어이다. '손, 발, 하나, 둘, 하늘, 땅' 등이 이 부류에 속한다.

한자어는 한자를 기반으로 만들어진 단어로, 중국에서 들어온 단어도 있지만 일본에서 유입된 단어도 상당히 많고, 한국에서 자체적으로 만들어진 단어도 있다. '감기(感氣), 고생(苦生), 식구(食口)' 등이 한국에서 만들어진 한자어의 예이다. 한자어는 한자로 표기할 수 있다는 것이 구별 기준이 된다.

고유어와 한자어는 오랜 세월 동안 한국어의 어휘부를 형성해 오면서 역할이 어느 정도 분화된 면이 있다. 어떤 부류에 대한 일반적 이름을 나타내거나 정서적 의미를 표현하는 기능은 주로 고유어에 의해 실현되고, 전문 개념이나 추상적 특성 등 정확하고 분화된 의미는 한자어에 의해 표현되는 것이 보통이다. 또 문법적 기능을 나타내는 말은 대부분 고유어로 볼 수 있다.

외래어는 서양 문명과의 접촉에 의해 수용된 단어 부류를 말한다. 수용의 측면으로 보면 한자어도 외래어로 볼 수 있겠지만 앞서 언급한 대로 한자어가 갖는 역사성이 있으므로 한자어는 외래어에 포함시키지 않는다. 외래어라는 말뜻은 일정한 수용 과정을 거쳐 한국어의 어휘가 되었다는 것이다. 즉, 외래어는 한국어 단어에 속한다.

컴퓨터, 마우스, 커피, 인터넷

이 단어들은 한국어일까, 아닐까? 국어사전에 이 단어가 수록되어 있다는 것은 이들 역시 한국어의 구성원이라는 것을 알려 준다. 어종의 차이가 있을 뿐, 이 단어들 역시 외래어의 자격으로 한국어 어휘의 일부분을 차지하고 있는 것이다.

한자어가 사전 전체 표제어의 60% 정도를 차지하고 있으며, 외래어의 비중은 아직 크지 않지만 실생활에서는 점점 더 다양한 종류의 외래어나 외국어가 사용되고 있다. 혼종어는 '관광버스'와 같이 어종에 따른 어휘소가 혼재하여 단어가 된 것을 말한다.

방언과 표준어

같은 언어가 지역이나 사회적 변인에 의해 여러 가지 차이를 보일 수 있다. 이렇게 말이 달라지는 양상을 언어변이 또는 방언이라고 하고, 언어변이를 일으키는 원인에 따라 방언을 지역 방언과 사회 방언으로 구분한다. 보통 방언이라고 하면 지역 방언을 말하는 것이다. 지역 방언을 사투리라고도 부르지만, 이 표현은 지역 방언에 부정적 가치를 주는 용어이므로 학문적으로는 잘 쓰지 않는다.

방언은 여러 양상으로 드러나지만, 사용되는 어휘에 따라 어떤 방언인지를 짐작할 수도 있다. 방언에 따라 달라지는 어휘를 방언 어휘라고 한다. 방언에 따른 여러 어휘의 차이에 대해 인위적으로 개입해서 어느 한 어형을 표준적인 것으로 정하기도 한다. 이렇게 하면 선정된 단어가 표준어가 된다.

사회적 요인에 따른 어휘

은어와 속어는 사회적 요인에 따른 언어변이의 한 예라고 볼 수 있다. 은어는 폐쇄적인 집단이 주위의 다른 사회적 환경에 대해 스스로를 방어하려는 목적으로 만들어지는 단어이므로 비밀어라고 부르기도 한다. 심마니의 어휘 등이 대표적인 예이지만, 학생의 말, 군인의 말, 범죄 집단의 어휘에서도 이런 양상을 발견할 수 있다. 의사나 변호사와 같은 고도로 전문화된 집단의 언어에도 은어적 성격이 있다고 할 수 있다.

속어는 일반적인 단어에 비해 비속하고 천박한 어감을 주는 말로 규정된다. 비속어라고도 한다. '날라리, 대갈통, 갈구다, 쪽팔리다' 등 친한 친구끼리의 대화에서도 쉽게 쓰이는 말이다. 속어와 은어의 차이는 속어에는 비밀 유지의 기능이 없다는 데 있다. 청소년의 경우 속어를 많이 사용하는 경향이 있는데, 또래 집단에 소속되어 그 결속을 강화하려는 힘에 의한 것으로 나이가 들면 화자 스스로 속어의 사용을 줄이게 되는 것이 보통이다.

관용어와 속담

관용어는 둘 이상의 단어가 서로 결합하여 특별한 의미를 갖게 된 말로, 관습적으로 굳어진 것을 말한다. '미역국을 먹었다.'와 같은 표현을 보면 실제로 미역국을 먹었다는 것이 아니라, 시험에서 떨어졌다는 특별한 의미를 나타내기 위해 쓰인 것이다. '(날씨 때문에) 발이 묶였어.'도 교통수단을 구할 수 없어서 이동할 수 없음을 나타낸 말이다.

속담은 완결된 문장의 형태로 되어 있는 관습적 표현이다. 속담은 '아는 길도 물어서 간다.', '백지장도 맞들면 낫다.' 등으로 완전한 문장으로 되어 있으며, 전통적으로 전승되어 온 말이다. 속담은 관용어에 비해 교훈적인 내용을 담고 있다는 특징이 있다. 관용어와 속담은 두 개 이상의 단어가 모여 구성되었지만 의미가 특별하게 바뀌기 때문에 한 단어처럼 인식되고 사용된다. 사전에서는 관용어와 속담을 표제어와 관련된 별도 항목으로 수록한다.

전문용어

전문용어는 특정 분야의 일을 효과적으로 수행하기 위한 도구의 성격을 갖는 어휘인데, **전문어**라고도 한다. 전문용어는 의미가 정밀하고 다의성이 적으며 대응하는 일반 어휘가 없는 경우가 많다. 외국어의 번역어나 외래어가 많은 것도 특징이다.

전문용어에 대한 지식과 사용은 전문가의 지표가 될 수도 있는데, 그 사람이 어떤 용어를 사용하는지를 보고 그 사람의 전공을 짐작하는 것은 어려운 일이 아니다. 전문용어는 의미의 폭이 매우 제한적이기 때문에 한 영역의 용어가 다른 영역의 전문가에게는 잘못 이해되거나 모호하게 받아들일 가능성이 높다.

언어병리학의 전문용어

언어병리학의 전문용어 중에는 언어학적 용어나 일반적인 말과 형식은 같고 의미에는 일부 차이가 있는 것이 있다. 예를 들어, 언어병리학 분야에서는 언어장애와 말장애를 구분하여 용어로 이용하고 있다. 언어 연쇄에서 인지 체계가 작동하는 뇌 부문과 입출력 부문에 해당하는 주변 기관이 담당하는 부문을 구별해서 전자를 '언어(language)', 후자를 '말(speech)'로 지칭한다. 따라서 뇌의 손상 또는 뇌의 불완전 발달에 연유한 장애를 '언어장애'로, 성대, 성도, 입술, 혀, 구개, 호흡 기관 등의 손상이나 기능장애를 '말장애'로 규정하고 있는 것이다(이승환 외, 2001). 이것은 언어병리학 분야의 전문용어적 쓰임이다. 그러나 국어학이나 언어학 분야에서는 이와 같은 엄밀한 구별은 하고 있지 않다. 언어치료사, 언어재활사라는 명칭에 들어 있는 '언어'는 소위 말과 언어를 모두 포함하는 것으로 이해되는데, 이것은 일반적 용어의 쓰임에 가까운 것이라고 할 수 있다.

신 어

신어는 언어 사회에 새롭게 등장하는 말이다. 새로운 사물이나 개념의 등장과 함께 새로운 말이 등장하게 되는데, 기존의 말을 이용하여 의미를 새로 부여하거나 완전히 새로운 형식의 말을 만드는 방법도 있고, 외국어를 차용해서 사용할 수도 있다. 신어는 오래 유지되기도 하지만 대부분은 일정 기간 사용된 후 사라진다. 최근에는 인터넷과 같은 매체를 통해 신어의 생성과 확산이 급속도로 이루어지는 양상을 볼 수 있다. 국립국어원에서는 신어를 조사하여 보고서를 펴내고 있다.

사 전

사전의 필요성

사전은 언어 정보가 집약되어 있는 어휘 목록의 집합이다. 사전은 단순히 어떤 단어의 뜻만을 찾아보기 위한 매체는 아니다. 사전에는 표제어에 대한 여러 정보가 기록되어 있는데, 어종, 발음, 곡용과 활용 등의 굴절 정보, 품사, 문형, 문법적 제약, 의미, 표기 규정은 물론 관련된 관용어와 속담과 실제 사용의 예문, 관련 어휘와 어원까지도 담겨 있다.

따라서 사전은 언어와 관련된 여러 문제를 해결하는 데 반드시 필요한 정보의 원천이다. 사전을 이용하면 어떤 단어의 의미를 정밀하게 구별할 수 있는 것은 물론이고, 한글 맞춤법 등의 여러 표기 문제를 바로 해결할 수 있으며, 최근의 온라인 사전에서는 발음도 직접 들어 볼 수 있다. 특히 사전은 언어 분석과 관련된 문제를 해결하는 데 중요한 정보가 된다.

사전의 표시 정보

국어사전에서 어떤 단어를 검색하면 여러 정보를 볼 수 있다. 찾고자 하는 대상 단어가 제시되고 그 아래에 다양한 정보가 기록되는데, 이 단어를 **표제어**라고 한다. 표제어는 가나다순으로 배열되어 있는데, 용언의 경우에는 어미 '-다'를 붙인 기본형의 모양으로 제시된다. 표제어에 대한 발음이나 활용 정보, 품사 정보가 나타나고 그 아래에 여러 의미를 번호를 붙여 구별하고 있다. 이 표제어를 바탕으로 다른 단어가 조어된 경우에는 별도의 표제어로 독립시켜 제시한다.

사전은 부피가 크기 때문에 종이책이 아닌 전자책으로 만들어지고 있다. 최근에는 온라인 사전을 통해 어휘의 정보를 빠르고 정확하게 찾아볼 수 있다. 개별적인 프로그램 형식의 사전보다는 온라인으로 제공되는 사전이 검색의 효율성과 관련된 정보에 대한 확장성 면에서 훨씬 더 유리하다. 종이책 형태의 사전은 이제 거의 사용할 일이 없게 되었다. 더구나 최근에는 포털 사이트에서도 사전 서비스를 제공하고 있으므로 높은 수준의 콘텐츠를 자유롭게 이용할 수 있다. 다음에서는 고려대 한국어대사전을 바탕으로 한 서비스가, 네이버에서는 국립국어원 표준국어대사전을 기초로 한 서비스가 제공되고 있다.

과제

1. 학교 문법은 9품사 체계를 택하고 있지만, 이와는 다른 수의 품사를 설정하는 체계도 있습니다. 이런 견해에 대해 조사해 보시오.

2. '이다'는 어떤 품사로 보는 것이 좋을지 여러 주장의 장단점을 비교해 보시오.

3. 품사 분류의 세 가지 기준의 예를 각각의 품사에 적용해 보시오.

4. 한국어와 영어의 품사를 비교하여 차이점을 설명해 보시오.

5. 고유어, 한자어, 외래어, 혼종어를 실제 자료에서 찾아서 분류해 보시오.

6. 올해에 등장한 신어를 찾아서 나열해 보시오.

7. 언어병리학 분야의 전문용어 중 이 분야의 특성을 잘 드러내는 것을 선정해 보시오.

8. 다음과 네이버의 온라인 사전에서 어떤 단어를 검색하고 그 결과를 서로 비교해 보시오.

제6장

체 언
(명사, 대명사, 수사)

체언은 명사, 대명사, 수사 이렇게 세 가지 종류의 품사 부류에 속하는 단어를 통칭하는 말이다. 명사, 대명사, 수사가 체언이라는 이름으로 묶일 수 있는 것은 이 품사들이 서로 비슷한 점이 많기 때문이다. 이들이 공유하는 가장 중요한 특성은 조사와 결합할 수 있다는 점이다. 명사+조사, 대명사+조사, 수사+조사와 같은 연쇄는 한국어에서 매우 흔한 결합이며, 상당수의 어절이 이와 같은 구성으로 이루어져 있다.

문법이(명사 + 조사)
우리를(대명사 + 조사)
둘도(수사 + 조사)

이 장에서는 명사, 대명사, 수사, 이 세 가지 품사를 자세히 다루어 보도록 한다.

명 사

명사의 개념

명사(noun)는 체언 중에서 가장 대표적인 부류로, 구체적인 대상의 이름을 나타내는 단어 부류이다. 명사는 조사와 결합할 수 있으며 관형사의 수식을 받을 수 있고, 문장에서 격조사와 결합하여 주요 문장성분을 형성한다. 또한 형태가 거의 바뀌지 않는 불변어이다. 명사의 좁은 뜻은 대명사, 수사와 구별되는 체언 부류이지만 넓은 뜻은 체언류에 포함되는 다른 말을 대표하는 것이다.

명 사
• 기능적 특성: 문장의 주체로 기능하며 조사와 결합하고 관형사의 수식을 받음 • 형식적 특성: 불변어 • 의미적 특성: 대상의 이름을 나타냄

명사의 종류

명사는 몇 가지 기준에 따라 일반명사와 고유명사, 자립명사와 의존명사, 유정명사와 무정명사 등으로 구분할 수 있다. 명사 분류의 기준을 정리하면 다음과 같다.

사용 범위: 고유명사와 일반명사

고유명사(proper noun)는 특정한 하나의 개체를 다른 개체와 구별하기 위해 붙인 이름이다. 사물이나 사람의 이름이 여기에 속한다. **보통명사**(common noun) 또는 **일반명사**는 고유명사가 아닌 명사로, 일반적인 사물에 붙인 이름이다.

감정 표현 능력: 유정명사와 무정명사

유정명사는 감정을 드러낼 수 있는 생명체의 이름이며, **무정명사**는 감정을 드러낼 수 있는 생명체가 아닌 것이나 무생물에 붙이는 이름이다.

개에게 물을 주었다.

나무에 물을 주었다.

유정명사와 무정명사가 단순히 의미에 의한 구별이라고 할 수는 없다. 유정명사와 무정명사는 뒤에 결합하는 조사가 달라진다. 유정명사 '개'에는 '에게'가, 무정명사 '나무'에는 '에'가 결합할 수 있다. 만약 두 조사를 반대로 교체하면 문장이 매우 어색해질 것이다. 유정명사와 무정명사가 단순히 의미에 의해 구별되는 것이 아니라 특정한 조사와 결합할 수 있는지에 따라 구별된다는 것은 문법적으로 두 부류를 나눌 수 있는 근거가 된다. 바위와 나무는 한국어에서 같은 무정명사 부류에 속할 수 있다. 문법적 형식이 이것을 보증하는 것이다.

통사적 자립성: 의존명사와 자립명사

명사 중에는 반드시 이 명사 앞에 꾸며 주는 말, 즉 관형어가 있어야 문장에 쓰일 수 있는 명사가 있다. 이런 명사를 **의존명사**라고 한다. '것'과 같은 명사는 홀로는 쓰이지 않고, '친구 것, 모든 것, 배울 것'처럼 그 앞에 수식하는 부분이 있어야 나타날 수 있다. 나머지 명사는 대개 자립적으로 쓰일 수 있는데, 이를 **자립명사**라고 한다. 의존성에 따른 명사의 분류는 한국어 문법에서 매우 중요한 것이다.

고유명사와 일반명사

고유명사는 특정한 대상을 다른 대상과 구별하기 위해 붙이는 이름이다. 고유명사는 몇 가지 문법적 특성에 의해 일반명사와 구별된다. 우선 고유명사는 세상에 하나밖에 없는 존재를 나타내는 특성이 있으므로 수와 관련된 말과 결합하지 않는다.

?두 설악산이 있다.
?설악산마다 단풍이 들었다.
?설악산들이 있다.

'두'는 체언을 꾸미는 수관형사인데, 위 문장처럼 고유명사를 수식하는 것은 매우 어색하다. '마다'는 개별성을 나타내는 조사이고, '-들'은 복수를 나타내는 접미사인데 이들과 결합하는 경우도 드물다.

?나는 그 설악산에 가고 싶다.

이와 같이 관형사의 수식도 어색한 것이 고유명사의 특성이다. 관형사는 명사의 속성을 한정하는 기능이 있는데, 이미 다른 것과 구별되는 고유명사는 이런 추가 정보가 필요하지 않을 것이다.

살인의 추억, 바람과 함께 사라지다(영화 이름)

이 구성은 단어가 아니므로 품사 분석의 대상이 되지 않는다. 그러나 단어를 넘어서서 어절, 구, 때로는 문장 전체가 사물의 특정한 이름을 나타내는 경우가 빈번하다. 그러니까 고유명사는 사실 한 단어 내로 한정되지는 않는다. 어떤 대상의 이름이 된다면 그 범위는 문장처럼 긴 구성으로 확장될 수도 있다. 따라서 이런 특성을 바탕으로 고유명이라는 용어를 사용해서 고유명사의 범위를 확장시키는 견해도 있다.

의존명사와 자립명사

자립성이 없어서 문장 안에서 다른 성분의 수식을 받아야 쓰일 수 있는 명사가 의존명사이다. 의존명사는 형식명사나 불완전명사로도 불린다. 의존명사는 자립성이 없으므로 다른 명사와 매우 큰 차이를 보이지만, 조사와 결합할 수 있다든지 관형사의 수식을 받을 수 있는 등 체언으로서의 속성을 그대로 갖고 있으므로 명사로 보는 것이 적절하다. 의존명사를 앞말과 띄어 쓰는 것은 이들이 하나의 단어라는 것을 인정하기 때문이다. 의존명사는 크게 두 가지로 나눌 수 있다.

형식성 의존명사

형식성 의존명사는 실질적 의미가 결여되어 있거나 희박한 의존명사이다. 비단위성 의존명사라고 하기도 한다.

사람을 기르는 것이 중요한 일이다.

'것'은 대표적인 의존명사이다. '것이, 것을, 것에, 것이다' 등에서처럼 조사가 붙어 주어, 목적어, 부사어, 서술어 등 여러 문장성분으로 쓰일 수 있기 때문에 보편성 의존명사라는 이름을 붙이기도 한다.

나는 그곳에 있었을 뿐입니다.
그는 그 일을 할 줄 모른다.
모자를 쓴 채로 들어오지 말아라.
먹을 만큼 먹어라.

앞의 예를 보면 어떤 의존명사는 문장 내에서 정해진 문장성분으로만 쓰이는 것을 확인할 수 있다. '뿐'은 주로 서술어로만 쓰이는 의존명사이다. '줄'은 거의 목적어로 쓰이는데 '알다'와 '모르다'가 요구하는 목적어 자리에 주로 나타난다. '채'나 '만큼'은 부사어로 주로 쓰인다. '채'는 '-은 채(로)'의 구성으로 주로 쓰이고, '만큼'은 '기쁜 만큼'처럼 관형사형 전성어미 뒤에 쓰여 서술어를 수식한다.

단위성 의존명사

단위성 의존명사는 실질적 의미, 즉 수량을 나타내는 의미를 가진 의존명사이다. 단위명사는 줄임말이다. 단위성 의존명사 앞에는 주로 수사나 수관형사와 같은 말이 온다.

구두 한 켤레
사과 두 개
쌀 오 킬로그램
선생님 열 분
백 원

어떤 의존명사는 자립명사로도 쓰이고 의존명사로도 쓰이는 경우가 있다.

막걸리 한 사발
대표 두 사람
나무 세 그루
잉크 스무 병

앞의 명사는 수량을 나타내는 의존명사로 보이지만 자립적으로도 쓰인다. '사발에 담긴 물, 사람이 이리 온다, 그루만 남은 나무, 병을 모으자' 등으로 쓰일 수 있는 것이다. 이런 예에서는 이 명사들을 자립명사로 볼 수 있다. 이렇게 자립명사 중에서도 수량을 나타내는 의미가 있는 말이 있으므로 **분류사** 또는 **수분류사**라는 명칭으로 단위성 의존명사와 단위를 나타내는 자립명사를 한 범주로 묶어서 이용한다.

명사의 분석

명사는 조사와 결합하므로, 한 어절에서 조사를 제외하고 남는 부분이 명사가 될 확률이 높다. 또 관형어의 역할을 하는 관형사, 체언, 용언의 활용형 뒤에 온다. 명사를 찾을 때 주의할 점을 정리하면 다음과 같다.

명사와 부사의 구별

오늘 아침
오늘 왔어

한국어에는 **품사 통용**이라는 특성이 있다. 이것은 같은 형식의 말이 여러 품사로 쓰이는 현상이다. '오늘'이라는 단어는 명사이지만, '오늘 왔어'에 쓰인 '오늘'은 용언으로 된 서술어 '왔어'를 수식하는 부사라고 할 수도 있다. 구별 방법 중 가장 분명한 것은 조사와의 결합 여부를 확인하는 것이다. 격조사와 결합한 단어들은 명사라고 볼 수 있기 때문이다. 보조사는 명사가 아닌 다른 말에도 결합하는 경우가 많기 때문에 판정 기준으로 이용하기는 적절하지 않다. 명사를 찾는 또 하나의 방법은 문맥에서 후행 명사를 수식하느냐의 여부이다. 만약 부사라면 주로 용언을 수식할 것이기 때문이다. '오늘 아침'의 '오늘'은 후행 명사를 수식하는 명사로 보는 것이 바람직하다.

의존명사와 조사의 구별

의존명사와 조사의 구별이 쉽지 않은 경우도 있다. '뿐'은 다음과 같이 명사로도, 조사로도 쓰인다.

> 너뿐이야.
> 기다릴 뿐이야.

기능적 특성, 즉 앞뒤에 나오는 말과의 결합관계를 파악하면 이 상황에서 품사를 결정할 수 있다. '너뿐이야'처럼 체언 '너' 뒤에 이 말이 붙으면 조사이고, '기다릴'이라는 용언 뒤에 오면 의존명사로 볼 수 있다. '뿐'의 앞에 체언이 오면 '뿐'은 조사일 확률이 높고, '뿐' 앞에 용언이 오면 '뿐'은 명사일 확률이 높은 것이다. 용언이 관형사형으로 활용했다면 더욱 분명해진다. 물론 이런 품사 통용은 문제를 해결하지 않고 회피하는 방법이 아니냐는 비판도 있다. 판단의 근거가 분명하지 않은 경우 국어사전을 검색해서 수록 정보를 수용하는 것이 현실적인 해결책이 될 것이다.

의존명사와 어미의 구별

의존명사의 경우 하나의 단어로 취급되지만, 간혹 어미와 혼동되는 경우도 있다.

이 가방은 여행을 가는 데 사용할 겁니다.

집에 가는데 갑자기 비가 왔다.

첫 번째 문장에서는 '데'가 의존명사가 된다. 두 번째 문장의 '가는데'는 동사 어간 '가-'와 연결어미 '-는데'로 분석할 수 있다. 표기법 원칙을 벗어나서 의존명사를 그 앞에 오는 용언과 붙여서 쓰는 사례가 있으므로 자칫 잘못 분석할 수 있는 것이다. 이때는 대상 요소 뒤에 조사를 붙여 보면 구별할 수 있다. 의존명사 '데' 뒤에는 격조사 '에'를 결합시킬 수 있다. 그러나 '가는데' 뒤에는 다른 격조사가 올 수 없다. '*집에 가는데에 비가 왔다.'는 불가능한 것이다.

명사의 사용 양상

명사에 속하는 단어는 한국어 품사 중 가장 많은 수를 차지한다. 명사가 한국어에서 어떻게 사용되는지를 알아보는 것은 쉬운 일이 아니다. 대규모의 말뭉치(코퍼스)에서 어떤 단어가 어느 정도 자주 사용되었는지를 살펴보면 사용 양상을 어느 정도 짐작할 수 있다. 다음 표는 두 가지 사용 빈도 조사 결과를 요약한 것으로, 명사에 속하는 단어의 유형을 사용 빈도 순서로 상위 20위까지 제시한 것이다. 여기에는 두 가지 조사 결과를 제시하였다.

먼저 강범모 · 김흥규(2009)는 21세기 세종계획의 성과를 바탕으로 1500만 어절 규모의 말뭉치에서 얻은 통계이다. 조남호(2002)는 국립국어원의 연구 결과 보고서로, 학습용 어휘 선정을 위해 150만 어절 규모의 말뭉치를 분석하고 보충한 것이다. 규모는 작지만 통계 자료가 공개되어 있으므로 참고 자료로 제시하였다. 이 결과는 김한샘(2005)에서 300만 어

순위	강범모 · 김흥규(2009)		조남호(2002)	
	형태	의미	형태	의미
명사				
1	것		것01	
2	수_02	@할 ~가 있다	수02	방법
3	말_01	$언어	사람	
4	사람		등05	等
5	등_05	@울산, 구미, 창원 ~	때01	시간
6	때_01	$시간	거01	것
7	년_02	年	년02	年
8	일_01	@큰 ~이 나다	말01	~과 글
9	생각_01	@~이 깊다	일01	
10	때문		때문	
11	일		씨07	氏
12	사회_07	社會	일07	하루
13	문제_06	問題	사회07	社會
14	속_01	$안쪽 부분	집01	
15	씨		문제06	問題
16	월		속01	
17	집_01	@한 채	데01	
18	중_04	@근무~	앞	
19	경우_03	境遇	경우03	境遇
20	명		중04	中

절 규모의 말뭉치로 대상을 확장하고 보완되었다. 자료가 공개되어 있으므로 이용할 수 있다.

이 표를 이해하려면 두 가지 용어를 알아야 한다. 먼저 **타입**(type)은 유형이라고도 하는데, 개별 단어 항목의 종류를 말한다. 이 표에서는 스무 가지의 타입, 즉 유형이 제시된 것이다. **토큰**(token)은 항목이나 사용례라고도 하는데, 각 단어가 실제로 사용된 빈도이다. 위 표는 각 유형의 토큰 수, 즉 사용 빈도에 따라 정렬한 결과인데 1위 항목의 토큰 수는 20위 항목의 토큰 수보다 훨씬 클 것이다. 사용 빈도수의 순위로 보면 한국어의 명사 중 가장 자주 쓰이는 것은 바로 의존명사이다. 이것은 의존명사가 문법적인 기능을 갖고 있기 때문이다. 예를 들어, '것'은 명사절을 만드는 중요한 장치로 사용된다. 의존명사의 타입 수는 그리 많지 않을 것이다. 의존명사의 종류가 아주 다양하지는 않을 것이기 때문이다. 그러나 각 항목의 토큰 수는 많을 것이다. 앞 표에서 확인할 수 있다.

말뭉치

말뭉치는 **코퍼스**(corpus)나 말모둠으로도 불린다. 말뭉치는 언어를 연구하는 각 분야에서 필요한 연구 재료로서 언어의 본질적인 모습을 총체적으로 드러내 줄 수 있는 자료의 집합을 말한다(서상규 · 한영균, 1999). 아동 언어를 연구하기 위해 발화를 수집하고 전사했다면 이것도 말뭉치가 될 수 있다.

말뭉치는 그 목적에 따라 다양한 종류로 나뉘는데, 자료의 종류에 따라 음성 말뭉치와 텍스트 말뭉치로 나뉘고, 텍스트 말뭉치는 다시 구어 말뭉치와 문어 말뭉치로 나눌 수 있다. 부가 정보의 종류에 따라 원시 말뭉치, 주석 말뭉치로 나눌 수도 있다. 주석의 종류에 따라 형태 분석 말뭉치, 구문 분석 말뭉치, 의미 분석 말뭉치 등으로 구분될 수도 있고 이 밖에도 대표성, 자료의 역사적 시기, 구축의 지속성 등 다양한 기준으로 종류를 나눌 수 있다.

그들의 일기와 시를 읽고 있으면 마음이 환해지고 편안해집니다.

```
(S    (VP    (NP_OBJ  (NP_MOD 그/NP + 들/XSN + 의/JKG)
                      (NP_OBJ  (NP_CNJ 일기/NNG + 와/JC)
                               (NP_OBJ 시/NNG + 를/JKO)))
             (VP      (VP 읽/VV + 고/EC)
                      (VP 있/VX + 으면/EC)))
      (S     (NP_SBJ 마음/NNG + 이/JKS)
             (VP (VP 환하/VA + 아/EC + 지/VX + 고/EC)
             (VP 편안/NNG + 하/XSA + 아/EC + 지/VX + ㄴ다/EF + ./SF))))
```

구문 분석 말뭉치의 예(21세기 세종계획)

현재 언어 연구를 위해 입수할 수 있는 가장 큰 규모의 한국어 말뭉치는 **'21세기 세종계획'** 사업에서 구축한 언어 데이터베이스이다. 이 사업은 세계적으로 가장 높은 수준의 국가 말뭉치(National Corpus)인 영국의 BNC(British National Corpus)에 비견할 만한 규모와 품질을 갖춘 국어 기초 자료를 구축하는 것을 목표로 삼은 프로젝트로, 2007년에 최종 성과물을 발표하였다. 국립국어원 언어정보나눔터 홈페이지에서 자료를 신청할 수 있다.
여러 연구자가 말뭉치를 구축해서 연구에 이용하고 있지만, 구어를 전사한 말뭉치나 말소리를 담은 음성 말뭉치, 형태, 통사, 의미 정보를 담은 주석 말뭉치 등과 같이 구축에 시간과 노력이 많이 드는 말뭉치의 공개는 아직 미비한 상태이다. 관련 전문가들이 자료를 공유할 수 있는 체계가 마련되어야 한다.

대명사

대명사의 개념

대명사는 명사를 대신하여 가리키는 단어 부류이다. 대명사는 체언 중 상황 지시성을 갖는 일부 단어에 대한 분류로, 대상의 이름을 대신하여 그것을 가리키는 말로 정의된다. 대명사라는 용어의 뜻은 명사를 대신하는 말이라는 것이다. 즉, 명사가 나타날 자리에 대신 나타나므로 대신하는 명사의 의미에 따라 대명사의 의미를 알 수 있다.

대명사의 가장 큰 특성은 **상황 지시성**이다. 명사는 상황에 따라 의미가 달라지기 어렵지만 대명사는 상황에 따라 의미가 달라지는 특성이 있다. 예를 들면, '나'는 화자가 누구인지에 따라 의미가 달라진다. 또 화자가 '여기'라고 지시한 장소를 다른 사람들은 '거기'나 '저기'로 지시해야 할 것이다. 한국어의 대명사는 명사와 마찬가지로 조사와 결합할 수 있으며, 명사와는 달리 관형사의 수식을 잘 받지 않는다. 또한 대명사에는 '이,

그, 저'와 같이 근칭, 중칭, 원칭의 체계가 잘 드러난다.

> **대명사**
>
> • 기능적 특성: 문장의 주체로 기능하며 조사와 결합할 수 있음
> • 형식적 특성: 불변어
> • 의미적 특성: 명사를 대신함

대명사의 종류

대명사는 사람을 가리키는 인칭대명사와 사물을 가리키는 지시대명사로 나눌 수 있다.

인칭대명사

인칭대명사는 사람을 가리키는 대명사로 1인칭, 2인칭, 3인칭, 의문대명사, 부정대명사, 재귀대명사로 나눌 수 있다.

1인칭

1인칭 대명사는 화자 자신을 가리키는 말이다. '나, 본인(本人), 우리, 저, 저희' 등이 있으며, '우리, 저희'는 복수를 나타내는 말이다. 대명사는 높임법과 관련된 등급의 차이도 나타낸다.

'나를 봐.'
'저를 보십시오.'

두 문장에서 대명사는 높임법과 관련이 있다는 것을 알 수 있다. '저, 저희' 등은 자신을 아주 낮추는 말이고, '나, 우리'는 특별한 높임의 뜻이 드러나지 않는 예사 낮춤의 대명사이다.

2인칭

2인칭 대명사는 청자를 대신 지칭하는 말이다. '너, 너희, 당신, 그대, 여러분, 자네' 등이 여기에 속한다. '자기'도 '자기가 한번 해 봐.'와 같이 2인칭 대명사로 자주 쓰이고 있다. 한국어에서는 2인칭 대명사가 쓰이는 일이 그리 많지는 않다. 실제 의사소통 상황에서는 2인칭 대명사 대신 친족명을 확장하여 사용하거나(아저씨, 아주머니, 오빠, 언니 등) 직함(선생님, 과장님) 등을 사용하는 경우가 대부분이다. 그리고 한국어는 대화 상황에서 청자가 분명할 때는 이를 생략하는 일이 많아서 구어 상황에서는 2인칭 대명사가 나타나지 않는 경우가 많다.

3인칭

3인칭 대명사는 화자와 청자가 아닌 제3자를 대신 부르는 말이다. '얘, 걔, 쟤'와 같이 아주 낮추는 말도 있고, '그, 그녀, 이들, 그들, 저들'과 같은 예사 낮춤말, '이이, 그이, 저이, 이분, 그분, 저분'과 같은 높임말도 있다. '그녀'와 같은 말을 보면 성에 따라 대명사가 구별되는 것처럼 보이지만, 이 말은 번역을 통해 도입된 말로 문어가 아닌 구어에서는 거의 쓰이지 않는다. '당신'과 같이 2인칭 대명사와 모양이 같지만 다른 의미로 쓰이는 것도 있다.

의문대명사과 부정대명사

의문대명사는 '누구'와 같이 대상의 이름이나 신분을 모를 때 묻는 대명사로 주로 의문문에서 사용된다. 의문대명사는 의문사의 일종으로, 한국어에서는 의문사의 품사가 매우 다양하다는 점을 주의할 필요가 있다. 부정대명사는 '아무'와 같이 특정 인물을 가리키지 않는 대명사다. 그런데 '누구'도 부정대명사로 쓰인다. 한국어에서는 의문사와 부정사의 형식이 동일한 경우가 많다.

누구의 얼굴이 먼저 생각나니?(의문대명사)
아무도 오지 않았어. (부정대명사)
누구든지 가져가도 됩니다. (부정대명사)

의문사

의문사는 질문을 할 때 사용하는 어휘적 요소로 어떤 정보를 모를 때 그 정보를 요구하는 의문문에서 의문의 대상을 지시하는 말이다. 영어에서는 의문사라는 범주에 대한 논의가 많지만 한국어에서는 의문사의 문법적 종류가 매우 다양해서 하나의 범주에 귀속시키기가 쉽지 않다. 의문을 나타내는 말을 품사별로 살펴보면 다음과 같다.

의문대명사: 누구, 무엇, 어디, 언제
의문수사: 몇
의문관형사: 무슨, 어느, 어떤, 웬
의문부사: 왜, 어떻게
의문동사: 어떡하다, 어찌하다
의문형용사: 어떠하다

그런데 한국어에서는 의문사와 부정사가 모양이 같은 것이 많다. 영어에서는 의문사와 부정사가 형식적으로 구별되지만, 한국어는 이와는 특성이 다르다.

뭐가 필요하니?

뭐라도 가져와라.

잘하던데, 뭐.

'뭐'는 첫 번째 문장에서는 의문사, 두 번째 문장에서는 부정사로 쓰인 것이다. **부정사**는 정해지지 않은 대상을 가리키는 말이다. 또한 의문사와 모양이 같지만 **간투사(담화표지)**로 사용되는 용례도 많이 있다. 세 번째 문장의 '뭐'는 간투사의 기능을 갖는 감탄사이다.

재귀대명사

재귀대명사는 앞에서 한 번 나온 명사를 다시 가리킬 때 쓰이는 인칭대명사이다. 재귀대명사에는 '자기, 저, 저희, 당신' 등이 있다.

철수는 아직 어린애라서 자기만 안다니까.

애들이 어려서 저희들밖에 몰라요.

그 어르신은 당신 물건만 아끼신다니까.

지시대명사

지시대명사는 '이것, 그것, 저것' 등과 같이 사물을 가리키는 것과 '여기, 거기, 저기'와 같이 처소를 가리키는 것이 있다. 또 시간을 나타내는 대명사도 있다. 우선 사물대명사는 '이, 그, 저, 이것, 그것, 저것'과 같이 사물의 이름을 대신 지시한다. '무엇'과 같이 모르는 사실이나 정해지지 않은 대상을 지칭하는 의문대명사/부정대명사도 있다. 처소대명사는 공간을 나타내는 말로 '여기, 거기, 저기, 이곳, 그곳, 저곳' 등이 있다. 공간과 시간을 나타내는 '어디, 언제'는 의문대명사/부정대명사로 쓰인다.

대명사의 형성 방법

대명사는 주로 '관형사+명사'의 구성 방식으로 만들어진 것이 많다. '이곳, 그곳, 저곳'과 같은 지시대명사나 '이분, 그분, 저분'과 같은 인칭대명사도 이런 방식으로 만들어진 합성어이다. 이때 '이, 그, 저'의 의미를 각각 근칭, 중칭, 원칭이라고 한다. **근칭**은 화자와 가까운 곳을, **중칭**은 청자와 가까운 곳을, **원칭**은 화자와 청자에게 모두 떨어진 곳을 나타내는 표현이다. '여기, 거기, 저기'에도 이런 특성이 드러난다.

대명사의 분석

대명사와 관형사의 구별

대명사도 명사와 마찬가지로 다른 품사와 모양이 같은 것이 있다. 대표적인 것이 '이, 그, 저'이다.

> 이는 매우 중요한 일이다.
> 이 일은 매우 중요한 것이다.

첫 번째 문장의 '이'는 대명사이고, 두 번째 문장의 '이'는 관형사이다. 대명사 뒤에는 조사가 올 수 있고, 관형사는 조사 결합 없이 뒤의 체언을 수식한다. 물론 이 둘 사이에는 관련성이 있다.

대명사와 부사의 구별

대명사와 부사의 구별이 쉽지 않은 경우도 있다. '거기 갑니다.'의 '거기'는 사전에 대명사로 수록되어 있고, '그리 갑니다.'의 '그리'는 부사로 수록되어 있다. 조사와의 결합을 생각해 보면 차이를 알 수 있을 것이다. '언제'는 대명사로도 쓰이고, 부사로도 쓰인다. 다음 예를 보면, 전자는 대명사, 후자는 부사로 처리된다. 차이를 비교해 보자.

언제부터 이렇게 된 거지?
언제 만날까?

대명사의 사용 양상

대명사의 사용 양상을 다음 표에서 보면, 1인칭 대명사 '나'가 가장 많이 쓰였고 3인칭 대명사인 '그', '그녀'의 사용 빈도도 상당히 높다는 것을 알 수 있다. 이것은 문어의 특성을 보여 주는 것이다. 구어 대화 상황에서는 1인칭 대명사는 대부분 생략될 것이고, 3인칭 대명사도 거의 쓰이지 않을 것이기 때문이다.

대명사			
순위	강범모 · 김흥규(2009)	조남호(2002)	
		형태	의미
1	나	나03	
2	그	우리03	
3	우리	그01	
4	이	이05	
5	그것	그것	
6	그녀	저03	일인칭 대명사
7	내	그녀	-女
8	무엇	너01	
9	자기	뭐	
10	누구	누구	

11	이것	자기04	自己
12	저	무엇	
13	어디	그거	
14	여기	여기01	
15	너	어디01	
16	당신	이것	
17	뭐	당신02	當身
18	거기	거기01	
19	이곳	이거01	
20	그곳	이곳	

수 사

수사의 개념

수사는 사물의 수량이나 차례를 나타내는 단어 부류이다. 한국어의 수사는 체언의 한 가지 종류로, 조사와 결합할 수 있지만 관형사의 수식은 잘 이루어지지 않는다는 점에서 명사와 차이를 보인다. 한국어의 수사에는 양수사와 서수사가 있으며, 고유어와 한자어의 이중 체계를 보인다.

> 수사
>
> • 기능적 특성: 문장의 주체로 기능하며 조사와 결합할 수 있음
> • 형식적 특성: 불변어
> • 의미적 특성: 수를 나타냄

수사의 종류

수사에는 양수사와 서수사가 있다.

양수사

양수사는 수량을 나타내는 말이다. 아래 문장에서 조사 앞에 온 말은 모두 수사이다.

> 둘에 셋을 더하면 다섯입니다.
> 이에 삼을 더하면 오다.

위 수사는 양을 나타내므로 양수사인데, 한국어의 수사는 고유어 수사와 한자어 수사가 있다. 백 이상의 단위를 표현할 때는 '백하나'와 같이 한자어와 고유어를 혼합해서 사용하기도 하고, '백일'과 같이 한자어만을 결합해서 사용하기도 한다.

> 고유어 수사: 하나, 둘, 셋, 넷, 다섯, 여섯, 일곱, 여덟, 아홉, 열, 스물, 서른, 마흔, 쉰, 예순, 일흔, 여든, 아흔

> 한자어 수사: 일(一), 이, 삼, 사, 오, 육, 칠, 팔 구, 십, 백, 천, 만, 억, 조

수사에는 '한둘, 너덧, 네다섯, 대여섯, 예닐곱, 일고여덟' 등 두 가지 수를 어림잡아 나타내는 표현도 있다. 이 표현은 한자어에도 나타나는데 '일이, 삼사' 등이다. 또 '여럿'을 나타내는 '수'나 '몇'을 나타내는 '기' 등의 한자가 붙어 만들어진 수사도 있다. '수십, 수백, 수천', '기십, 기백,

기천' 등이다.

서수사

서수사는 순서를 나타내는 수사이다. 서수사는 양수사에 차례를 나타내는 접미사 '-째'를 붙여서 만든다. 다만 '첫째'는 관형사에 접미사가 붙어서 만들어진 것이다. 서수사에도 고유어와 한자어가 있다. 한자어 서수사는 양수사에 차례를 나타내는 접두사 '제(第)-'를 붙여서 만들 수 있다.

고유어 수사: 첫째, 둘째, 셋째, 넷째, 다섯째, 열째, 열한째

한자어 수사: 제일(第一), 제이, 제삼

관형사에 의존명사 '번째'가 붙은 구성도 서수사와 비슷한 뜻을 나타내지만, 한 단어로 보지는 않는다. '첫 번째, 두 번째'처럼 두 단어는 띄어쓰기를 해서 한 단어가 아니라는 것을 나타낸다. 서수사에도 '두세째, 두서너째'와 같이 몇 가지 수를 아우르는 표현이 있다.

수사는 대개 아라비아 숫자로 표시하는데, 이것을 읽는 방법도 정해져 있다. 고유어로 된 단위성 의존명사 앞에 수사가 나오면 고유어로 읽는 것이 보통이다. '5벌'은 '다섯 벌'이라고 읽지, '오 벌'이라고 하지는 않는다. 그러나 한자어로 된 단위성 의존명사의 경우에는 고유어로도 읽고 한자어로도 읽을 수 있다. '학생 1명'을 '학생 한 명'이라고 읽는 것이 보통이지만 특수한 상황에서는 '학생 일 명'이라고 할 수 있는 것이다. 한자어 '10원'은 '십 원'이라고 읽지만 '10시'는 '열 시'라고 읽는 것도 관습화된 방식이다.

수사의 분석

수사와 관형사의 구별

수사는 간혹 관형사와 혼동되는 경우가 있다. 이 두 품사는 의미의 유사성이 있지만 문법적인 기능이 다르므로 다음과 같이 구별할 수 있다.

하나만 알고, 둘은 모르는구나.
한 사람이 두 채의 집을 갖고 있습니다.

수사는 조사와 결합할 수 있지만 '한', '두' 등은 조사와 결합할 수 없다. 이 말들은 뒤에 있는 명사 '사람'과 '채'를 수식하는 역할을 한다. 따라서 전자는 수사로, 후자는 관형사의 한 종류인 수관형사로 처리하는 것이다. 그러나 수사와 수관형사의 구별이 쉽지 않은 경우가 있다. 바로 수사와 수관형사의 모양이 똑같은 경우이다.

사람 다섯이 더 필요해.
사람 다섯 명이 더 필요해.

같은 기준으로 보면 전자는 수사, 후자는 수관형사에 속한다. 이때 기준은 뒤에 조사가 오는지, 명사가 오는지가 될 것이다. 그렇지만 이렇게 자세하게 구별하지 않아도 된다면 이들을 모두 수사로 보는 것이 더 적절하다. 특별한 경우가 아니라면 제한적 특성을 갖는 범주보다는 일반적 특성을 갖는 범주로 해석하는 것이 무리가 없다.

수사와 명사의 구별

한국어에는 '여드레, 아흐레, 열흘, 보름' 등처럼 날짜를 나타내거나 '정월, 동짓달, 섣달'처럼 달을 나타내는 단어가 있다. 이들도 수를 나타내지만 수사로 처리하지는 않고, 명사로 분류한다. 또 '처음, 마지막'처럼 순서를 나타내는 말도 있지만 이들 역시 명사에 속한다. 이렇게 볼 때 수사라는 범주는 매우 한정적인 것임을 알 수 있다.

수사의 사용 양상

말뭉치에 나타난 수사 사용 양상은 다음과 같다. 수사를 상위 빈도순으로 나열한 결과를 보면 양수사가 서수사보다 유형도 많고 사용량도 더 많다. '일'보다는 '하나'가, '이'보다는 '둘'이, '십'보다는 '열'이 더 많이 쓰이는 것처럼 고유어 수사가 한자어 수사보다 우위에 있다. 다만 다음 표는 아라비아 숫자로 쓰인 표기를 반영하지 않은 것으로, 실제의 수사 용법과는 일부 차이를 보일 가능성이 있다.

수사			
순위	강범모 · 김흥규(2009)	조남호(2002)	
		형태	의미
1	하나	하나	
2	만	둘01	
3	백	둘째	
4	천	첫째	
5	억	셋	
6	일	셋째	
7	둘	몇	
8	첫째	삼06	三
9	둘째	넷째	

10	백만	넷01	
11	조	다섯	
12	천만	일05	一
13	열	만06	萬
14	다섯	열03	
15	십	열아홉	
16	셋째	마흔	
17	삼	이09	二
18	여섯	한둘	
19	수십	스물	
20	셋	구01	九

과제

1. 한 문단 정도의 글에서 명사로 보이는 것을 모두 찾아서 기록하고, 일정한 기준에 따라 분류해 보시오.

2. 고유명사의 특성을 정리해 보시오.

3. 단위성 의존명사의 목록을 작성해 보시오.

4. '자기'와 '자신'의 용법 차이가 있는지 찾아보시오.

5. '그녀'를 한국어의 인칭대명사로 인정할 수 있을지 생각해 보시오.

6. 수사와 수관형사의 차이를 설명해 보시오.

7. 수사는 아니지만 수를 나타내는 표현에는 어떤 것이 있는지 찾아보시오.

제7장

용 언
(동사, 형용사)

용언은 서술의 기능을 주로 수행하는 단어 부류로, 동사와 형용사를 합쳐서 부르는 말이다. 동사와 형용사가 용언이라는 이름으로 묶일 수 있다는 것은 이 두 품사가 매우 큰 유사성을 갖고 있다는 것을 의미한다. 영어의 문법을 잘 알고 있는 사람이라면 영어와 한국어의 중요한 차이점이 여기에 있다는 것을 짐작할 수 있을 것이다. 영어의 형용사는 단독으로 문장의 서술어가 될 수 없지만 한국어의 형용사는 단독으로 서술어 자리에 올 수 있다. 영어의 형용사는 오히려 명사와 친연성을 보이고 한국어의 형용사는 동사와 매우 유사하다. 용언에 속하는 품사들은 활용을 한다는 공통성이 있는데, 이렇게 보면 서술격조사도 활용을 하므로 동사나 형용사와 같은 부류로 묶을 수 있다. 동사, 형용사, 서술격조사를 하나로 묶을 수 있는 부류의 이름은 활용어나 가변어 정도가 될 수 있는데, 서술격조사를 용언의 한 범주로 보고 지정사라는 이름을 붙이는 학자도 있다. 이 장에서는 용언의 여러 특성을 살펴보기로 한다.

동 사

동사의 개념

동사(verb)는 사람이나 사물의 동작이나 작용을 나타내는 단어 부류이다. 학교 문법에서는 동사를 주어의 동작이나 과정을 나타내는 단어의 부류로 기술하고 있는데, 예를 들어 '무엇이 어찌한다.'의 문장 틀에서 서술어 자리인 '어찌한다'에 들어갈 수 있는 단어 부류이다.

동사는 문장에서 주로 서술어 역할을 한다. 서술어는 문장의 구조를 결정하는 핵심 요소이므로, 어떤 동사가 서술어에 오느냐에 따라 문장성분의 구성이 달라진다. 이 특성은 동사의 종류를 나누는 데에도 이용되는데, 자동사와 타동사 등은 동사가 요구하는 논항의 특성에 따른 분류이다.

철수가 밥을 먹다.

동사 '먹다'는 어간 '먹-'과 어미 '-다'로 구성되어 있다. 이렇게 동사는 어간과 어미로 나눌 수 있다는 특성이 있다. 그런데 이 특성은 형용사와도 유사하다. 동사와 형용사가 여러 가지로 유사한 특성을 보이므로 일부 학자는 형용사를 동사 범주에 포함시키기도 한다. 그러나 다음과 같은 형태론적 · 통사론적 특성 때문에 형용사와 동사를 다른 품사로 인정하는 것이 일반적이다.

동사와 형용사의 차이는 주로 동사는 동작을 나타내는 말이고 형용사는 상태를 나타내는 말이라는 의미적 기준에 있다는 것이 일반적인 인식이다. 그러나 이런 의미 기준은 다소 모호해서 다음과 같은 기능적 기준을 확인할 필요가 있다.

철수가 밥을 먹다 – 철수가 밥을 먹는다(먹- + -는다)
봄이 오다 – 봄이 온다(오- + -ㄴ다)
꽃이 예쁘다 – 꽃이 *예쁜다(X)

'먹다, 오다'와 같은 동사는 '-는다/-ㄴ다'와 결합할 수 있다. '-는다/-ㄴ다'는 현재 시제 선어말어미 '-는-/-ㄴ-'과 종결어미 '-다'가 결합하여 만들어진 어미인데, 형용사 어간은 이 어미와 결합할 수 없다. 앞의 예에서 형용사는 '예쁜다'로의 변화가 불가능하다. 그 이유는 '예쁘-' 뒤에 '-ㄴ다'라는 어말어미가 올 수 없기 때문이다.

봄이 오는 소리가 들린다.
*예쁘는 얼굴(X)

또한 동사 어간은 관형사형 전성어미 '-는'과 결합할 수 있지만, 형용사는 이 어미와 결합할 수 없다. '예쁜 얼굴'은 가능해도 '*예쁘는 얼굴'은 불가능하다. 형용사 어간에는 전성어미 '-ㄴ'은 결합할 수 있지만 전성어미 '-는'은 붙을 수 없기 때문이다. 연결어미 '-려', '-러'도 동사에만 붙는다. 명령형 어미나 청유형 어미도 주로 동사에서만 나타난다.

동 사

- 기능적 특성: 문장의 서술어로 기능하며 부사어의 수식을 받음
- 형식적 특성: 가변어, 어간과 어미로 나뉨, 어미 '-는다'가 가능함
- 의미적 특성: 동작이나 작용을 나타냄

동사의 종류

동사는 몇 가지 기준에 의해 분류할 수 있다. 우선 서술어가 나타내는 동작의 대상을 기준으로 자동사와 타동사로 나눌 수 있고, 본동사와 보조동사, 규칙활용 동사와 불규칙활용 동사 등으로 나눌 수도 있다.

자동사와 타동사

서술어로 쓰일 때 동사는 그 문장에서 다른 성분들이 실현되도록 만든다. 자동사와 타동사는 이 조건에 따라 구별된다. **자동사**는 동사가 나타내는 동작이나 작용이 주어에만 관련되는 동사이다. 다음 동사들이 서술어로 쓰인 문장에서는 주어만 나타나면 문장의 구조가 완성된다.

자동사: 뛰다, 걷다, 가다, 놀다, 살다……
타동사: 잡다, 누르다, 건지다, 태우다……

그런데 어떤 동사는 그것만으로는 문장을 완성하기 힘들다. **타동사**는 동사나 나타내는 동작이나 작용이 다른 대상, 즉 목적어에 영향을 미치는 동사이다. 타동사가 문장의 서술어로 쓰일 때는 반드시 목적어가 나타나야 한다. 즉, 타동사는 목적어를 요구하는 동사로 볼 수 있다. 물론 어떤 동사는 목적어를 요구하지는 않지만 서술어로 쓰일 때 목적어가 아닌 필수적인 요소를 필요로 하는 것도 있다. 보어나 필수적 부사어를 요구하는 동사가 있는 것이다. 예를 들어 '되다'가 문장에서 서술어로 쓰이려면 반드시 보어가 나타나야 한다. 한편 어떤 동사는 자동사로도, 타동사로 두루 쓰이는 것이 있는데, 이를 **중립동사** 또는 **능격동사**라고 한다. '움직이다'는 '차가 움직이다.' '차를 움직이다.'처럼 자동사로도, 타동사로도 쓸 수 있다.

본동사와 보조동사

한국어에는 두 개의 동사가 연이어 나타나는 표현이 자주 보인다. 이 때 앞에 오는 동사와 뒤에 오는 동사가 하는 역할이 구별되는 경우가 있다. **보조동사**는 자립성이 낮아 다른 동사 뒤에 출현하면서 앞에 오는 동사에 문법적 기능을 보충해 주는 동사이다. **본동사**는 보조동사의 앞에 오는 동사이다. 본동사는 어휘적 의미를 나타내고 보조동사는 문법적 기능을 추가해 주는 식으로 상호 보완적인 기능을 갖는데, 이에 대해서는 뒤에서 자세히 알아보기로 한다.

동사의 사용 양상

동사의 사용 양상을 말뭉치에서 확인하면 다음 표와 같다. 이 표에서

동사				
순위	강범모 · 김흥규(2009)		조남호(2002)	
	형태	의미	형태	의미
1	하		하다01	
2	있		되다01	어른이 ~
3	되_01	@배우가 ~	보다01	
4	보_01	@눈으로 ~	대하다02	對-
5	대하_02	對	가다01	
6	위하_01	爲	말하다	
7	가		위하다01	爲-
8	받_01	@두 손으로 ~	오다01	
9	알		알다	
10	오		받다01	선물을 ~
11	따르_01	$follow	나오다	
12	나오		따르다01	뒤를 ~
13	살_01	@백 살까지 ~	살다01	
14	모르		생각하다	
15	만들		모르다	
16	그러		만들다	
17	보이_01	@눈이 잘 ~	먹다02	밥을 ~
18	지나		통하다	通-
19	통하		그러다	
20	가지		듣다01	소리를 ~

동사의 어간만 제시된 것은 어미를 따로 분석해 냈기 때문이다. 가장 많이 쓰이는 동사는 '하다'이다. 2위는 '되다', 3위는 '보다'이다. 다만, 주의금 점은 강범모 · 김흥규(2009)의 자료에서는 '있다'가 포함되어 있는데 이 자료에서 '있다'를 일괄적으로 동사로 분석했기 때문이다. '있다'는 형용사와 동사로 모두 쓰일 수 있으며 형용사로 더 많이 쓰이므로 동사의 순위에서는 배제하는 것이 바람직하다.

형용사

형용사의 개념

형용사는 사람이나 사물의 성질, 상태를 나거내는 단어 부류이다. 글교 문법에서는 주어의 성질이나 상태를 나거내는 단어 부류로 규정된다. 형용사는 '무엇이 어떠하다.'의 문장 틀에서 서술어 자리인 '어떠하다'에 들어갈 수 있는 품사이다. 형용사는 동사와 마찬가지로 어간과 어미로 분석될 수 있는 활용의 특성이 있고 문장의 서술어로 주로 쓰인다는 점에서 동사와 매우 유사한 부류라고 금 수 있다. 동사와 형용사의 차이는 의미적 기준보다는 다른 요소와의 결합 여부로 판정하는 것이 확실하다.

문제가 어렵다. – 문제가 *어렵는다.(X)
꽃이 예쁘다. – 꽃이 *예쁜다.(X)

앞에서 확인하였듯이 형용사는 종결어미 '–는다/–ㄴ다'와 결합금 수 없다. 이 예에서 형용사는 '어렵는다'나 예쁜다'로 변화가 불가능하다.

그 이유는 어간 뒤에 '-는다/-ㄴ다'라는 종결어미가 올 수 없기 때문이다. 형용사는 이 어미와 결합할 수 없으므로 형용사 어간 '어렵-'에 '-는다'를 붙이면 '*어렵는다'와 같이 잘못된 말이 되는 것이다.

높아지는 점수 (높아지- + -는)

*높는 점수(X)

높은 점수 (높- + -은)

또한 동사 어간은 관형사형 전성어미 '-는'과 결합할 수 있지만, 형용사는 이 어미와 결합할 수 없다. '높아지다'는 동사이다. 따라서 '높아지는'으로 활용할 수 있다. 어간 '높아지-'에 전성어미 '-는'이 붙을 수 있다. 반면 '높다'는 형용사이다. 따라서 '*높는'으로 활용할 수 없다. 어간 '높-'에 전성어미 '-는'을 결합시킬 수 없다는 제약이 있는 것이다. 어미 '-은/-ㄴ'이 결합한 활용형 '높은'은 얼마든지 가능하다. 형용사 어간에는 전성어미 '-은/-ㄴ'은 결합할 수 있지만 전성어미 '-는'은 붙을 수 없기 때문이다. 또 연결어미 '-려', '-러'도 동사에만 붙는다. '*예쁘러 집에 간다'와 같이 쓸 수는 없다.

흔히 동사와 형용사의 구별 기준으로 드는 것이 명령형 종결어미 '-어라'나 청유형 종결어미 '-자'와의 결합 여부이다. 형용사는 이 어미를 이용해서 활용할 수 없다. 즉, 명령문이나 청유문을 만들 수 없다. '영이야, *예뻐라.' 같은 문장은 불가능한 것이다. 그런데 간혹 형용사에도 명령형 어미가 붙는 경우가 있다.

건강하세요.

행복해라.

앞의 형용사는 안부를 기원하는 경우에 명령형으로 쓰일 수도 있다. 특정 어미와의 결합 여부는 동사와 형용사를 가르는 중요한 기준이지만 항상 정확한 것은 아니다. 특히 명령형 어미는 이와 같은 용법이 확산되었으므로 동사와 형용사의 구별 기준에서는 후순위로 놓아야 할 것이다.

형용사는 모양이 바뀌는 가변어라는 점에서 관형사와 구별된다.

새로운 책(형용사)

새 책(관형사)

영어의 형용사라면 명사 수식의 기능이 중요한 역할일 것이다. 그런데 한국어의 형용사는 명사를 수식하는 기능을 가지려면 이와 같이 특정한 모양으로 변화되어야 한다. 형용사 '새롭다'가 명사를 수식하려면 어간 '새롭-'에 어미 '-은'이 결합하여 '새로운'이라는 활용형의 형식을 가져야 한다. '새롭다 책'은 안 된다. 그런데 명사를 수식하는 기능은 한국어에서 관형사의 주된 역할이다. 둘의 차이는 형용사는 모양이 바뀌어야 하고, 관형사는 모양이 바뀌지 않고 명사를 수식한다는 것이다. '좋은'은 형용사인가, 관형사인가? 서술어 자리에서는 '좋다'로 모양이 바뀌는 가변어이므로 형용사인 것이다.

형용사

- 기능적 특성: 문장의 서술어로 기능하며 부사어의 수식을 받음
- 형식적 특성: 가변어, 어간과 어미로 나뉨, 어미 '-는다'가 불가능함
- 의미적 특성: 성질이나 상태를 나타냄

형용사의 종류

형용사는 몇 가지 기준에 의해 분류할 수 있다. 의미에 따라 성상형용사와 지시형용사로 나눌 수 있고, 본형용사와 보조형용사, 규칙활용 형용사와 불규칙활용 형용사로도 구분된다.

성상형용사와 지시형용사

형용사는 의미에 따라 성상형용사와 지시형용사로 나눌 수 있다. 성상형용사는 '고요하다, 달다, 예쁘다, 향기롭다'와 같이 주어의 성질이나 상태를 나타내는 형용사이다. 그런데 어떤 형용사는 성질이나 상태를 나타내는 것이 아니라 지시성을 갖는다. '이러하다(이렇다), 그러하다(그렇다), 저러하다(저렇다), 아무러하다(아무렇다), 어떠하다(어떻다)' 등은 직접 성질과 상태를 표현하지 않고 형식적으로 지시하는 기능을 한다. 이런 형용사를 지시형용사라고 한다.

그렇게 예쁜 꽃은 처음 본다.

지시형용사는 성상형용사보다 앞에 오는 것이 일반적이다. 여기서 '그렇게'는 '그렇다'의 활용형이다. 그런데 사전에 따라 이 단어의 품사에 대한 다른 판단을 내리고 있어서 주의할 필요가 있다. 예를 들어, 사전을 찾으면 다음과 같은 결과를 볼 수 있다.

형용사: 기분이 정말 그렇다.

관형사: 그런 이야기는 처음 들었다.

부사(다음)/형용사(네이버): 그렇게 애쓸 필요는 없어.

형용사 '그렇다'는 관형사형 전성어미 '-ㄴ'과 결합하여 관형어로 사용될 수 있다. 그런데 이 쓰임이 매우 빈번해지면 관형의 기능을 전담하는 단어로 굳어질 수도 있다. '그런'은 바로 '그러하다(그렇다)'의 활용형이 관형사의 지위를 획득한 것이다. '그런'을 사전에서 찾으면 관형사라는 품사 표지가 붙어 있다. 그런데 '그렇게'에 대해서도 같은 해석을 할 수 있다. '그렇다'에 부사형 전성어미 '-게'가 붙어서 부사어로 사용될 수 있는데, 아예 부사의 지위를 획득했다고 본 것이 다음 사전(고려대 한국어대사전)의 판단이다. 네이버 사전(표준국어대사전)은 아직 이 단어가 부사의 지위를 얻지는 못했다고 본 것이다. 이렇게 지시형용사의 활용형 중에는 다른 품사의 지위를 획득한 것도 많기 때문에 사전 검색을 통해 어떤 품사로 볼 것인지를 결정해야 한다.

보조형용사

동사와 마찬가지로 앞에 오는 용언 뒤에 나타나면서 문법적 기능을 보충하거나 의미를 더해 주는 형용사가 있다. 이것을 **보조형용사**라고 한다. 뒤에서 자세히 알아보기로 한다.

형용사의 사용 양상

형용사를 상위 사용 빈도 20위까지 제시하면 다음과 같다. 형용사는 '있다'가 가장 많이 사용되었다. 강범모 · 김흥규(2009)는 '있다'를 일괄적으로 동사로 분석했으므로 이 표에는 나타나지 않았지만 실제로는 형용사 중 가장 많이 사용되는 것은 '있다'이다. 2위는 '없다'인데, 이 두 가지 형용사는 존재사라는 특정한 범주로 보기도 한다.

순위	형용사			
	강범모 · 김흥규(2009)		조남호(2002)	
	형태	의미	형태	의미
1	없		있다01	
2	같		없다01	
3	그렇		같다	
4	크		그렇다	
5	많		크다01	
6	좋		많다	
7	어떻		좋다01	
8	이렇		어떻다	
9	새롭		이렇다	
10	어렵		이러하다	
11	높		다르다01	
12	다르		새롭다	
13	쉽		중요하다02	重要-
14	작_01	@크기가 ~	어렵다	
15	길		쉽다	
16	아름답		필요하다	必要-
17	깊		작다01	
18	어리_03	@그는 나이가 ~	높다	
19	젊		아름답다	
20	멀		길다02	밤이 ~

용언의 활용

활용이란

활용은 용언의 어간과 어미가 결합하는 현상이다. 동사나 형용사와 같은 용언은 어간과 어미가 결합하여야 문장에서 온전히 쓰일 수 있다. 이

때 어간은 모양이 바뀌지 않고, 어미는 문장 안에서의 기능에 따라 다양한 종류로 교체된다. 그런데 용언의 활용 양상에 따라 용언을 규칙용언과 불규칙용언으로 구분할 수 있다. 규칙용언은 규칙 활용의 특성을, 불규칙용언은 불규칙 활용의 특징을 보이는 용언을 말한다.

규칙 활용

용언이 활용할 때에 대부분의 용언은 어간이나 어미의 기본 형태가 유지되거나 달라지더라도 그 현상을 일정한 규칙으로 설명할 수 있다. 이를 **규칙 활용**이라고 하고, 이러한 용언을 **규칙용언**이라고 한다. 예를 들어, '놀다'는 '놀지, 놀고' 등으로 활용하지만 관형사형 전성어미 '-는' 앞에서는 '*놀는'이 아니라 '노는'으로 모양이 바뀐다. 이 예에서는 어간의 /ㄹ/ 소리가 탈락하는 것이다. 그러나 이 현상은 불규칙이 아니다. 한국어에서 어간이 설측음 /ㄹ/로 끝나는 용언은 치경 비음 /ㄴ/로 시작하는 어미 앞에서 이 설측음이 모두 탈락하므로 이 변화는 예측 가능한 규칙적인 것이다.

불규칙 활용

일부 용언은 어간과 어미의 기본 형태가 유지되지 않고, 그 현상을 일정한 규칙으로 설명할 수 없다. 이를 **불규칙 활용**이라 하고, 이러한 용언을 **불규칙용언**이라고 한다. 불규칙용언은 크게 어간에 불규칙이 나타나는 것, 어미에 불규칙이 나타나는 것, 어간과 어미에 모두 불규칙이 나타나는 것이 있다. 다음 표는 이관규(2002)에서 소개한 불규칙 활용의 유형을 정리한 것이다.

불규칙 대상	불규칙 명칭	변화의 내용	용례	규칙 활용의 예
어간	'ㅅ' 불규칙	'ㅅ'이 모음으로 시작하는 어미 앞에서 탈락	잇-+-어→이어 짓-+-어→지어	벗-+-어→벗어
	'ㄷ' 불규칙	'ㄷ'이 모음으로 시작하는 어미 앞에서 'ㄹ'로 변함	듣-+-어→들어 묻-+-어→물어(問)	얻-+-어→얻어
	'ㅂ' 불규칙	'ㅂ'이 모음으로 시작하는 어미 앞에서 '오/우'로 변함	돕-+-아→도와 덥-+-어→더워	잡-+-아→잡아
	'르' 불규칙	'르'가 모음으로 시작하는 어미 앞에서 'ㄹㄹ' 형태로 변함	이르-+-어→일러(謂,早) 빠르-+-아→빨라	따르-+-아→따라
	'우' 불규칙	'우'가 모음으로 시작하는 어미 앞에서 탈락	푸-+-어→퍼	주-+-어→주어(줘)
어미	'여' 불규칙	'하-' 뒤에 오는 어미 '-아/-어'가 '-여'로 변함	사랑하-+-아→사랑하여 공부하-+-아→공부하여	파-+-아→파
	'러' 불규칙	어간이 '르'로 끝나는 일부 용언에서, 어미 '-어'가 '러'로 변함	이르-+-어→이르러(至), 푸르-+-어→푸르러	치르-+-어→치러
	'너라' 불규칙	명령형 어미인 '-거라'가 '-너라'로 변함	오-+-거라→오너라	가-+-거라→가거라
	'오' 불규칙	'달-/다-'의 명령형 어미가 '오'로 변함	달-+-아→다오	주-+-어라→주어라(줘라)
어간과 어미 모두	'ㅎ' 불규칙	'ㅎ'으로 끝나는 어간에 '-아/-어'가 오면 어간의 일부인 'ㅎ'이 없어지고 어미도 변함	하얗-+-아서→하얘서, 파랗-+-아→파래	좋-+-아서→좋아서

학교 문법과 차이를 보이는 용언 분석

다른 용언과 활용 양상이 같지만 동사나 형용사와는 달리 독자적인 분류의 가능성을 갖는 단어 부류가 있다. 학교 문법에서는 인정하지 않는 범주이기는 하지만, 존재사와 지정사라는 범주에 속할 가능성이 있는 단어 부류에 대해 살펴보자.

존재사 '있다'와 '없다'

'있다', '없다'를 학교 문법에서는 형용사로 보고 있다. 그런데 '있다'는 동사로도 쓰인다. 동사와 같이 '-는다'와 결합하여 활용하기도 하고(오늘 집에 있는다.) 명령형이나 청유형 어미와 결합하여 활용하기도 한다(오늘은 집에 있자.). 따라서 사전에서도 이런 쓰임에 나타난 '있다'는 동사로 처리하고 있다.

'있다'나 '없다'는 다른 형용사와는 다른 활용 특성이 있다. 다른 형용사는 관형사형 전성어미 '-는'과 결합하지 못하고, '-은/-ㄴ'과 결합하여 활용한다. 반면 '있다'는 '있는'으로, '없다'는 '없는'으로 관형사형 전성어미 '-는'과 붙어서 활용할 수 있다. 이들은 형용사의 범주에 속하지만 동사와 비슷한 속성이 있는 것이다. '있느냐, 없느냐'처럼 동사와 비슷하게 활용하는 예를 더 찾을 수 있다. 따라서 이들을 존재사라는 다른 범주로 분류하려는 견해도 있다. 존재사는 학교 문법에서는 인정되지 않는다.

지정사 '이다'

'이다'는 서술격조사로 분류되지만 활용을 하므로 동사나 형용사와 비슷한 특성을 보인다. 따라서 이를 지정사로 보는 관점도 있다. 지정사라는 범주를 만들면 '이다' 외에도 '아니다'가 포함될 수 있는데, '아니다'는 학교 문법에서는 형용사로 처리하고 있다.

보조용언

보조용언의 개념

보조용언(補助用言)은 말뜻대로 다른 용언을 보조하는 용언을 말한다. 한국어의 보조용언은 문법적 기능을 수행한다는 점에서 중요한 단어 부류이다. 보조용언은 동사와 형용사의 한 종류이지만 문법적인 특성이 있으므로 별도로 정리할 필요가 있다.

용언 중에는 혼자서 쓰이지 못하고 반드시 다른 용언의 뒤에 붙어서 의미를 더하여 주는 것이 있다. 이를 **보조용언**이라고 한다. 보조용언에 선행하는 본용언의 어미는 주로 '-아/-어, -게, -지, -고'로 제한되기 때문에 이 어미를 **보조적 연결어미**라고 한다.

이 소리를 한번 들어 봐.
다음 달에 출장을 가게 되었어.
나도 거기 가고 싶어.
오늘은 별로 춥지 않은데.

앞 문장에서는 용언 두 개가 연속해서 쓰이고 있다. 앞에 나온 용언은 어휘적 의미를, 뒤에 있는 용언은 앞 용언의 의미에 어떤 뜻을 더해 주거나 문법적 의미를 나타낸다. 이럴 때 앞에 있는 용언을 **본용언**, 뒤에 오는 용언을 **보조용언**이라고 한다.

보조용언은 한국어에서 매우 중요한 문법적 기능을 수행한다. 사동법이나 피동법, 동작상, 부정법 등은 주로 보조용언으로 실현된다. 보조용언은 용언의 활용 특성에 따라 보조동사와 보조형용사로 나눌 수 있다. '들어 봐'의 '봐'나 '가게 되었어'의 '되었어'는 보조동사, '가고 싶어'의 '싶어'와 '춥지 않은데'의 '않은데'는 보조형용사가 된다. 그러나 보통 이 구분을 엄밀하게 하지는 않는다. 때로는 본용언의 품사에 따라 보조용언의 품사가 결정되기도 한다.

꽃이 피지 않는다. (보조동사)
꽃이 아름답지 않다. (보조형용사)

보조용언은 본용언과 밀접하게 관련되어 있고, 문장에서도 한데 묶여 일정한 역할을 수행한다. 따라서 문장을 분석할 때에는 본용언과 보조용언을 묶어 하나의 서술어로 보는 것이 일반적이다. 보조용언을 제시할 때는 본용언의 어미를 같이 제시할 필요가 있다. 보조용언은 그 앞에 오는 본용언의 어미가 일정한 것으로 고정되기 때문이다.

하얗게 눈이 내리고 있다.
하얗게 눈이 내려(내리어) 있다.

두 문장의 의미는 보조용언에 의해서 달라진다. 첫 번째 문장의 의미는 현재 눈이 내리는 상태가 진행 중이라는 것이고, 두 번째 문장의 의미는 눈이 내렸는데 지금은 그쳐 있다는 것이다. 전자의 상적 의미를 **진행**이라고 하고 후자의 의미를 **완료**라고 한다. 두 문장에 쓰인 보조용언 '있다'는 동일하므로 이것만으로는 의미 차이를 설명할 수 없다. 보조용언 앞에 있는 본용언의 어미가 '-고'이면 진행, '-아/-어'이면 완료의 기능을 갖는다는 것을 표현하려면, 보조용언은 '-고 있다.' '-아/-어 있다.' 등으로 언급해야 한다.

보조용언의 목록

보조용언은 한국어에서 문법적으로 매우 중요한 기능을 수행하며, 종류가 다양하다. 다음은 국립국어원(2006)에서 제시한 보조용언의 목록이다.

> -어 가다, -어 가지다/갖다, -고 계시다, -어 계시다, -어 나가다, -어 나다, -어 내다, -어 놓다, -어 달다(달라고/다오), -어 대다, -어 두다, -어 드리다. -어 마지않다(마지아니하다), -고(야) 말다(말고), -지 말다, -어 먹다, -지 못하다, -다(가) 못하다, -어 버리다, -어 보다, -어 빠지다, -고 싶다, -지 않다(아니하다), -어 오다, -고 있다, -어 있다, -어 주다, -어지다, -어 처먹다, -어 치우다, -기(는/도/만/야) 하다, -려고(려구)/-ㄹ려고(려구)/-ㄹ라고(라구)/-고자 하다, -어야 하다, -게/-도록 하다, -고는(곤) 하다, -고 하니/하여/해서/한데 등

여기서 본용언의 일부인 보조적 연결어미를 같이 제시한 것은 이 어미들은 보조용언에 의해 고정되는 것이기 때문이다. 이들은 문법적 기능에 따라 몇 가지로 나눌 수 있다. 우선 '-고 있다', '-어 가다', '-어 오다' 등은 '하고 있다, 밝아 온다'처럼 동작상 중 진행을 나타내는 보조용언이

다. '-어 버리다', '-어 있다' 등은 '먹어 버렸다', '-와 있었다' 처럼 완료를 나타내는 보조용언이다.

'-게 하다' 와 '-어지다' 는 각각 사동과 피동을 나타내는 보조용언이다. '-어지다' 는 본용언에 보조적 연결어미 '-어' 가 붙고 보조용언 '지다' 가 결합한 구성인데, 점차 문법적 구성으로 바뀌고 있는 것으로 보이며 다른 보조용언과는 달리 붙여 쓰는 것이 일반적이다. '-지 않다', '-지 말다', '-지 못하다' 등은 부정을 나타내는 보조용언이다. '-고 싶다, -기는 하다', '-어야 하다' 등은 각각 희망, 시인, 당위의 의미를 갖는데, 이런 것은 명제에 대한 화자의 태도, 즉 양태를 나타내는 보조용언이라고 할 수 있다.

보조용언의 분석

보조용언과 서술어

보조용언은 용언 두 개 또는 그 이상이 연속된 구성에서 본용언에 종속적인 부분이다. 앞에서 확인했듯이 본용언과 보조용언 구성은 문장에서 하나의 서술어 역할을 한다고 보아야 한다. 보조용언이 단독으로 문장의 구조에 별도의 영향을 주는 것은 아니기 때문이다.

철수가 밥을 먹어 버렸다.

이 문장의 서술어는 '먹어 버렸다' 전체가 될 것이다.

보조용언과 합성용언

보조용언은 가끔 합성용언과 혼동되기도 한다. '돌아가다', '갈아입다'

등의 용언은 어근 둘이 합쳐진 합성용언 중 합성동사에 속하는데, 어근과 어근 사이에 어미가 나타나기 때문에 마치 본용언과 보조용언 구성처럼 보이기도 한다. 그러나 합성용언은 두 어근을 분리할 수 없고 사전에 한 단어로 등재되는 데 비해, 보조용언은 문법적 의미를 더해 주는 기능을 하고 있으므로 이를 생략해도 문장이 파괴되지 않는다. '돌아가다'와 '돌고 있다'를 비교해 보면 된다. '돌아가다'는 사전의 표제어로 등재되어 있다. 사전을 검색해 보자. '돌고 있다'는 사전에 수록되지 않는다. '돌다'와 '있다'를 찾아야 의미를 확인할 수 있다.

보조용언의 사용 양상

다음 표에 나타난 보조용언의 사용 양상은 유형은 많지 않지만 개별 항목의 사용 빈도는 매우 많은 범주라는 것이다. 진행을 나타내는 '-고 있다', 완료를 나타내는 '-어 있다'가 가장 많이 사용되는 보조용언이다. 그런데 다음 표에서는 진행과 완료의 두 가지 보조용언을 구별할 수는 없다. 임홍빈 등(2002)은 선행 용언의 어미까지 고려하여 보조용언 구성을 분석하였는데 그 결과 '-고 있다'가 가장 많이 쓰이는 보조용언 구성이며, '-지 않다', '-어 있다', '-어지다', '-어 주다', '-어야 하다'의 순으로 빈도가 높다는 것을 확인하였다.

참고로, 피동을 나타내는 보조용언 '지다'는 조남호(2002)에서는 보이지 않는다. 이것은 보조용언 구성은 본용언과 띄어 쓰지 않는 것이 일반적인데, 조남호(2002)의 통계 조사에서는 본용언과 보조용언 구성 전체를 측정 대상으로 잡았기 때문이다. 이 문제는 김한샘(2005)이 수정하였으므로 참고하면 될 것이다.

보조용언			
순위	강범모 · 김흥규(2009)	조남호(2002)	
		형태	의미
1	있	있다01	
2	하	하다01	
3	않	않다	
4	지	보다01	
5	주	주다01	
6	보	못하다	
7	못하	오다01	
8	오	싶다	
9	싶	버리다01	
10	가	가다01	
11	버리	놓다01	
12	놓	말다03	그만두다
13	말	내다02	참아 ~
14	내	나다01	
15	나가	두다01	
16	두	듯하다	
17	나	나가다	
18	대	만하다	
19	달	가지다	
20	들	대다01	

과제

1. 한국어에서 동사와 형용사가 하나의 범주로 통합되어야 한다는 주장에 대해 찬반 입장을 밝히고 근거를 들어 설명해 보시오.

2. 동사와 형용사를 구별하는 방법을 예를 들어 설명해 보시오.

3. 일정한 분량의 글에서 용언을 찾아 그 활용형을 어간과 어미로 분석해 보시오.

4. 동사, 형용사, 서술격조사 '이다'의 활용에는 어떤 차이가 있는지 설명해 보시오.

5. 보조용언을 문법 기능에 따라 몇 부류로 분류해 보시오.

6. 보조용언과 합성용언을 구별하는 방법을 예를 들어 설명해 보시오.

7. 한국어의 보조용언과 영어의 조동사를 비교하고 공통점과 차이점을 기술해 보시오.

제8장

기타 품사 (관형사, 부사, 감탄사)

이 장에서는 수식언인 관형사, 부사와 독립언인 감탄사를 다룬다. 이들은 기본적으로 문장의 필수 성분으로 쓰이기보다는 다른 요소를 수식하는 기능을 갖추었거나 문장의 다른 요소와는 별 관련성이 없는 것들이다. 문장의 서술어가 요구하는 필수 요소를 논항이라고 하는데, 이 품사들은 논항이 아니라 주로 부가어의 자격으로 문장에 참여하는 요소들이다. 제14장에서 이 문제를 더 자세히 살펴볼 수 있다. 관형사와 부사는 수식언이라는 상위 범주로 묶이기는 하지만, 둘 사이의 특성이 매우 달라서 같은 부류로 보기 어렵다. 감탄사는 문장 내에서 쓰일 때 다른 성분들과 별 관련이 없는 독자적인 부류이므로 역시 다른 품사와의 공통성이 별로 없다. 그러나 이 품사들은 문장의 풍부한 표현을 가능하게 해 주는 중요한 요소들이다.

관형사

관형사의 개념

관형사는 체언 앞에서 그 체언을 꾸며 주는 단어 부류이다. 관형사와 부사는 수식언으로 함께 묶이는데 이것은 둘 다 다른 범주를 수식하는 기능을 갖기 때문이다. 관형사는 체언을 수식하는 기능을 담당하고, 부사는 용언이나 관형사, 다른 부사를 수식하는 단어 부류이다. 관형사나 부사 모두 형식이 변하지 않는 불변어인데, 관형사는 주로 체언의 앞에, 부사는 주로 용언을 중심으로 한 수식 대상어의 앞에 나타난다. 관형사는 체언 중에서 주로 명사 앞에 놓여서 명사를 수식하는 기능적 특성이 있고 조사와 결합하지 못하며 형태가 변화하지 않는다.

> **관형사**
>
> - 기능적 특성: 체언 앞에서 체언(주로 명사)을 수식하며 조사와 결합하지 못함
> - 형식적 특성: 불변어
> - 의미적 특성: 성질, 지시, 수 등을 나타냄

관형사는 체언 중에서도 특히 명사와 관련이 깊다. 관형사가 대명사를 수식하는 일은 드물다. '그 우리, 어느 다섯'과 같은 표현이 어색한 것은 관형사와 대명사 및 수사의 결합이 매우 제한적이라는 것을 보여 준다. 관형사는 조사와 결합할 수 없다는 것이 매우 중요한 형식적 특성이며, 이 특징을 참조하여 판정할 수 있다. 만약 어떤 말에 조사가 붙을 수 있다면 그 단어는 관형사가 아니다. '모든 사람'은 가능해도 '*모든의 사람'은 불가능하다. '모든'은 관형사인 것이다.

관형사의 종류

관형사는 의미를 기준으로 성상관형사, 지시관형사, 수관형사로 나눌 수 있다.

성상관형사

성상관형사는 주로 명사에 성질이나 상태의 뜻을 더해 주는 관형사이다. '새', '헌', '옛' 등의 고유어 관형사와 '순(純)', '주(主)' 등의 한자어

관형사가 있다. 한자어 관형사 중에는 파생 접사 '-적(的)'과 결합한 단어도 많다. '새 신발, 헌 물건, 옛 추억, 순 살코기, 주 고객층, 직접적 영향' 등과 같이 체언의 성질이나 상태를 수식한다.

지시관형사

지시관형사는 어떤 대상을 한정하여 가리키는 관형사이다. '이, 그, 저, 이런, 그런, 저런, 다른' 등의 고유어 관형사와 '본(本), 귀(貴), 현(現), 전(前), 모(某)' 등의 한자어 관형사가 있다. 지시관형사는 일정한 문맥이나 환경에서 지시의 기능을 담당하므로 상황이 의미를 결정하는데, 이것은 지시대명사와도 유사한 특성이다.

지시관형사 중 대표적인 '이, 그, 저'는 각각 근칭, 중칭, 원칭의 의미와 관련된다. '이 책', '그 책', '저 책'의 의미는 각각 화자의 근처, 청자의 근처, 화청자와 멀리 떨어진 곳을 가리키는 것이다. 한편 '어느, 어떤, 무슨' 등은 의문사나 부정사로 사용될 수 있는 관형사이다.

수관형사

수관형사는 사물의 수와 양을 나타내는 관형사이다. 수관형사는 수사와 유사하지만 조사가 결합하지 못하고 뒤에 오는 체언을 수식하는 기능을 담당한다. '한, 두, 세, 네, 서, 석, 너, 넉' 등과 같이 수관형사에만 쓰이는 형태가 있는가 하면, '다섯'처럼 수사와 모양이 같은 것도 있다. '한두, 두세, 서너' 등과 같이 특정한 것을 정하지 않고 지칭하는 것도 있고, '첫'처럼 순서의 뜻을 갖는 것도 있다. '온갖', '모든' 같은 관형사는 정확한 수를 지칭하는 것은 아니지만 양적 특성을 나타낸 말이므로 수관형사에 포함시킬 수 있다.

여러 관형사가 동시에 나타날 때에는 어느 정도 순서를 정할 수 있다.

기본 패턴은 지시관형사–수관형사–성상관형사의 순서이다. 예를 들어, '저 모든 새 건물'은 자연스럽다. 지시관형사 '저', 수관형사 '모든', 성상관형사 '새'의 순서가 지켜졌기 때문이다. 그렇지만 다음처럼 순서를 바꾸면 많이 어색해지는 것이다.

저 모든 새 건물
?저 새 모든 건물
?모든 저 새 건물
?모든 새 저 건물
?새 모든 저 건물
?새 저 모든 건물

관형사의 분석

관형사와 수사의 구별

관형사와 수사는 조사 결합의 여부로 구별할 수 있다. 관형사에는 조사가 붙을 수 없고, 수사에는 조사가 결합할 수 있다. 그런데 문제는 관형사와 수사와 형식이 동일한 것이다.

관형사: 한, 두, 세, 네, 다섯
수사: 하나, 둘, 셋, 넷, 다섯

'다섯'부터는 관형사와 수사의 모양이 같다. 기본적으로는 수사로 보고 관형사적인 쓰임이 있다고 처리하는 것이 좋다. 그러나 만약 이들을 구별할 필요가 있다면 인접 요소와의 결합관계를 점검해야 한다. 조사가 결합하면 수사로, 뒤에 명사가 바로 후행한다면 관형사로 볼 수 있을 것이다. '우리 다섯과 함께'라면 '다섯'은 수사이다.

관형사와 접두사의 구별

접두사는 어근의 앞에 붙어서 한 단어를 만드는 접사이다. 그런데 접두사 중에는 단어인 관형사와 모양이 같은 경우가 많다. '맨'을 사전에서 찾으면 관형사, 부사, 접두사의 쓰임을 모두 확인할 수 있다. '맨-'이 붙어서 만들어진 단어가 사전에 등재되어 있으면 접두사라고 할 수 있을 것이다. '맨 끝'은 사전에 등재되지 않으며 두 단어가 이어진(관형사+명사) 구 구성이다. 그러나 '맨눈'은 사전에 수록되어 있고, 여기서 '맨-'은 이 단어를 만드는 데 쓰인 접두사가 되는 것이다.

관형사: 화장실은 오른쪽 맨 끝에 있습니다.

부사: 여기에는 맨 좋지 않은 것만 있다.

접두사+어근: 맨눈, 맨발, 맨밥, 맨주먹

관형사와 형용사의 구별

'다른'처럼 관형사와 형용사 활용형의 모양이 똑같은 경우가 있다. 이들을 구별하는 데 주의해야 한다. '다른 사람, 다른 나라, 다른 생각'에 쓰이는 '다른'은 관형사이지만, '입장이 다른 사람'의 '다른'은 형용사 '다르다'가 관형사형으로 활용한 것이다. 이 관형사는 용언의 활용형이 굳어져서 만들어진 관형사이기 때문에 구별이 쉽지 않다.

관형사의 사용 양상

관형사는 체언을 수식하는 품사로, 종류가 제한되어 있다. 자주 쓰이는 관형사를 빈도순 20위까지 제시하면 다음과 같다.

'그', '이'와 같은 지시관형사가 빈도 1, 2위를 차지하고, 수관형사 '한'이 그다음으로 많이 쓰인다.

관형사			
순위	강범모 · 김흥규(2009)	조남호(2002)	
		형태	의미
1	그	그01	
2	이_05	이05	
3	한	한01	
4	두	그런01	
5	그런	두01	
6	다른	어떤	
7	이런	다른	
8	어떤	이런01	
9	한_01	여러	
10	모든	어느01	
11	어느	모든	
12	몇	몇	
13	여러	무슨	
14	무슨	세01	
15	세	각01	各
16	저	저04	멀리 있는 대상
17	각	새06	
18	새	전08	前
19	첫	사회적	社會的
20	아무	첫	

부 사

부사의 개념

부사는 주로 용언을 수식하는 단어 부류를 말한다. 관형사는 주로 체언을 수식하지만, 부사는 용언을 수식하는 것은 물론 관형사, 다른 부사, 문장을 수식하는 등 사용 범위가 매우 넓다. 부사는 조사와 결합할 수 없다는 특성이 있으며, 형식이 변하지 않는 불변어이다. 부사는 주로 수식 대상어의 앞에 나타난다.

> **부 사**
>
> • 기능적 특성: 용언, 부사, 문장 등을 수식하며 수식 대상 앞에 옴, 격조사와 결합하지 못함
> • 형식적 특성: 불변어
> • 의미적 특성: 성상, 지시, 부정, 상징, 양태 등을 나타냄

부사는 종류도 많고, 기능도 다양하다. 특히 부사는 동사나 형용사를 수식하는 것이 주요 기능인데, 동사나 형용사가 문장에서는 서술어로 쓰이고, 부사는 부사어의 자격으로 이 서술어를 수식하는 일이 많기 때문이다. 그런데 부사어가 될 수 있는 말은 다양하다. 체언에 부사격조사를 붙여도 되고, 동사나 형용사를 활용시켜도 가능하다. 부사는 이들과 달리 격조사와 결합할 수도 없고 활용하지도 않는 단어 부류이다. '잘 하다'는 가능해도 '*잘을 하다'는 불가능한 이유는 '잘'이 부사이기 때문이다.

부사의 종류

부사는 일반적으로 문장에서의 역할에 따라 성분부사와 문장부사로 나눌 수 있다. 성분부사는 특정한 문장성분 앞에서 그 성분을 수식하는 부사이며, 문장부사는 문장 전체를 제한하는 부사를 말한다.

성분부사

성분부사는 의미에 따라 성상부사, 지시부사, 부정부사, 상징부사 등으로 나눌 수 있다.

성상부사는 '잘, 높이, 매우, 바로, 겨우, 아주, 모두, 다, 멀리, 홀로, 참, 많이, 너무, 특히' 등과 같이 주로 용언의 내용을 수식하는 부사이다. 주로 용언 앞에서 용언의 의미를 구체적으로 한정하는데, '바로, 겨우, 아주' 등은 '바로 앞'처럼 체언 앞에서 체언을 수식할 수도 있다.

지시부사는 '이리, 그리, 저리, 언제' 등처럼 공간과 시간을 나타내는 부사이다. '언제'는 의문사나 부정사로 쓰일 수 있다. 부정부사는 '안(아니), 못'처럼 짧은 부정문을 만드는 데 쓰이는 부사이다.

한국어에는 사물의 소리나 모양을 모방하여 나타내는 말들이 있다. 이를 의성어, 의태어라고 하는데 상징부사는 이런 의성부사나 의태부사를 합쳐서 지칭하는 말이다. '쿵쿵, 철썩철썩' 등은 소리를, '울긋불긋, 사뿐사뿐' 등은 모양을 나타내는 부사이다. '딸랑딸랑'처럼 의성과 의태의 기능을 모두 갖고 있는 부사도 있다.

문장부사

문장부사는 특정한 성분과 관련되지 않고, 문장 전체를 한정하는 부사이다. 문장부사에는 양태부사와 접속부사가 있다. 양태부사는 화자의 생각과 태도를 나타내는 부사로 서법부사라고도 한다. '과연, 정말, 아마, 설마, 도리어, 게다가, 확실히, 제발' 등은 화자의 단정, 의심, 희망 등의 생각을 표시한다. 이런 부사는 대개 종결어미나 연결어미와 연결되어 나타난다. '설마'가 쓰이면 '설마 그렇겠어?'처럼 문장이 의문형으로 끝나는 것이 보통이다.

문장과 문장을 이어 주는 부사를 **접속부사**라고 한다. 접속부사에는 '그러나, 그리고, 그러면, 그러니까, 하지만, 곧, 즉, 또, 또한' 등 문장을 이어 주는 것이 있고, '및, 또는'과 같이 주로 단어와 단어를 이어 주는 것도 있다. 이 접속부사를 별도의 독립적인 품사인 **접속사**로 설정하자는 주장도 있다. 이들은 두 문법 단위를 연결시키는 구실을 하지, 결코 뒤의 성분을 수식하는 부사 기능을 하지 않는다는 이유 때문이다. 접속부사는 문장성분으로는 부사어가 아닌 독립어로 보아야 한다는 견해도 있다.

부사의 분석

부사와 체언의 구별

어떤 부사는 명사와 모양이 똑같아서 구별하기 어렵다.

> 높이 나는 새
> 높이가 어느 정도지?

이 문장에서 전자는 부사, 후자는 명사이다. 이들은 부사와 명사의 두 가지 성질을 모두 갖고 있는 것이다. 결국 문장에서 어떻게 쓰였느냐가 판단 기준이 된다. 부사로 쓰인 '높이'는 격조사와 결합시킬 수 없다. '*높이의 나는 새' 같은 표현이 불가능한 것이다. 명사로 쓰였다면 조사와 결합할 수 있다.

의문사나 부정사로 쓰이는 '언제'도 앞 예와 비슷한 문제가 있다.

언제 왔니?

언제가 좋을까?

두 문장 모두 '언제'가 잘 모르는 때를 묻거나 지시하는 의문사로 쓰인 것이다. 그런데 첫 번째 문장에서는 부사로, 두 번째 문장에서는 대명사로 쓰였다고 볼 수 있다. '언제가' 처럼 격조사와 결합하면 이 '언제'는 체언, 그중에서도 대명사인 것이다.

부사와 용언의 구별

부사 중에는 용언의 활용형처럼 보이는 것이 있다. 예를 들어, '많이'는 형용사 '많다'와 일정한 관련이 있는 것처럼 보인다. 물론 두 단어는 서로 관련이 있다. 그러나 이 연관성은 조어적 차원에서 파악할 수 있다. 즉, '많다'의 어간 '많-'이 어근의 자격으로 파생 접사 '-이'와 결합하여 부사가 된 것이다.

부사: 많이

형용사: 많다 (활용형은 많다, 많고, 많아서, 많으면, 많으니……)

형용사 '많다'는 어간에 어미가 결합된 수많은 활용형으로 변화할 수 있다. 이것은 굴절적 차원의 변화이고 이 단어가 가변어라는 사실을 보여준다. '많이'는 이 어형으로 자주 쓰이다 보니 단순한 굴절적 차원의 변화를 넘어서서 조어적 차원의 변화를 겪은 것이다. 파생이라는 조어 과정을 거친 새로운 단어로 전환되었다고 보는 것이다. 분명한 기준을 찾기는 어려우나 형식과 의미의 독자성을 확보하면 가능한 일이다.

부사의 사용 양상

부사는 용언은 물론 문장을 수식하는 등 쓰임이 넓은 품사이다. 부사는 세밀한 의미 차이를 구별해 주는 역할을 하는데, 종류가 체언을 수식

부사				
순위	강범모 · 김흥규(2009)		조남호(2002)	
	형태	의미	형태	의미
1	그러나		그러나	
2	더		또	
3	또		안02	아니
4	그리고		더01	
5	안		그리고	
6	다시		잘02	
7	잘		다시01	
8	함께		다03	
9	다		좀02	
10	가장__01	@~ 높은 산	함께	
11	없이		많이	
12	못		가장01	
13	바로		바로02	
14	모두		그래서	
15	및		그런데	
16	그런데		모두01	
17	특히		왜02	
18	아직		없이	
19	그래서		특히	特−
20	왜		지금03	只今

하는 관형사에 비해서 매우 많다. 부사의 사용 빈도를 빈도순 20위까지 살펴본 결과는 앞 표와 같다. '그러나, 또, 그리고' 같은 접속부사가 최상위 빈도를 차지하고 있다. 성상부사 중 가장 많이 쓰인 것은 '더'이다.

참고로 강범모·김홍규(2009)가 제시한 고빈도 접속부사 유형을 순위별로 상위 10위까지 나열하면 다음과 같다. 여기에는 '또'가 빠져 있는데 부사 '또'는 일반부사로 쓰일 수도 있고 접속부사로 사용될 수도 있는 어휘로, 이 연구에서는 일반부사로 판정했기 때문이다. 조남호(2002)는 접속부사로 분류하고 있다.

그러나, 그리고, 그런데, 그래서, 하지만, 따라서, 그럼, 그러므로, 그러면, 그러니까

감건사

감탄사의 개념

감탄사는 화자의 감정을 직접 나거낼 때 쓰이는 단어 부류인데, 문장 속의 다른 성분에 얽매이지 않고 독립성을 갖는다. 그렇기 때문에 독립언이라는 이름이 붙은 것이다. 감건사는 화자의 부름, 대답, 느낌, 놀람 등을 나거내는 데 쓰이면서, 문장 안의 다른 성분과 큰 관련성을 가지지 않는, 자립성이 매우 높은 단어이다. 감건사는 모양이 바뀌지 않는 불변어이면서 문장 내의 위치도 상대적으로 자유롭다.

감탄사

- 기능적 특성: 다른 문장성분과 관계없이 독립적인 분포를 보임
- 형식적 특성: 불변어
- 의미적 특성: 감정이나 의지를 나타냄

감탄사의 종류

감탄사에는 감정감탄사, 의지감탄사, 간투사 등이 있다. 감정감탄사는 상대방을 의식하지 않고 감정을 표출하는 감탄사이다. '허허, 하하, 후후'와 같은 웃음소리, '허허, 후유, 후' 등의 한숨소리, '아이고' 등 슬픔의 표현, '아, 에구머니' 등의 놀라움을 나타내는 표현, '아차' 등 후회를 나타내는 말 등이 그 예가 된다.

의지감탄사는 상대방을 의식하며 자기의 생각을 표시하는 감탄사라는 점에서 감정감탄사와 구별된다. '자, 여보, 여보세요, 이봐'와 같이 상대방을 부르거나 상대방의 행동을 이끌어 내기 위한 것이나, '예, 네, 그래, 응'과 같이 합정적인 대답에 쓰이는 것, 그리고 '아니요, 천만에, 글쎄'와 같이 부정적인 대답이나 의혹을 나타내는 말 등이 있다.

학교 문법에서는 입버릇이나 더듬거리는 의미 없는 소리라고 기술하고 있는 다음과 같은 표현이 있다.

뭐, 있지, 어디, 어, 아, 에, 에헴

이런 말은 발화의 중간 중간에서 문장의 다른 성분과는 별 관련 없이 나오는 말로 간투사라고도 한다. 그러나 간투사를 의미 없는 소리라고 규

정하는 것은 바람직하지 않다. 문법적 차원의 기능이 뚜렷하지 않더라도 의사소통 상황에서는 매우 중요한 화용론적 가치가 있기 때문이다. 간투사는 담화표지의 일종이다. 담화표지는 대화나 여러 유형의 담화를 수행하고 있을 때 예고, 강조, 전환, 수정, 종료 등의 다양한 의도를 표현하기 위한 장치이다. 이런 말은 문장을 넘어서 담화를 지속시켜 주는 기능이 있는 것이므로 화용론적 차원에서 의미를 파악할 수 있다.

감탄사의 분석

감탄사 중에는 부사나 대명사와 모양이 같은 것도 있다. '뭐, 어디'는 지시대명사이기도 하고, 감탄사가 되기도 한다. '그러니까, 그니까'는 접속부사이면서 감탄사로 쓸 수도 있다. 다만 문장에서 성분으로 쓰이거나 접속 등의 기능을 분명하게 하면 감탄사로 보기 어렵다. 사전을 찾아 확인해 보면 좋을 것이다.

감탄사의 사용 양상

감탄사는 문어에서는 그렇게 많이 사용되지는 않는다. 문어에서는 소설 안에 있는 대화 부분과 같이 한정된 장르에서만 자주 출현할 것이다. 물론 구어를 전사한 경우에는 감탄사를 쉽게 찾아볼 수 있다. 특히 간투사는 구어 발화에서는 매우 자주 확인할 수 있다. 다음 표는 문어가 주축이 된 말뭉치에서 얻은 결과라는 점에 주의해야 한다. 사용 빈도가 높은 것부터 20위까지를 제시한 것인데, 강범모 · 김흥규(2009)는 '아니'가, 조남호(2002)는 '아'가 가장 많이 쓰인 것으로 나타났다.

감탄사		
순위	강범모 · 김흥규(2009)	조남호(2002)
1	아니	아02
2	그래	그래01
3	아	뭐
4	뭐	네03
5	네	어02
6	응	예06
7	자	아니02
8	야	야04
9	예	응01
10	글쎄	그02
11	참	자04
12	어디	음01
13	아아	참01
14	얘	저05
15	그럼	어디01
16	아이고	글쎄01
17	여보	아이고
18	저	아니요
19	임마	그럼02
20	어	여보01

과 제

1. 관형사와 부사는 문장에서 어떤 기능을 수행하는지 설명해 보시오.

2. 관형사와 접두사를 구별하는 방법에 대해 설명해 보시오.

3. 실제 자료에서 관형사, 부사, 감탄사를 찾아 종류별로 분류해 보시오.

4. 접속사라는 품사를 새로 설정할 필요가 있는지 근거를 들어 찬반 입장을 밝히시오.

5. 간투사나 담화표지라는 개념에 대해 알아보고, 간투사나 담화표지의 예를 찾아보시오.

6. 감탄사가 출현하는 양상이 구어와 문어에서 어떻게 달라지는지 설명해 보시오.

제9장

조사와 어미

조사와 어미는 한국어 문법을 이해하는 데 가장 핵심적인 두 가지 범주이다. 조사와 어미의 운용 원리를 파악하면 문법 지식을 응용하여 자료를 분석하고 새로운 차원의 특성을 발견해 낼 수 있다. 한국어의 교착성은 조사와 어미에서 가장 잘 드러나는데, 조사는 체언 뒤에 붙고 어미는 용언 어간 뒤에 붙어서 여러 문법적 특성을 표시한다. 학교 문법에서는 조사는 9품사에 포함되지만 어미는 품사에서 제외되어 있다. 이런 체계 안에서는 조사는 단어이고, 어미는 단어가 아니다. 그러나 조사와 어미는 마치 하나의 대칭쌍인 것처럼 인식되는 경우가 많다. 이들의 공통성 때문이다. 이 점에 대해 자세히 살펴보도록 한다.

조 사

조사의 개념

조사는 체언 부류의 뒤에 결합해서 여러 문법적 특성을 나타내는 품사로, 체언이나 용언의 명사형 뒤에서 다양한 문법적 관계를 나타내거나 의미를 추가하는 기능을 갖고 있는 의존형태소 부류이다. 주로 문법적 기능을 실현하기 때문에 어미와 더불어 대표적인 문법형태소로 분류된다. 한국어는 조사가 매우 잘 발달한 언어인데, 조사는 대개 체언 뒤에 붙지만 때로는 동사, 형용사와 부사 뒤에 붙기도 하고 문장 뒤에 붙기도 하는 등 다양한 양상으로 출현한다. 다음 예문에서 조사를 찾아보자.

이 옷을 한번 입어만 보아라.

꽃이 예쁘게도 피었구나.

그저 빨리만 오너라, 빨리요?

무엇을 하느냐보다 어떻게 하느냐가 중요합니다.

'옷을, 꽃이, 무엇을'의 '을'이나 '이'는 분명히 체언 뒤에 나타난 것이다. '옷, 꽃'은 명사, '무엇'은 대명사이다. 그런데 '입어만'에서 '만' 앞에 온 '입어'는 분명히 동사이다. '예쁘게도'에서 '도' 앞에서 온 '예쁘게'가 형용사인 것과 비슷하다. '빨리만'이나 '빨리요'에서 '만'이나 '요'는 조사인데, 그 앞에 온 '빨리'는 부사이다. '무엇을 하느냐보다'에서 '보다'는 '무엇을 하느냐'라는 문장 뒤에 나타난 것이다. '어떻게 하느냐' 뒤에 '가'가 온 것도 마찬가지다. 체언 뒤에 오는 것이 조사의 분포적 특징이기는 하지만 일부 조사는 체언이 아니어도 나타난다. 그렇지만 이런 예외적인 경우보다 체언+조사의 결합이 일반적이라는 것을 기억하도록 하자. 조사는 기본적으로 체언 뒤에 나타나는 부류이다.

조사의 종류: 격조사, 보조사, 접속조사

조사는 여러 가지 문법적 기능을 갖는다. 체언+조사의 결합으로 문장 안에서 서술어와 갖는 관계를 표시하기도 하고, 특별한 의미를 표시하거나 두 체언을 이어 주기도 한다. 이런 문법적 기능과 의미에 기초하여 조사를 크게 세 가지 종류로 나누는데 격조사, 보조사, 접속조사가 그것이다. 각각의 특성에 대해 알아보자.

격조사

격조사는 그 앞에 오는 체언과 결합하여 체언을 포함한 구성 전체가 해당 문장 안에서 일정한 자격을 가지도록 기능하는 조사이다. 문장 안에서 갖는 체언의 자격을 격(case)이라고 하므로, 격을 표시하는 기능을 갖는 이런 조사를 격조사라고 한다. 격조사는 크게 주격조사, 목적격조사, 보격조사, 관형격조사, 부사격조사, 호격조사, 서술격조사로 구분할 수 있다. 주어의 자격을 부여하면 주격조사, 목적어의 자격을 부여하면 목적격조사가 되는 식이다. 각각의 격조사는 항목의 수가 많은 편은 아니다.

주격조사

주격조사는 어떤 단어가 문장에서 주어로 쓰인다는 것을 표시하는 조사이다. 주격조사로는 '이/가', '께서', '에서' 등이 있다.

> 꽃이 예쁘다. / 나비가 날아온다.
> 할머니께서 오늘 오셨어.
> 국회에서 좋은 해결책을 만들 수 있을까?

'꽃이'의 '이'와 '나비가'의 '가'는 모양이 다르지만 같은 조사의 다른 형식이라고 할 수 있다. 앞에서 보았듯이 이런 개념을 이형태라고 한다. '이/가'는 선행 명사의 음운론적 특성, 즉 자음으로 끝나는지 모음으로 끝나는지에 따라 교체되는 이형태 관계에 있는데, 자음으로 끝나는 '꽃' 뒤에는 '이'가, 모음으로 끝나는 '나비' 뒤에는 '가'가 오는 것이다. '께서'는 주어에 오는 명사가 높임의 대상임을 표시하는 장치이고, '에서'는 선행 명사가 단체이면서 서술어가 행위를 나타낼 때 쓰인다. 그런데 다음 예는 체언+주격조사 구성이지만 문장에서 주어로 쓰이지 않았다.

그것이 알고 싶다.
그 섬이 가고 싶다.

앞 문장에 있는 '그것이'는 주어가 아니라 목적어이다. 두 번째 문장의 '그 섬이'는 주어가 아니라 부사어로 쓰인 것이다. 여기에 쓰인 주격조사는 주어를 나타내기 위한 것이 아니라, 강조와 같은 다른 의미를 나타내는 용법으로 사용된 것이다. 그렇다면 여기에서 쓰인 '이'는 주격조사의 형식을 갖고 있지만 실제로는 특정한 의미를 나타내는 보조사라고 보아야 할 것이다.

비슷한 문제를 다음 예에서 찾아볼 수 있다. '이/가'와 함께 문장의 주어에 자주 나타나는 조사에는 '은/는'이 있다. '은, 는, 이, 가'라는 말을 들어본 적도 있을 것이다. 주어 자리에 자주 출현하는 조사이므로 이들을 같은 부류로 묶을 수도 있을 것이다. 그러나 이 조사의 기능을 생각해 보면, 주어라는 문장성분을 표시하는 것보다는 다른 의미, 즉 주제나 대조로 명명할 수 있는 의미를 나타내는 것이 주된 역할이다.

아이가 엄마를 부른다. / 아이를 엄마가 부른다.
아이는 엄마가 부른다.

'가'나 '를'은 격조사이다. '가'가 붙으면 주어, '를'이 붙으면 목적어라는 사실이 분명하게 드러나기 때문이다. 그런데 '는'은 그것이 주어인지 목적어인지를 정확하게 알려 주지 않는다. 두 번째 문장에서 '아이는'이 주어일까? 이 문장의 주어는 '엄마가'이다. '가'가 주격조사이기 때문이다. '아이는'은 목적어이다. 그렇다면 '은/는'을 주격조사라고 부르는 것은 문제가 있다. '은/는'은 주격조사가 아니라 보조사이다.

목적격조사

목적격조사는 그 앞의 체언이 문장에서 목적어로 쓰인다는 것을 표시하는 조사이다. 목적어는 서술어 자리에 오는 타동사의 대상이 되는 말이다. 목적격조사에는 '을/를'이 있다. '을'과 '를'은 이형태 관계에 있다. 자음 뒤에는 '을'이 오고 모음 뒤에는 '를'이 온다.

아이가 엄마를 부른다.

'엄마를'은 이 문장에서 목적어라는 문장성분을 부여받는다. '부르다'라는 타동사가 문장에 서술어로 나타날 때는 반드시 그 동사의 대상이 되는 명사가 표시되어야 한다. 타동사가 나타내는 동작의 대상이 되는 말이 목적어이고, 목적어를 표시하는 장치가 조사 '을/를'인 것이다. 물론 주격조사와 유사하게 목적격조사도 원래와는 다른 기능을 나타내는 장치로 쓰일 때가 있다.

어제 학교를 갔어.
통 공부하지를 않으니 어쩌나.

첫 번째 문장에 쓰인 '를'은 목적격조사의 형식을 갖지만, 사실 '학교에' 대신 쓴 것이다. 여기서 '학교를'을 쓰면 '학교'를 강조하는 효과가 나타난다. '공부하지 않으니'에서 본동사와 보조동사 사이에 '를'을 쓰면 역시 공부라는 행위를 강조해서 표현하는 느낌이 살아난다. 이렇게 쓰인 경우에는 목적격조사라기보다는 보조사적인 용법으로 사용된 것으로 볼 수 있다.

보격조사

보격조사는 체언에 붙어 보어를 만들어 주는 조사이다. 보어는 서술어를 보충해 주는 말이다. 학교 문법에서는 '되다, 아니다' 앞의 '이/가'가 붙는 말을 보어로 인정하고 있으므로, '이/가'가 보격조사가 된다. 보격조사 '이/가'는 주격조사와 완전히 동일한 형식을 갖는다. 역시 '이'와 '가'는 이형태이다.

> 얼음이 물이 되었다.
> 물이 얼음이 되었다.

이 문장에서 서술어는 '되었다'이다. 만약 주어와 서술어만 남기고 중간의 문장성분을 뺀다면 다음과 같은 문장이 될 것이다.

> 얼음이 되었다.
> 물이 되었다.

문장의 의미가 어떻게 되었는가? 처음 문장과 반대의 의미가 되었음을 확인할 수 있을 것이다. 즉, '되다'라는 동사가 서술어로 쓰일 때에는 빼서는 안 되는 필수적인 성분이 필요하다는 것이다. 이 필수적인 성분을 보어라고 한다. '얼음이 되었다.'에서 '얼음이'는 보어이다. 이 문장에는 주어가 없다. 주어는 생략할 수 있어도 보어는 생략하기 어려우므로 우리는 이 문장이 '보어+서술어' 구성이라고 해석하는 것이다. 학교 문법과는 달리, 보어가 서술어를 보충하는 필수 성분이라는 기준에 따라 필수적 부사어를 보어로 인정하는 경우도 있는데 여기에 대해서는 뒤에서 다루기로 한다.

관형격조사

관형격조사는 체언에 붙어 다른 체언을 수식하는 관형어로 쓰일 수 있게 하는 격조사이다. 소유격이나 속격이라는 이름으로 불리기도 하지만 관형격이라는 말이 널리 쓰인다. '의'가 대표적인 조사이다. 관형격조사는 체언과 체언을 연결하는 장치인데 일반적으로 격조사가 서술어와의 관계에서 정의된다는 점을 생각하면 다른 격조사와는 적지 않은 차이가 있다.

우리<u>의</u> 소원
백 년 동안<u>의</u> 기다림

'우리의 소원'은 대명사 '우리'와 명사 '소원'을 연결해서 한 단위인 명사구를 만든 것이다. 앞 단위와 뒤 단위를 연결하는 장치가 관형격조사 '의'이다. '의'는 앞 단어와 함께 관형어를 형성하고 후행하는 명사를 수식하는 기능을 갖게 된다. 관형어는 여러 개의 단어로 이루어지기도 한다. 두 번째 명사구는 '백 년 동안'이라는 명사구에 다시 조사 '의'가 붙어서 '기다림'과 연결된 것이다.

부사격조사

부사격조사는 체언에 붙어 부사어의 기능을 하도록 만들어 주는 조사이다. 부사어는 서술어의 의미를 풍부하게 더해 주는 문장성분을 말하는데, 체언으로 부사어를 만드는 방법은 체언에 부사격조사를 붙이는 것이다. 부사격조사는 종류가 다른 조사에 비해 훨씬 많다. 가장 친숙한 부사격조사는 '에, 에서, 에게, (으)로' 등이다. 그런데 이 조사들은 서술어를 꾸미는 의미가 꽤 다양한 편이다.

집에 있었어.
서울에서 부산으로 가려면 무엇을 타야 하나요?
친구한테 편지를 보냈어.
내가 너보다 크다.
컴퓨터로 작성하면 돼.
난 이상한 사람과 결혼했다.
얼음이 물로 변했다.
이 조직의 책임자로서 여러분께 부탁드립니다.

'집에'의 '에'는 장소를 나타낸다. '서울에서'의 '에서'는 출발점, '부산으로'의 '으로'는 지향점, '친구한테'의 '한테'는 도달점, '너보다'의 '보다'는 비교, '컴퓨터로'의 '로'는 수단, '이상한 사람과'의 '과'는 동반, '물로'의 '로'는 변화의 결과, '조직의 책임자로서'의 '로서'는 자격 등등 각각의 조사 항목에 대표적인 의미를 명명하여 붙일 수 있을 것이다. 처격조사, 여격조사, 방위격조사, 공동격조사 등은 모두 부사격조사의 하위 분류인데 위와 같은 다양한 의미를 반영한 용어이다.

민서는 '나 바빠'라고 말했다.
민서는 자기가 바쁘다고 말했다.

'라고', '고' 등처럼 인용을 나타내는 말 뒤에 붙어서 인용절을 형성하는 인용격조사도 부사격조사의 일종으로 처리하는 것이 보통이다. 물론 인용격조사는 그 쓰임이 다른 부사격조사와는 많이 달라서 별도의 조사로 분류해야 한다는 주장도 있고, 인용격조사가 연결어미와 유사하다는 견해도 있다.

호격조사

호격조사는 사람을 부를 때 사용하는 조사이다. 호격조사에는 '야', '아', '이여' 등이 있는데 '철수야'처럼 이 조사가 붙은 체언과 함께 그 구성 전체가 누군가를 부르는 말이 된다.

아이<u>야</u>!
님<u>아</u>, 그 강을 건너지 마오.
님<u>이여</u>!

체언에 호격조사가 결합하여 만들어진 구성은 문장에서 다른 성분과 독립적으로 쓰일 수 있는 독립어가 된다. '아이야'는 독립어이다. '님아'도 독립어이다. 그 뒤의 문장에서는 주어가 생략되었는데 명령형 문장에서는 주어가 나타나지 않기 때문이다.

서술격조사

한국어의 **서술격조사**는 '이다'를 말한다. '이다'는 체언에 붙어 '체언+이다'가 문장의 서술어가 될 수 있도록 하는 조사이다. 그런데 이 '이다'는 동사나 형용사와 같이 활용을 한다는 특성이 있다. 다른 품사처럼 어간과 어미로 분리할 수 있으며 어미가 교체되어 문장의 특성을 바꾸게 된다.

철수는 학생<u>입니다</u>.
철수는 학생<u>이다</u>.
이게 그 물건<u>이죠</u>?
내가 어제 본 사람은 바로 철수<u>다</u>.

'학생입니다'는 '학생이다'와 서로 다른 말이 아니다. 먼저 이 구성은 두 단어로 이루어져 있다. '학생'과 '입니다/이다'로 나눌 수 있다. '학생'이 명사이므로 '입니다'나 '이다'는 체언에 결합하는 조사로 보인다. 그런데 '입니다'와 '이다'에서 서로 같은 부분은 '이-'까지이고 전자의 '-ㅂ니다', 후자의 '-다' 부분은 다르다. 이것은 동사나 형용사에서 자주 보던 특성이다. 변하지 않는 '이-'는 어간이고 '-ㅂ니다'나 '-다'는 어미로 분석할 수 있는 것이다. '물건이죠' 역시 '물건+이죠'로 나눌 수 있고, '이죠'는 '이다'의 활용형이다. '철수다'는 '철수+(이)다'로 나눌 수 있는데, '다'는 '이다'에서 모음 '이'가 탈락한 형식이다. 이런 모음 탈락은 수의적이다. '철수다'도 되고, '철수이다'도 틀린 것은 아니다.

이 특징은 다른 조사와는 매우 다르다. 활용을 하는 유일한 조사이기 때문에 '이다'는 그 지위와 기술 방법에서 매우 큰 논란의 대상이 되어 왔다. 우선은 학교 문법의 체계에 따라 서술격조사로 인정하고 그다음 단계에서 더 자세히 분석하는 방법이 유리하다.

'이다'는 서술격조사인가

'이다'는 학교 문법에서 서술격조사로 처리된다. 학교 문법은 '이다'가 체언 뒤에 붙어서 특정한 문법적 기능을 수행하는 조사라고 규정한다. 그러나 이런 처리에는 여러 문제가 있다. 다른 조사는 모두 변하지 않는데, '이다'만 문장 내에서 활용을 하는 것이다. 활용은 용언의 특성이므로 '이다'를 지정사와 같은 별도의 품사로 설정하든지, 아니면 '이-'를 '-하-'와 유사한 범주인 접미사로 처리하려는 시도도 존재한다.

철수는 훌륭한 언어치료사다.

이 문장에서 '-다'는 서술격조사이다. '언어치료사이다'처럼 '이-'를 생략하지 않는 경우도 있지만 이것은 문자 언어에서의 처리 방식이고, 구어에서는 보통

'이-'를 발음하지 않는다. 이 문장에서 명사구 '훌륭한 언어치료사'가 서술어로 쓰이려면 서술격조사가 결합해야 한다. 그런데 '이다'는 활용하므로 모양이 여러 가지로 바뀔 수 있다.

언어치료사다(이-+-다).
언어치료사니(이-+-니)?
언어치료사인(이-+-ㄴ) 것 같아.
언어치료사이며(이-+-며)
언어치료사예요(이-+-어요)?

앞에서 밑줄 친 요소는 모두 '이다'의 활용형이다. 이 활용형에서 괄호 안의 예처럼 어미를 분리할 수 있고, 또 어미가 문법적으로 매우 중요한 정보이므로 어미를 분리한 후 남은 요소, 즉 어간에 해당하는 '이-'를 **지정사** 등의 다른 범주로 보는 것이 최근의 경향이다.

보조사

보조사는 체언이나 부사, 어미 등에 붙어서 앞말에 특별한 뜻을 더해 주는 조사를 말한다. **특수조사**라고 부르기도 한다. 보조사는 격조사와는 달리 특별한 의미를 더해 주는 것이 주된 기능이므로 보조사의 형식만 봐서는 문장성분의 종류를 알 수 없다. 예를 들어, 보조사 '은/는'을 보자.

사과는 빨갛다. / 사과가 빨갛다.
사과는 먹었니? / 사과를 먹었니?

이 문장에서 '사과는'의 '는'은 주어 자리에도 쓰였고, 목적어 자리에도 쓰였다. 따라서 보조사만으로는 문장에서 어떤 성분으로 쓰였는지를 알 수 없다. 이 '은/는'은 앞에서 살펴보았듯이 학교 문법에서는 보조사로 분류되지만, 한국어 문장에서 주어 자리에 더 많이 나오는 것은 주격조사 '이/가'가 아니라 보조사 '은/는'이므로 주격조사로 오해되는 일이 많다.

보조사 '은/는'은 대조의 의미를 나타내는 보조사이지만, 문장의 처음 위치에서 주어 자리에 나타날 때는 '주제'의 의미를 나타낸다. 즉, 보조사 '은/는'이 붙은 어절은 그 문장에서 설명이나 언급의 대상이 되는데, 이를 문장의 화제, 주제라고 부른다. 따라서 '은/는'을 주제 표시의 보조사라고도 한다.

한국어 문장은 주제어를 먼저 제시하고 이에 대해 기술하는 구조를 갖는 것이 많은데, 이 경우 주어 자리에 체언+보조사 '은/는'이 결합한 형식이 오기 때문에 주격조사로 오해하기 쉬운 것이다.

> 나는 여기에 남지만, 너는 거기 가야 해. (대조)
> 나는 학생입니다. (주제)

이때 주제를 나타내는 보조사는 화자와 청자가 이미 알고 있는 정보임을 알려 준다. 주제, 즉 화제는 의사소통을 하는 사람들이 공유하는 정보이므로 이를 구정보라고 한다. 새로운 정보, 즉 신정보를 도입할 때는 '은/는'이 아니라 '이/가'를 많이 쓴다.

> 영수는 말이 많아.
> 영수가 그 사람 이름이래.

첫 번째 문장에서 영수에 대한 지식은 화자와 청자에게 공유된 것이지만 두 번째 문장에서는 '영수'가 새로운 정보가 된다. 이처럼 보조사는 특정한 의미를 부여하고 그 의미에 일정한 이름을 붙여 구별하기도 한다. '은/는'의 두 가지 기능에 따라 주제 보조사, 대조 보조사 등으로 명명할 수도 있을 것이다. 이런 식으로 보면 '만'은 '단독, 한정, 최소한의 조건' 등을, '도'는 '유사한 상태, 첨가' 등의 뜻을 나타낸다. 이밖에도 '까지, 마저, 조차, 부터, 마다, (이)나, (이)나마' 등 여러 보조사가 있다.

보조사의 특성 중 가장 두드러지는 것은 결합이 매우 자유롭다는 것이다. 조사는 체언에 붙는 범주라고 규정했지만, 보조사는 체언 외에도 부사나 어미와도 결합할 수 있다.

빨리는 왔네. (부사와 결합)
여기로만 오면 돼. (격조사와 결합)
마음에 들지는 않아. (보조적 연결어미와 결합)

특히 어떤 보조사는 주로 문장 맨 끝에 오는데, 이런 보조사를 종결보조사라고 한다. '마는, 그려, 그래' 같은 보조사는 '감탄'의 의미를 덧붙이는 보조사인데, 주로 문장 끝에 온다.

그 사람이 갔다마는.
그 사람이 갔네그려.
그 사람이 갔구먼그래.

특이한 보조사 중 하나가 '요'인데, 이 보조사는 주로 상대 높임을 나타내며 다른 어미와 결합해서 새로운 종결어미를 만들거나 문장 내 각 부분에 자유롭게 쓰이는 특징이 있다.

먹어. / 먹어요.

오늘은요, 학교에서요 재미있는 노래를요 배웠어요.

접속조사

접속조사는 두 단어를 같은 자격으로 이어 주는 구실을 하는 조사이다. 접속조사에는 '와/과, 랑, 하고' 등이 있는데, '와/과'는 주로 문어에서 쓰이고, '랑, 하고'는 구어에서 주로 쓰인다.

봄이 되면 개나리(와, 랑, 하고) 진달래가 가장 먼저 핀다.

접속조사 중 '와/과'는 부사격조사 '와/과'와 모양이 같기 때문에 혼동하기도 한다. 다음 문장에서 이 둘의 차이를 알아보자.

배는 사과와 다르다.

나는 배와 사과를 먹었다.

첫 문장의 '와'는 **부사격조사**이고, 두 번째 문장의 '와'는 **접속조사**이다. 부사격조사 '와'는 서술어 '다르다'가 요구하는 성분이 된다. 따라서 이 어절은 서술어와 밀접한 관계를 맺고 있다. 반면에 접속조사는 체언과 체언을 연결해 주는 기능을 하며, 접속조사 '와'는 '배와 사과'를 한 단위로 연결해서 이 단위와 목적격조사의 결합이 문장에서 목적어가 되도록 해 주는 역할을 한다. '배와'의 '와'는 후행하는 명사와 연결하기 위해 이용된 것이다. 이 '와'는 서술어와 직접 관련된 것이 아니다. 부사격조사는 서술어와 관계가 깊고, 접속조사는 뒤에 오는 체언과 관련성이 있다고 정리하면 될 것이다.

조사의 사용 양상

강범모 · 김홍규(2009)의 조사 사용 양상은 다음과 같다. 그 유형을 보면, 격조사 중 종류가 가장 많은 것은 부사격조사이다. 학교 문법의 틀에서는 보격조사는 '이/가'의 두 가지 이형태밖에 존재하지 않는다. 보조사도 종류가 상당히 많다. 주격, 목적격, 관형격조사는 종류는 적지만 상당히 많이 사용되는 조사이며, 특히 관형격조사는 문어의 특성을 드러내 준다. 이 표에서는 서술격조사가 보이지 않는데, 서술격조사를 지정사라는 다른 범주로 본 결과이기 때문이고, 실제로 '이다'의 사용량은 상당히 많다.

조사의 유형과 빈도		
	타입	토큰
주격조사	15	859022
목적격조사	7	1196991
보격조사	2	80221
관형격조사	8	771068
부사격조사	106	1453596
인용격조사	5	26394
호격조사	16	4927
보조사	120	1340197
접속조사	24	213418
계	303	5945834
참고: '이다'		
서술격조사(지정사)	1	638362

조사의 사용 빈도 상위 50위까지의 항목을 나열한 것이 그다음 표이다. 두 조사의 결과는 조금 다르지만 일정한 경향은 공통적이다. 1위는 관형격조사 '의'이지만, 실제로는 목적격조사 '을'/'를'이 한국어에서 가

장 많이 쓰이는 조사라고 보아야 한다. 이 표는 이형태를 별도의 항목으로 보고 작성한 것이기 때문이다. 따라서 '을', '를', 'ㄹ'을 모두 묶어서 하나의 단어 유형으로 인정하여야 한다. 보조사 중에는 '은/는/ㄴ'이 가장 많이 쓰이고 있다.

조사				
순위	강범모 · 김흥규(2009)		조남호(2002)	
	형태	종류	형태	종류
1	의	관형격조사	의	관형격조사
2	을	목적격조사	을	목적격조사
3	에	부사격조사	에	부사격조사
4	이	주격조사	이	주격조사
5	는	보조사	이다	지정사(서술격조사)
6	를	목적격조사	는	보조사
7	은	보조사	를	목적격조사
8	가	주격조사	은	보조사
9	도	보조사	가	주격조사
10	으로	부사격조사	도	보조사
11	에서	부사격조사	으로	부사격조사
12	로	부사격조사	에서	부사격조사
13	과	접속조사	로	부사격조사
14	와	접속조사	과	접속조사
15	만	보조사	고	인용격조사
16	에게	부사격조사	와	접속조사
17	이	보격조사	만	보조사
18	과	부사격조사	이	보격조사
19	까지	보조사	에게	부사격조사
20	ㄴ	보조사	과	부사격조사
21	와	부사격조사	까지	보조사
22	처럼	부사격조사	ㄴ	보조사
23	가	보격조사	요	보조사
24	보다	부사격조사	와	부사격조사

25	부터	보조사	부터	보조사
26	이나	접속조사	가	보격조사
27	나	접속조사	보다	부사격조사
28	ㄹ	목적격조사	처럼	부사격조사
29	고	인용격조사	이나	접속조사
30	서	부사격조사	나	접속조사
31	나	보조사	ㄹ	목적격조사
32	로서	부사격조사	서	부사격조사
33	밖에	보조사	나	보조사
34	이나	보조사	로서	부사격조사
35	으로써	부사격조사	이나	보조사
36	마다	보조사	밖에	보조사
37	으로서	부사격조사	으로써	부사격조사
38	로부터	부사격조사	라	인용격조사
39	뿐	보조사	한테	부사격조사
40	라고	인용격조사	마다	보조사
41	요	보조사	으로서	부사격조사
42	야	보조사	이라	인용격조사
43	이라고	인용격조사	로부터	부사격조사
44	대로	보조사	뿐	보조사
45	이란	보조사	라고	인용격조사
46	한테	부사격조사	라도	보조사
47	으로부터	부사격조사	께서	주격조사
48	조차	보조사	대로	보조사
49	에다	부사격조사	이라고	인용격조사
50	같이	부사격조사	이란	보조사

어 미

어미의 개념

어미는 용언 어간에 붙어서 나타나는 요소로, 다양한 문법적 기능을 수행하는 의존형태소 부류이다. 어미는 조사와 함께 한국어의 교착성을 잘 드러내는 범주이다. 그러나 학교 문법에서는 조사는 단어로 인정하고, 어미는 단어로 인정하지 않는 절충적 체계를 선택하고 있으므로 조사와 어미는 비대칭적 지위를 갖는다고 할 수 있다. 어미는 용언 내부에서 찾을 수 있다. 용언은 어간과 어미라는 두 부분으로 나눌 수 있고, 어미는 어간 뒤에 오는 문법형태소이다. 용언은 어간과 어미가 결합되어야 자립성을 갖는다. 이 말은 용언의 어간만으로는 말을 만들 수 없고, 역시 어미만으로도 말을 만들 수 없다는 뜻이다.

(하늘이) 맑다.
(하늘이) 맑지?
(하늘이) 맑은 날

'맑다'는 형용사이다. 그런데 이 단어 안에는 두 개의 형태소 '맑-'과 '-다'가 있다. '맑-'만으로는 말이 되지 않는다. '-다'도 마찬가지이다. 이 두 형태소가 항상 같이 있어야 말이 되는 것이다. 이것이 자립성을 획득하는 과정이다. '맑-'은 어간이고, '-다'는 어미이다. '맑지'는 어간 '맑-'에 어미 '-지'가 결합한 것이다. '맑은'은 어간 '맑-'에 어미 '-은'이 결합한 것이다. 이렇게 어간에 다양한 어미가 교체되면서 결합하는 것을 **활용**이라고 한다. 활용할 때 변하지 않는 부분을 어간이라고 하고, 변화하는 부분을 어미라고 한다.

어미의 종류

어미는 한국어에서 매우 중요한 기능을 담당하는 요소이다. 어미는 종류가 다양한데, 위치에 따라 **선어말어미**와 **어말어미**로 나눌 수 있고, 어말어미는 다시 문법적 특성에 따라 **종결어미**, **연결어미**, **전성어미**라는 세 가지 종류로 구분된다. 우선 나타나는 자리에 따라 선어말어미와 어말어미가 있다. 어말어미는 단어의 끝 부분, 즉 어말 위치에 나타나므로 이렇게 부른다. 활용 어미 중에서 가장 마지막에 오는 요소인 것이다. 선어말어미는 어말어미의 앞에 나타나는 어미이다. '선'은 '앞'이라는 뜻이므로 '어말어미의 앞에 오는 어미'로 해석되는 것이다. 용언에서 어말어미는 필수적이다. 어말어미가 없으면 문장에서 이용하지 못한다. 그러나 선어말어미는 나타나지 않을 수도 있다.

선어말어미

선어말어미는 어말어미 앞에 놓이는 어미로, 어간과 어말어미 사이에 출현한다. 선어말어미는 높임법, 시제, 서법 등의 문법 기능을 표시하며, 하나도 없을 수도 있지만 몇 개가 겹쳐 나올 수도 있다.

할아버지께서는 벌써 가셨겠(-시-+-었-+-겠-)어요.

이 문장의 서술어는 동사 '가다'가 활용한 것이다. '-어요'는 '-어'에 종결보조사 '요'가 결합하여 만들어진 어말어미인데, 문장을 끝내는 기능을 하므로 종결어미가 된다. 동사의 어간 '가-'와 이 어말어미 사이에 있는 '셨겠'은 선어말어미 몇 개가 모인 결합체이다. 이 안에는 높임을 표시하는 '-시-', 시제를 표시하는 '-었-', 추정의 의미를 나타내는 '-겠-'이 들어 있다. 이들이 모두 선어말어미가 된다. 이 순서는 정해져 있어서 바꿀 수 없다. '가시었겠다'는 가능하지만, '*가었겠시다', '*가시겠었다' 등은 불가능하다.

선어말어미를 분리적 선어말어미와 교착적 선어말어미로 나누기도 한다. 대개 선어말어미는 뒤에 오는 어말어미가 어떤 종류이든지 상관없이 붙을 수 있는데, 이렇게 분포가 넓고 결합 제약이 별로 없는 것을 분리적 선어말어미라고 한다. 주체 높임 선어말어미 '-시-', 시제 선어말어미 '-는-, -었-, -겠-, -었었-', 공손 선어말어미 '-옵-' 등이 여기에 속한다.

어떤 선어말어미는 분포가 좁고 결합 가능한 어말어미가 제한되는 것이 있다. 이것을 교착적 선어말어미라고 한다. 예를 들어, '가십니다'에는 어간 '가-' 뒤에 어미 '-습니다'가 결합했는데, 이 어미를 최대한 자세히 형태소별로 분석하면 '-습-', '-니-'와 '-다'로 나눌 수 있다. '-다'는 문장을 끝내는 평서형 종결어미이고, '-습-'은 상대 높임을 나타내는 선어말어미, '-니-'는 직설법을 나타내는 선어말어미라고 할 수 있다. 이 선어말어미들은 어말어미 '-다, -까'와만 결합하므로 분포가 매우 제한적이라고 할 수 있다. 이런 교착적 선어말어미는 따로 분리하지 않고 뒤에 오는 어말어미와 합쳐서 하나의 어말어미로 보는 것이 보통이다. 사전을 검색하면 '-습니다'나 '-습니까'는 어말어미로 등재되어 있다.

어말어미

어말어미는 단어의 끝에 오는 어미이다. 어말어미는 용언을 끝맺는 위치에 놓이고 그 자체만으로도 어간과 결합하여 단어를 완성할 수 있다. 어말어미는 그 기능에 따라 종결어미, 연결어미, 전성어미의 세 가지로 나눌 수 있는데, 문장을 종결시키는지의 여부에 따라 종결어미와 비종결어미로 나누고 다시 비종결어미를 연결어미와 전성어미로 나누는 방식을 이용하기도 한다.

종결어미

종결어미는 용언을 서술어로 만들어 문장의 끝에 배치하는 어미이다. 문장을 끝내는 어미이므로 종결어미라고 하고, 문장의 맨 끝에 오는 어미이므로 문말어미라고 부르기도 한다. 종결어미는 문장의 종결 유형에 따라 다시 여러 가지로 나눌 수 있는데, 학교 문법에서는 다섯 가지로 구별한다.

> 아이가 뛴다(뛰-+-ㄴ다).
> 아이가 뛰니?
> 아이가 뛰는구나!
> 아이야, 뛰어라!
> 아이야, 같이 뛰자!

각 문장에 각각 평서형, 의문형, 감탄형, 명령형, 청유형이라는 이름을 붙인다. 그리고 이 문장에는 문장의 종류를 결정하는 특정한 종결어미가 나타난다. 즉, 한국어에서는 문장의 종류를 결정하는 것은 종결어미이다. 위 예에서 보듯 평서형 종결어미인 '-ㄴ다', 의문형 종결어미 '-니', 감탄형 종결어미 '-(는)구나', 명령형 종결어미 '-어라', 청유형 종결어미

'-자' 등이 그 대표적인 예가 된다. 종결어미는 종결의 유형뿐만 아니라 상대 높임법을 표시하는 기능도 있으므로 상대 높임법의 등급에 따라 여러 가지로 실현된다. 간혹 '-는데'처럼 종결어미와 연결어미의 모양이 같은 경우도 있으니 주의해야 한다.

연결어미

연결어미는 어간에 붙어서 다음 말에 연결하는 기능을 하는 어미이다. 문장과 문장 또는 용언과 용언을 연결하는 것이 연결어미의 주된 기능이다. 주로 두 문장의 접속에 이용되므로 접속어미라고 부르는 경우도 있다. 학교 문법에서는 연결어미를 대등적 연결어미, 종속적 연결어미, 보조적 연결어미의 세 가지로 나누고 있다.

대등적 연결어미는 '-고, -지만, -든지, -거나, -(으)며, -(으)면서, -(으)나'처럼 문장과 문장을 대등한 관계로 이어 주는 어미이고, 종속적 연결어미는 문장의 선행절을 후행절에 종속적인 의미 관계로 이어 주는 어미이다. 보조적 연결어미는 '-아, -게, -지, -고'처럼 본용언과 보조 용언을 연결해 주는 어미를 말한다.

연결어미는 의미에 따라 분류할 수도 있는데, 나열을 나타내는 어미로는 '-고, -(으)며, -(으)면서' 등이 있고, 동시의 의미가 있는 '-(으)면서, -(으)며, -자, -자마자'나 순서의 의미가 있는 '-고, -아서/-어서', 전환을 나타내는 '-다가, -다' 등은 시간과 관련된 연결어미라고 할 수 있다. '-(으)나, -지만' 등은 대조를, '-아서/-어서, -(으)니, -(으)니까, -(으)므로' 등은 이유나 원인을 나타내며, '-(으)면, -(으)려면, -아야/-어야' 등은 조건을, '-(으)러, -(으)려고, -도록, -게'는 목적을, '-거나, -든지'는 선택을, '-아도/-어도, -(으)ㄹ지라도, -더라도'는 양보를 나타내는 등 연결어미는 매우 다양한 의미를 실현한다.

연결어미의 의미적 분류

연결어미의 종류는 대등적 연결어미와 종속적 연결어미, 보조적 연결어미로 나눌 수 있다. 보조적 연결어미는 본용언과 보조용언을 연결하는 것으로, 본용언의 활용형에 나타난다는 뚜렷한 문법적 특성이 있다. 그러나 대등적 연결어미와 종속적 연결어미를 문법적 특성으로 구별하기는 쉽지 않다. 제12장에서 자세히 살펴보겠지만 대등적 연결어미로 이루어진 대등 접속문은 선행절과 후행절의 교환이 가능하다는 통사적 특성이 있지만, 이것보다는 주로 나열, 선택, 대립 · 대조의 의미가 있으면 대등 접속이라고 보는 것이 더 널리 쓰이는 기준이다. 의미 범주에 따라 어미를 분류하는 방법은 많은 문법 연구에서 소개하고 있다. 여기서는 국립국어원(2005)의 분류를 소개하기로 한다.

의미 범주		연결어미
나열		–고, –(으)며
시간	동시	–(으)면서, –(으)며, –자, –자마자
	순서	–고, –아서/–어서
	전환	–다가
대립 · 대조		–(으)나, –지만, –는데/–(으)ㄴ데, –아도/–어도
이유 · 원인		–아서/–어서, –(으)니, –(으)니까, –(으)므로
조건		–(으)면, –(으)려면, –아야/–어야
목적		–(으)러, –(으)려고, –게, –도록
인정		–아도/어도, –(으)ㄹ지라도, –더라도
선택		–거나, –든지
방법 · 수단		–아서/–어서, –고
배경		–는데/–(으)ㄴ데, –(으)니

전성어미

전성어미는 용언이 문장 안에서 마치 명사, 관형사, 부사처럼 쓰일 수 있도록 해 주는 어미이다. 전성어미가 붙은 활용형은 문장 안에서 다른 품사의 기능으로 쓰이는데, 그 기능을 갖는 품사의 이름을 따서 명사형 어미, 관형사형 어미, 부사형 어미 등으로 나뉜다.

명사형 전성어미는 용언을 명사처럼 쓸 수 있게 해 주는 어미이다. 대표적인 것이 '-(으)ㅁ, -기' 두 가지이다. '먹기가 싫어.' 같은 문장에서 '먹기'는 품사로 보면 명사가 아니라 동사이지만, 동사 어간에 명사형 전성어미 '-기'가 붙어서 마치 명사와 같은 문법적 자격을 갖게 된 것이다. 명사형 전성어미가 나타난 동사 단어는 마치 명사처럼 그 뒤에 조사가 올 수 있게 된다. '먹기가, 먹기를, 먹기에' 같은 어절을 만들 수 있는 것이다.

관형사형 전성어미는 용언을 체언을 수식하는 관형사처럼 사용하도록 만들어 주는 어미이다. 관형사형 전성어미에는 '-(으)ㄴ, -는, -(으)ㄹ, -던' 등이 있다. '예쁜 꽃'은 형용사가 명사를 수식하고 있는 구성인데, 형용사 어간 '예쁘-'에 관형사형 전성어미 '-ㄴ'이 붙어서 형용사가 관형사처럼 쓰일 수 있게 된 것이다.

부사형 전성어미는 용언을 부사처럼 쓸 수 있도록 만들어 주는 어미이다. 부사형 전성어미에는 '-이, -게, -도록, -(아)서' 등이 있다. '꽃이 아름답게 피었다.'에서 '아름답게'는 형용사 어간 '아름답-'에 부사형 전성어미 '-게'가 붙어서 뒤에 오는 동사를 수식한 것이다. 학교 문법에서 부사형 전성어미를 언급하고는 있지만 사실 이 어미들은 보통 종속적 연결어미로 처리되고 있다. 만약 종속 접속을 인정하면 이 어미는 종속적 연결어미로 보는 것이 적절하고, 종속 접속을 인정하지 않고 이들을 모두 부사절에 포함시킨다면 부사형 전성어미로 보아야 한다.

어미의 사용 양상

강범모 · 김홍규(2009)가 제시한 어미 사용 양상은 다음과 같다. 이 분석에서는 어미의 결합형들을 모두 따로 처리하고 있기 때문에 어미 유형

어미의 유형과 빈도		
종류	타입	토큰
연결어미	1797	2452881
종결어미	2077	1155333
선어말어미	33	794700
관형사형전성어미	155	1931524
명사형전성어미	13	184166
계	4075	6518604

의 수가 상당히 많이 나타난다. 연결어미와 관형사형 전성어미가 가장 자주 사용되는 어미 부류라는 것을 알 수 있다.

어미를 상위 빈도 50위까지 제시하면 다음 표와 같다. 두 조사의 결과가 조금 다른데, 관형사형 전성어미 '-ㄴ'과 종결어미 '-다'가 가장 많이 쓰이는 어미이다. 다만 관형사형 전성어미는 여러 이형태 중 하나로, 실제로 가장 많이 쓰이는 것은 종결어미 '-다'이다. 이것은 주로 문어 텍스트에서 추출한 것이므로 당연한 것으로 보인다. 선어말어미 중에서는 과거 시제 선어말어미가 가장 많이 쓰인 것을 알 수 있다.

어미				
순위	강범모 · 김흥규(2009)		조남호(2002)	
	형태	종류	형태	종류
1	ㄴ	관형사형 전성어미	다	종결어미
2	다	종결어미	ㄴ	관형사형 전성어미
3	는	관형사형 전성어미	는	관형사형 전성어미
4	고	연결어미	고	연결어미
5	었	선어말어미	었	선어말어미
6	았	선어말어미	았	선어말어미
7	어	연결어미	아	연결어미
8	아	연결어미	어	연결어미

9	ㄹ	관형사형 전성어미	ㄹ	관형사형 전성어미
10	게	연결어미	ㄴ다	종결어미
11	지	연결어미	게	연결어미
12	은	관형사형 전성어미	은	관형사형 전성어미
13	ㄴ다	종결어미	기	명사형 전성어미
14	기	명사형 전성어미	지	연결어미
15	던	관형사형 전성어미	라	종결어미
16	면	연결어미	면	연결어미
17	아서	연결어미	아서	연결어미
18	을	관형사형 전성어미	던	관형사형 전성어미
19	며	연결어미	을	관형사형 전성어미
20	다는	관형사형 전성어미	며	연결어미
21	지만	연결어미	습니다	종결어미
22	다	연결어미	겠	선어말어미
23	라는	관형사형 전성어미	면서	연결어미
24	면서	연결어미	어서	연결어미
25	다고	연결어미	지만	연결어미
26	어서	연결어미	는데	연결어미
27	겠	선어말어미	ㅂ니다	종결어미
28	ㅁ	명사형 전성어미	시	선어말어미
29	라고	연결어미	아야	연결어미
30	는데	연결어미	ㅁ	명사형 전성어미
31	라	연결어미	어야	연결어미
32	아야	연결어미	어요	종결어미
33	습니다	종결어미	ㄴ가	종결어미
34	어야	연결어미	아	종결어미
35	시	선어말어미	어	종결어미
36	ㅂ니다	종결어미	으며	연결어미
37	ㄴ다는	관형사형 전성어미	는다	종결어미
38	으며	연결어미	자	종결어미
39	자	연결어미	라	연결어미
40	어요	종결어미	다가	연결어미
41	니	연결어미	야	종결어미

42	다가	연결어미	으면	연결어미
43	도록	연결어미	아요	종결어미
44	으면	연결어미	지	종결어미
45	어	종결어미	도록	연결어미
46	ㄴ가	연결어미	ㄹ까	종결어미
47	아도	연결어미	거나	연결어미
48	거나	연결어미	니	연결어미
49	는다	종결어미	다	연결어미
50	는지	연결어미	아도	연결어미

1. 조사와 어미 체계를 도표로 정리해 보시오.
2. 문장에서 조사를 모두 찾고 격조사, 보조사, 접속조사로 하위분류해 보시오.
3. 보조사 '은/는'의 두 가지 기능을 설명하고 실제 사용 양상을 찾아보시오.
4. '이다'가 서술격조사인 이유를 설명해 보시오.
5. 접속조사와 부사격조사를 구별하는 방법을 생각해 보시오.
6. 종속적 연결어미와 부사형 전성어미의 관계에 대해 설명해 보시오.
7. '먹는다'와 '먹었다'라는 두 활용형에 들어 있는 어미를 분석해 보고, 어떤 차이가 나타나는지 분석의 기준을 설명해 보시오.
8. 연결어미를 의미에 따라 분류해 보시오.
9. 연결어미와 종결어미의 모양이 동일한 예를 더 찾아 보시오.

제10장
문장과 발화

문법 단위에는 형태소, 단어, 어절, 구, 절, 문장 등이 있다. 이 중 가장 큰 것은 문장이다. 사실 다른 문법 단위들은 문장을 분석해서 찾을 수 있는 것들이다. 문장은 화자가 자신의 생각을 완전하게 나타내는 단위이므로 의사소통 과정에서는 문장 단위가 기본적인 소통 단위가 될 수 있을 것이다. 물론 문장보다 더 상위 체계인 텍스트나 담화를 설정할 수도 있지만 이 단위는 통사론의 범위를 넘어선다. 문장을 연구하는 학문을 통사론이라고 하는데, 구문론, 문장론, 통어론, 문법론 등 여러 가지 다른 명칭이 있다. 한편, 구어에서는 문장에 해당하는 발화 단위를 분석의 영역으로 설정하기도 한다. 이 장에서는 통사론의 범위인 문장과 발화에 대해 정리하기로 한다.

문장의 요건

문장의 정의

학교 문법에서는 문장을 '우리의 생각이나 감정을 완결된 내용으로 표현하는 최소의 언어 형식'으로 규정하고 있다. 문장은 몇 가지 필수적인 요소로 구성되어 있는데, 주어와 서술어 등의 요소를 갖추어야 하는 것이 대표적인 원칙이다. 그러나 다음과 같은 표현도 문장이 될 수 있다.

"불이야!"

"어디?"

학교 문법에서는 의미상으로는 완결된 내용을 갖추고, 형식상으로는 문장이 끝났음을 나타내는 표지가 있는 것을 문장이라고 한다. 일반적으로는 주어와 서술어의 관계 성립 여부가 문장의 요건이 된다고 보는 것이 기본이겠지만, 앞 예와 같이 주술 관계가 드러나지 않는 비전형적 문장도 문장의 범위에 포함시킬 수 있다. 따라서 문장을 판별하는 대표적인 기준은 주어와 서술어의 관계가 나타나는지를 확인하는 것이겠지만, 주어나 서술어가 나타나지 않는 문장도 많이 쓰이므로 더 명확한 기준이 필요하다. 한국어에서는 종결어미의 실현이 문장을 판단하는 중요한 기준이 된다.

문장을 구성하는 문법 단위

문장은 그것보다 더 작은 문법 단위가 모여 구성된다. 형태소나 단어가 문장의 하위 요소가 된다고 하는 것보다는 문장 안에서 갖는 기능이 배정될 수 있는 단위를 찾으면 문장의 구조를 더 분명하게 파악할 수 있다. 한국어에서는 어휘형태소와 문법형태소가 결합한 어절을 문장의 기본 단위로 인정하는 것이 일반적이다. 문장 구성에 직접 관여하는 문법 단위의 특성을 정리해 보자.

어 절

어절(語節, syntagma)은 문장을 구성하는 기본 문법 단위이다. 조사나 어미와 같이 문법적인 기능을 하는 요소들이 그 앞말에 붙어 하나의 어절을 이룬다. 어절은 대치와 결합의 기본 단위이지만 보통 띄어쓰기 단위와 일치하므로 띄어쓰기 단위로 오해하는 경우도 있다. 띄어쓰기는 단어 단위로 이루어지며, 조사만 앞말에 붙여 쓰도록 규정되어 있는 것이다. 그런데 음성 언어에는 띄어쓰기라는 것이 실현되지 않지만, 여기에서도 어절에 해당하는 단위는 분명히 찾을 수 있다. 띄어쓰기가 띄어 말하기와 일치하지 않는다는 것은 쉽게 알 수 있다. 띄어쓰기대로 글을 읽어 보면 매우 어색하게 들릴 것이다. 또 한 가지 예는 역사 자료이다. 20세기 이전의 옛 문헌 자료를 보면 띄어쓰기가 없는 문자 언어 형식도 찾아볼 수 있다. 따라서 어절은 한국어의 교착성을 드러내는 문법 단위로, 다만 표기에서는 띄어쓰기 형식으로 드러난다고 하겠다.

저 / 아이가 / 아주 / 예쁘다.

이 문장은 네 개의 어절로 구성되어 있는데, 차례로 관형어, 주어, 부사어, 서술어의 기능을 갖는다. 물론 계층 구조를 고려하면 구조는 더 복잡해지겠지만 표면적인 연쇄에서도 각각의 어절에 배정된 역할을 찾을 수 있다.

구

구(句, phrase)는 하나 이상의 단어가 모여 단어 하나와 동등한 기능을 하는 문법 단위이다. 단어 하나도 생략 여부 등을 고려하면 구로 처리할 수 있지만, 대개는 두 개 이상의 단어가 모여서 이룬 한 덩어리의 문법 단위를 구라고 부를 수 있다. 이 경우 항상 그런 것은 아니지만 자연스럽게 중심 단어와 주변적인 단어가 정해진다. 중심 단어를 중심어 또는 핵(head)이라고 한다. 구는 그 내부에 주어와 서술어의 관계를 가지지 못한다.

저 아이(가) / 아주 예쁘다.

앞 문장에서 '저 아이'는 명사구이다. 이 경우 '아이'가 중심어가 된다. 그리고 주격조사 '가'가 이 명사구에 붙어서 '저 아이가' 전체가 하나의 주어부를 형성한 것이다. '아주 예쁘다'는 형용사구 또는 용언구라고 할 수 있다. 한국어의 기본 어순은 수식을 받는 말이 수식을 하는 말의 뒤에 나오는 것이다. 따라서 명사구 등의 체언구에서는 중심 명사가 뒤에 오고, 용언구에서는 동사나 형용사가 뒤에 나타날 것이다.

절

절(節, clause)은 작은 단위가 모여서 더 큰 단위를 이룬다는 점에서는 구와 비슷하지만, 그 내부에 **주어와 서술어의 관계**를 가진다는 점에서 구와 다르다. 절은 더 큰 문장 속에 들어 있으며 문장에 근접한 문법 단위를 말한다.

> 누나는 저 아이가 예쁘다고 하네.

'저 아이가 예쁘다고'에는 주어에 해당하는 부분인 '저 아이가'와 서술어에 해당하는 부분인 '예쁘다고'가 있으나, 문장으로 완결되지 못하고 전체 문장의 부분 요소로 기능하고 있으므로 문장과 구별하여 절이라고 부른다. 이 예에 나타난 절은 학교 문법에 따르면 인용절이다.

문장성분의 종류

문장은 몇 개의 기능적 요소로 이루어진다. 이렇게 문장 안에서 문장을 구성하면서 일정한 문법적인 기능을 하는 각 부분을 **문장성분**이라고 한다. 학교 문법에서 규정한 문장성분은 서술어, 주어, 목적어, 보어, 관형어, 부사어, 독립어의 일곱 가지인데, 다음과 같이 세 부류로 묶을 수 있다. 문장성분에 대해서는 제11장에서 자세히 다룰 것이다.

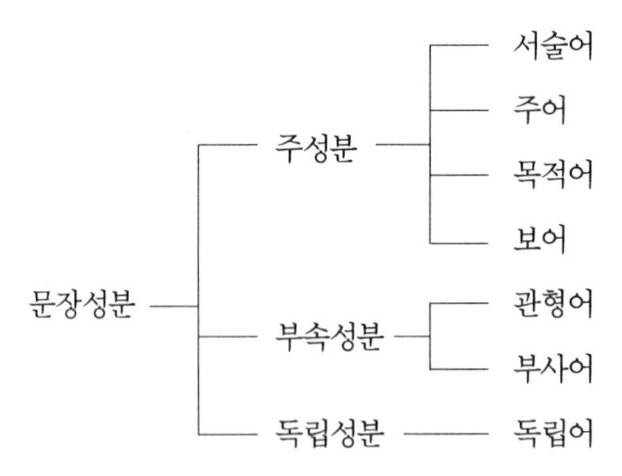

주성분

주성분은 문장을 이루는 데 골격이 되는 부분으로 문장을 이루는 필수 성분이다. 서술어, 주어, 목적어, 보어의 네 가지가 있다.

부속성분

주로 주성분의 내용을 수식하는 성분이다. 관형어, 부사어 두 가지가 있다.

독립성분

문장에서 다른 성분과 직접적인 관련이 없는 성분이다. 독립어 한 가지이다.

문 형

문장성분은 문장의 구조를 파악하는 데 중요한 정보가 된다. 그런데 어떤 문장에 포함된 성분은 대개 서술어에 의해서 결정되고, 서술어에 오는 말의 종류에 따라 문장도 일정한 패턴을 보인다. 문장의 구조는 기본적으로 주어와 서술어, 그리고 필수적인 보충 성분으로 이루어진다. 주어와 서술어의 관계가 한 번만 나타나는 단문은 서술어나 문장성분의 종류에 따라 몇 개의 유형으로 분류할 수 있다. 문장의 구조를 형식화해서 유형화한 것을 **문형**이라고 한다.

학교 문법에서는 별도의 문형을 설정하고 있지는 않다. 그러나 서술어에 따라 다음과 같이 문장의 유형을 잠정적으로 설정해 볼 수 있다.

무엇이 (무엇을) 어찌한다. (동사가 서술어로 쓰인 문장)
무엇이 어떠하다. (형용사가 서술어로 쓰인 문장)
무엇이 무엇이다. (체언과 서술격조사 '이다'가 결합하여 서술어로 쓰인 문장)

동사가 서술어로 쓰인 문장은 동사의 종류에 따라 특정 구조를 갖게 된다. 자동사가 서술어로 쓰이면 자동사문, 타동사가 서술어로 쓰이면 타동사문이 될 것이다. 타동사문에는 목적어가 반드시 나타난다. 형용사가 서술어로 쓰이면 주어 이외의 다른 성분은 추가로 나타나지 않는다. 체언과 서술격조사가 결합한 것을 **체언서술어**라고 부르기도 한다.

그 문장에 꼭 필요한 성분이 모두 실현된 가장 기본적인 문장을 **기본 문형**이라고 한다. 기본 문형은 여러 가지 기준에 의해 정해질 수 있으나, 서술어와 서술어가 필요로 하는 필수 성분에 따라 정하는 것이 일반적이다. 한국어의 기본 문형은 다음과 같다.

(1) 주어 서술어

(2) 주어 부사어 서술어

(3) 주어 목적어 서술어

(4) 주어 보어 서술어

(5) 주어 목적어 부사어 서술어

우선 주어와 서술어로 이루어지는 문형이 있다. 서술어의 종류에 따라 자동사문, 형용사문, 체언서술어문으로 구별할 수 있다.

자동사문: 강아지가 짖는다.

형용사문: 꽃이 예쁘다.

체언서술어문: 철수가 학생이다.

두 번째 문형부터는 주어와 서술어 외의 필수 성분이 더 필요한 문형이다. 우선 필수적 부사어가 오는 문장이 있다.

철수가 엄마와 닮았다.

필수적 부사어는 문장에서 반드시 실현되어야 할 부사어이다. 용어의 의미만 따져 본다면 주어, 목적어, 서술어가 아니면서 문장에서 꼭 보충되어야 하는 성분을 보어라고 부르고 있으므로, 이 필수 성분을 보어라고 부를 수도 있다. 그러나 학교 문법에서는 보어를 형식 중심으로 아주 좁게 설정하고 있다. 만약 위 문장에서 필수적 부사어, 즉 꼭 나타나야 하는 성분을 부사어가 아닌 보어라고 간주해 버린다면 이것은 학교 문법의 범위를 벗어나서 보어의 개념을 더 크게 확장하여 사용한 결과가 된다. 따라서 이 문제는 쉽게 결론 내릴 수 있는 것은 아니다.

그리고 타동사가 서술어로 쓰이는 문형으로, 목적어가 반드시 오는 문장이 있다. 바로 타동사문이다.

타동사문: 철수가 밥을 먹는다.

네 번째로 목적어 외의 필수 성분인 보어가 필요한 문형이 있다.

물이 얼음이 된다.

학교 문법에서는 '되다, 아니다' 두 용언이 서술어로 쓰일 때만 보어가 필요하다고 본다. 따라서 서술어가 동사 '되다', 형용사 '아니다'일 때만 이 문형이 나타난다.

마지막 문형은 목적어는 물론 필수적 부사어 하나가 더 필요한 문형이다.

나는 선물을 동생에게 주었다.
나는 그를 학생이라고 생각한다.

이 두 문장에서 밑줄 친 앞 어절은 목적어, 뒤에 온 어절은 필수적 부사어이다. 둘 중 하나를 생략하면 이 문장의 의미는 문맥이 제공되지 않으면 완벽하게 알 수 없다. 생략된 부분이 문장 자체의 구조만 놓고 보면 반드시 필요한 부분이기 때문이다.

문장의 종류

현재 학교 문법에서는 다음과 같은 문장의 종류를 인정하고 있다.

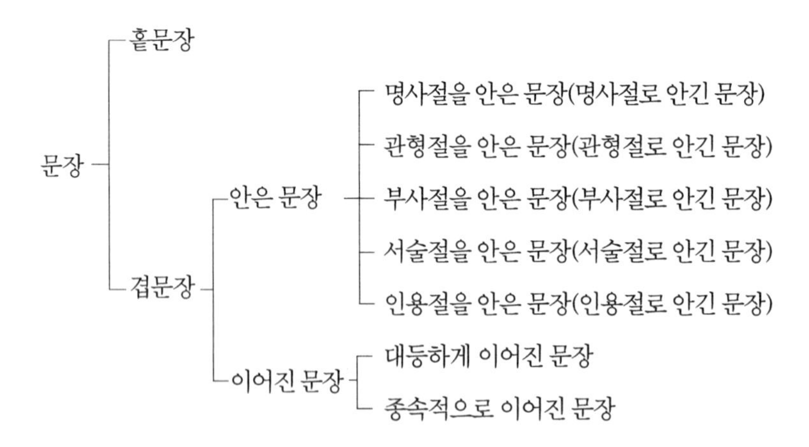

최근에는 종속적으로 이어진 문장을 부사절을 안은 문장으로 처리하는 방안도 점점 더 널리 수용되고 있다. 문장의 확대 방법을 다룬 제12장에서 더 자세히 알아볼 것이다. 학교 문법의 용어보다는 다음과 같은 용어가 더 보편적이다.

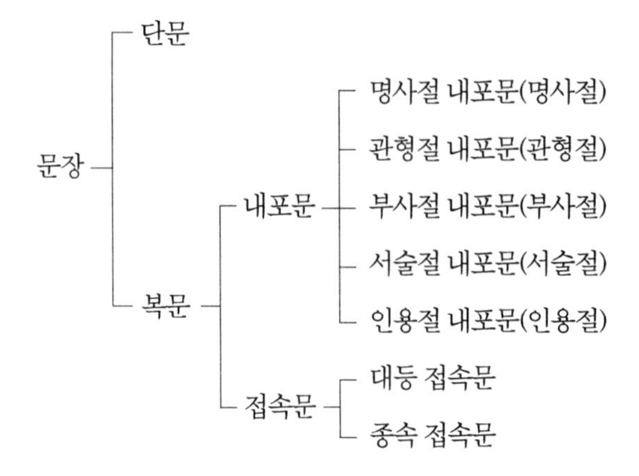

한국어 문장의 구조적 특성

어 순

문장은 여러 성분이 모여서 이루어진 결합체이므로 그 내부에 구조를 가지게 된다. 문장의 구조는 어순과 계층 구조로 알 수 있는데, 문장성분의 상대적 실현 순서가 바로 어순이다. 한국어에서는 주어가 문장에서 가장 먼저 실현되고, 목적어나 보어 등의 필수 성분이 그다음에 오며, 서술어가 문장의 맨 마지막에 온다. 이런 순서를 가진 언어를 주어(Subject)-목적어(Object)-동사(Verb) 유형, 즉 SOV 유형의 언어라고 한다. 영어는 SVO 유형의 언어가 된다. 'SOV'라는 유형 표현에서 'V'는 동사의 머릿글자인데, 이렇게 서술어 대신 동사라는 용어를 사용한 것은 모든 서술어가 동사에 속하는 언어에서는 용인 가능하지만 한국어와는 잘 맞지 않는 기술 방식이다. 한국어는 서술어 자리에 동사는 물론 형용사, 체언과 조사의 결합형까지 올 수 있으므로 주의할 필요가 있다.

철수가	밥을	먹는다.
(주어)	(목적어)	(서술어)

한국어는 서술어가 맨 마지막에 온다는 제약이 있지만, 나머지 성분의 순서는 상대적으로 자유롭고 또 일정한 조건하에서는 성분의 생략도 잘 일어나는 편이다. 이렇게 주요 성분의 어순이 자유로운 것은 한국어의 중요한 특성이다. 영어에서는 문장에서 특정한 기능을 수행하는 문장성분 자체가 어순에 의해 결정되는 경우가 많다.

Tom likes mary.

Mary likes Tom.

SVO 유형의 언어인 영어의 위 문장에서 주어와 목적어를 결정하는 것은 동사와의 상대적인 위치이다. 즉, 동사보다 앞에 오면 주어가 되고, 동사 뒤에 나오는 요소는 목적어가 되는 것이다. 그러나 한국어에서는 문장성분을 표시하는 중요한 장치가 따로 있다. 바로 격조사이다. 격조사는 문장성분을 표시하는 기능을 갖는데, 주격조사는 주어를 표시하는 장치이고, 목적격조사는 목적어를 표시하는 장치가 된다.

철수가 영이를 좋아해.
영이를 철수가 좋아해.

영이가 철수를 좋아해.
철수를 영이가 좋아해.

앞의 문장 쌍들은 세부적인 말맛, 즉 뉘앙스는 좀 다르지만 전반적으로는 의미가 같다. 어순을 바꾸어도 문장 의미의 변화가 없는 이유는 문장성분을 표시하는 장치가 어순이 아닌 격조사이기 때문이다. 따라서 한국어에서 어순은 중요도가 상대적으로 낮으며, 어순 바꾸기가 쉽게 허용된다. 그렇다고 해서 어순이 아주 완전히 자유로운 것은 아니다. 주어-기타 성분-서술어의 어순은 기본적으로 준수되며, 문장의 주제가 되는 말을 맨 처음에 놓는 등 필요에 따라 일부 변화를 주는 것이다.

한국어에서는 항상 수식어가 피수식어의 앞에 온다. 즉, 수식을 받는 말이 수식하는 말의 뒤에 온다. 핵심적인 말은 뒤에 오고, 이를 한정하는 말이 앞에 오는 구조적 특성을 보이는 것이다. 이 특성은 체언을 수식하는 구성에서 잘 드러난다. 관형어는 체언을 수식하는 말인데, 체언 앞에 온다. 문장의 서술어를 한정하는 구성에서도 이 특성이 보인다. 서술어를 수식하는 부사어는 서술어 앞에 온다. 부사어는 상대적으로 어순이 자유로운 편이기도 하고 서술어 말고도 여러 성분을 수식할 수 있지만 수식을 받는 말 앞에 오는 어순은 유지된다. 어떤 구성에서 중심이 되는 요소를 핵(head)이라고 하는데, 한국어는 이 핵이 주로 수식어 뒤에, 즉 선형적으로 보았을 때에는 오른쪽에 온다. 이런 특성 때문에 한국어를 **핵-끝머리 언어**(head-final language)로 분류하기도 한다. 중심 요소인 핵이 뒤에 온다는 뜻이다.

매우 높이 나는 새

이 구에서는 여러 개의 수식 구조가 보인다. 우선 '매우'는 '높이'를 수식하고, '매우 높이'는 '나는'을 꾸민다. '매우 높이 나는'은 '새'를 한정한다. 이 구의 핵은 명사 '새'가 된다.

계층 구조

어순과 함께 문장의 구조를 이루는 것은 **계층 구조**이다. 계층 구조는 작은 단위가 모여 큰 단위 이룬 **구성** 안에서 발견할 수 있는 구조이다. 구성을 이루고 있는 작은 단위를 **구성요소**라고 하는데, 이 구성요소 사이에는 일정한 결합관계는 물론 친소관계, 즉 단위 사이의 가깝고 먼 정도가 결정되어 있다. 어순과는 달리 계층 구조는 표면적으로 잘 나타나지 않는다. 다음 예를 보자.

예쁜 아이의 인형

이 구성은 '아이가 예쁘다'와 '인형이 예쁘다'의 두 가지 해석이 가능하다. 이렇게 두 가지 이상으로 의미를 해석할 수 있는 가능성을 **중의성**이라고 한다. 중의성은 다음과 같은 계층 구조의 차이 때문에 발생한다.

[[예쁜 아이]의 인형]

[예쁜 [아이의 인형]]

문장의 성분들도 이웃한 성분과의 관계에 따른 계층 구조를 갖는다. 다음 문장에서 주어와 목적어의 관계와 목적어와 서술어의 관계를 생각해 보자.

[[철수가 밥을] 먹는다]

이 표시는 주어와 목적어가 더 가까워서 한 단위로 묶일 수 있다는 뜻이다.

[철수가 [밥을 먹는다]]

이 표시는 목적어와 서술어가 더 가깝고, 한 단위로 묶일 수 있다는 뜻이다. 물론 이쪽이 한국어에서 더 적합한 분석이다. 한국어의 문장성분 중 서술어는 그 앞에 나오는 필수 성분을 결정하는 힘을 갖고 있다. 따라서 목적어와 서술어, 보어와 서술어 등은 한 단위로 묶일 수 있다.

명제와 양태

대개 문장은 주어와 서술어로 구성되어 있다고 할 수 있다. 그러나 다음 문장을 보면 서술어에는 적어도 두 가지 이상의 의미가 포함되어 있다고 보는 것이 타당하다.

> 동생이 과자를 먹었다.
> 동생이 과자를 먹었니?
> 동생이 과자를 먹어 버렸어.

앞의 문장에 나타난 서술어는 '먹었다', '먹었니', '먹어 버렸어' 등이지만, 주어인 동생의 행위는 '동생이 과자를 먹-'이고, 그 뒤에 결합한 어미는 화자의 판단과 관련이 있다고 할 수 있다. 이럴 때 전자를 서술 내용, 후자를 서술 양식이라고 한다. 서술 내용은 명제가 되고, 서술 양식은 화자의 판단, 즉 **양태**를 나타낸다. 문장의 의미를 해석하기 위해서는 서술 내용에 포함된 명제적 의미 외에도 서술 양식에 포함된 양태적 의미를 찾아야 한다.

양태(樣態, modality)

양태는 어떤 대상이나 사건, 상태에 대한 화자의 판단이나 태도를 말한다. 화자의 판단이나 태도라는 것은 의미에 따라 다양한 유형으로 나눌 수 있다. 추측, 확신, 의도, 희망, 판단, 의지 등의 이름은 모두 화자의 판단과 태도의 범주에 속할 수 있다. 양태적 의미는 일정한 문법적 요소로 실현되는데, 대표적인 것은 서법이라고 한다. 그러나 양태와 서법의 관계에 대해서는 다양한 견해가 존재한다.
양태적 의미를 실현하는 방식은 무척 다양하다. '추측'이라는 양태적 의미는 선어말어미 '-겠-'으로 나타낼 수 있다. '비가 오겠다.'라고 하면 그것을 예상하는 화자의 판단을 알 수 있는 것이다. 이런 의미는 '비가 올 것이다.'라고 표현할 수도 있다. 그런데 선어말어미 '-겠-'과 관형사형 전성어미 '-ㄹ'과 의존명사 '것'의 결합 구성은 모두 미래 시제를 표시하는 장치이기도 하다. 한국어에서는 어떤 문법형태소가 다양한 문법 범주와 관계되는 일이 적지 않은 것이다.

국립국어원(2005)에서는 한국어 교육의 관점에서 양태적 의미의 분류를 제시하였는데, 추측, 바람, 판단(새로 인식, 인식 전제, 가능성, 당연함, 정도), 행동 지시(허락, 금지, 당위, 제안), 의도나 의지 표현(의도, 의지, 시도, 완료, 가장, 봉사, 준비), 능력 등이 그것이다. 한눈에도 양태적 의미의 범위가 매우 넓어서 정리가 쉽지 않다는 것을 알 수 있다.

문장 종결법

문장 종결법의 개념

앞서 우리는 문장이란 주어와 서술어의 관계가 나타나며 형식적으로 완결되는 문법 단위라는 사실을 확인했다. 그렇다면 문장에는 어떤 종류가 있을까? 우선 평서문, 의문문 등의 종류를 언급할 수 있을 것이다. 이런 종류를 결정하는 장치가 바로 **문장 종결법**이다. 문장 종결법은 말뜻 그대로 문장을 끝맺는 방법을 말한다. 문장의 종결은 한국어에서는 매우 중요한 **문법 범주**가 된다. 문장에 나타난 화자의 의향을 실현하는 장치가 바로 문장 종결법이기 때문이다. 물론 문장 종결법을 실현하는 장치는 종결어미만은 아니다. 만약 구어에서라면 오히려 더 실제적인 것은 억양이 될 것이다.

학교 문법에서는 문장의 종결 표현을 중요한 문법 요소로 설정하고 있다. 문장의 종결 표현은 **종결어미**에 의해 실현된다. 한국어 화자는 종결어미를 선택해서 자신의 생각이나 느낌을 표현하며, 종결어미에 따라 전체 문장의 의미가 달라지므로 문장 종결 표현은 한국어에서 매우 중요한 문법 범주가 된다. 문장 종결 표현에 따라 평서문, 의문문, 명령문, 청유문, 감탄문의 다섯 가지의 문장 종류가 구분되며, 각각의 문장을 만드는 방법을 평서법, 의문법, 명령법, 청유법, 감탄법이라고 할 수 있다. 약속법과 같은 별도의 종결법을 설정하자는 주장도 있는데, 자세히 알아보기로 하자.

평서문

평서문은 화자가 청자에게 특별히 요구하는 바 없이, 하고 싶은 말을 단순하게 진술하는 문장이다. 평서문을 만드는 방법은 종결어미 '-는다/', '-ㄴ다', '-다'를 붙이는 것이 대표적이다. 구어에서는 '-아/-어'가 주로 쓰인다.

아이가 예쁘다.
아이가 예뻐(예쁘-+-어).

물론 평서문을 형성하는 종결어미는 이것 말고도 상대 높임법에 따라 '-ㅂ니다/-습니다', '-오, -아요/-어요' 등으로 다양하다. 종결어미의 체계는 상대 높임법에서 상세히 다루기로 한다.

의문문

의문문은 화자가 청자에게 질문하여 대답을 요구하는 문장이다. '-니', '-아/-어' 등의 의문형 종결어미로 의문문을 만든다.

아이가 예쁘니?
아이가 예뻐(예쁘-+-어)?

'-아/-어'는 평서형 종결어미이기도 하고, 의문형 종결어미이기도 하다. 음성 언어에서 이 두 가지 문장을 구별하는 방법은 문장의 억양이다. 어미의 모양은 같지만 여기에 실리는 억양에 따라 문장의 종류가 달라지는 것이다. 의문문을 형성하는 종결어미는 이것 외에도 '-ㅂ니까/-습니까', '-아요/-어요, -느냐/-냐' 등 다양하다. 의문문에는 다음과 같은 몇 가지 하위 유형이 있다.

설명 의문문

화자가 청자에게 구체적인 설명을 요구하는 의문문이다. '누가, 언제, 어디서, 무엇을, 어떻게, 왜' 등의 구체적인 정보를 화자가 묻고 청자는 그 정보를 제공한다.

> 질문: 학과사무실이 어디에 있죠?
> 대답: 이 건물 6층에 있어요.

설명 의문문에는 '어디'와 같은 의문사가 포함되는 것이 일반적이다. 그래서 설명 의문문을 의문사 의문문이라고 부르기도 한다.

판정 의문문

화자가 청자에게 단순히 긍정이나 부정의 대답을 요구하는 의문문이다.

> 질문: 내일 시간 있어요?
> 대답: 아니요!

수사 의문문

화자가 청자의 대답을 굳이 요구하지 않고 서술이나 명령의 효과를 내기 위해 사용하는 의문문이다. 반어 의문문이라고도 한다.

썩 그만두지 못하겠니?

이 질문은 대답을 요구하는 것이 아니라, 그 행동을 그만둘 것을 명령하는 것이다.

종결어미의 기능

종결어미는 모양이 같아도 기능에 따라 다른 종결법으로 실현되는 것이 있다. '-아/-어'와 같은 어미는 분절음의 형식으로는 어떤 종결형인지 알 수 없고, 실제 발화에서 문미 억양이 실현되어야 그 뜻을 알 수 있다.

어제 눈이 많이 왔어. (평서문)
어제 눈이 많이 왔어? (의문문)
어서 밥 먹어. (명령문)

어떤 경우에는 다른 문장 종결법의 어미가 쓰였는데도 나타난 형식과는 다른 기능을 수행할 때가 있다. 수사 의문문이 대표적인 예가 되며, 다음과 같은 예가 더 있다.

왜 이렇게 일이 안 되는 거니? (의문문, 감탄의 기능)
자, 좀 조용히 합시다. (청유문, 명령의 기능)
여러분, 세 시간 뒤에 이 장소에서 모입니다. (평서문, 명령의 기능)

이런 표현은 직접적인 것이 아니라 간접적으로 에둘러 말하는 방식으로, 화용론적으로 보면 **간접 화행**을 실현하는 한 가지 방식이라고 할 수 있다.

명령문

명령문은 화자가 청자에게 어떤 행동을 하도록 강하게 요구하는 문장이다. '-아라/-어라'가 대표적이고, '-(으)십시오', '-(으)세요', '-아/-어', '-(으)라' 등도 명령형 종결어미이다.

명령문은 문법적인 여러 제약이 수반된다. 우선 명령문의 주어는 항상 청자가 된다. 따라서 명령문에는 주어가 나타나지 않는 것이 일반적이다. 또한 명령문의 서술어로는 동사만 올 수 있다. 따라서 명령문에 쓰일 수 있는지가 동사와 형용사를 구별하는 기준이 될 수도 있다. 또 명령문은 시간 표현의 선어말어미 '-었-, -더-, -겠-'과 함께 나타나지 않는다.

자, 많이 먹어라.
자, 많이 먹어.

명령문은 다음과 같은 몇 가지 종류가 있다.

직접 명령문

화자가 청자와 얼굴을 서로 맞대고 하는 명령문이다. '-아라/-어라'가 직접 명령문을 실현하는 종결어미이다.

누가 오는지 잘 봐라(보-+-아라).

간접 명령문

주로 문어에서 나타나며, '-(으)라'와 결합하여 실현된다.

저 떠오르는 태양을 보라!

이 어미는 명령문이 간접 인용절로 안길 때 나타나기도 한다. 이 경우에는 종결어미가 모두 '-(으)라'로 바뀐다.

골고루 먹어라.
골고루 먹으라고 했어.

청유문

청유문은 화자가 청자에게 어떤 행동을 함께 하도록 요청하는 문장이다. '-자'가 대표적인 종결어미이다. '-ㅂ시다/-읍시다', '-아요/-어요', '-세' 등 청유문을 만드는 종결어미는 다양하다. 청유문도 명령문과 마찬가지로 문법적 제약을 많이 받는다. 청유문은 그 의미상 주어에 화자와 청자가 함께 포함된다고 할 수 있다. '우리'가 주어에 오는 일이 많은 것은 이 때문이다. 명령문과 마찬가지로 청유문의 서술어는 모두 동사이며, 시간 표현의 선어말어미와 함께 나타나지 않는다.

자, 같이 먹자.
자, 같이 먹어.

감탄문

감탄문은 화자가 청자를 별로 의식하지 않거나 거의 독백하는 상태에서 자기의 느낌을 표현하는 문장이다. 감탄형 종결어미의 대표적인 형태는 '-(는)구나'인데, '-군요', '-네요', '-네', '-아라/-어라' 등도 감탄형 어미이다. 동사의 경우 '-었-, -는-, -겠-, -더-' 등의 선어말어미와도 결합할 수 있고, 형용사의 경우 '-구나'가 단독으로 쓰인다. 체언서술어의 경우 '-구나'나 '-로구나'가 쓰인다. 감탄문은 이것 외에도 매우 다양한 종결어미를 취한다.

벌써 해가 지는구나!
꽃이 참 예쁘구나!
네가 철수로구나!

서 법

한국어의 종결어미는 문장 종결의 기능을 하면서 동시에 문장 내용에 대한 화자의 생각이나 청자에 대해서 화자가 가지는 태도를 나타내는 기능도 갖고 있다. 이렇게 화자의 생각을 표현하는 문법적 범주를 **서법**(敍法, mood)이라고 한다. 특별히 청자에 대해서 실현하는 화자의 의향을 **의향법**이라고 부르기도 한다. 의향법의 예로는 평서법, 감탄법, 약속법, 의문법, 명령법, 청유법 등이 있는데 문장 종결법과 크게 다르지 않은 것처럼 보인다. 문장의 종결어미는 문장을 종결시키는 동시에 청자에 대한 화자의 판단을 반영한다. 상대 높임법이 종결어미로 나타난다는 것에서 알 수 있다. 만약 화자가 청자에 대해서 갖는 태도를 나타내는 문법 장치가 있다면 대개 종결어미에 나타날 것이다.
학교 문법에서도 다섯 가지의 문장 종결법 외에 다른 형태의 문장이 나타날 수 있다고 기술하고 있는데, 위에 있는 약속법이 한 가지 예가 된다. 약속법은 다음과 같은 문장으로 실현되는 범주이다.

오늘은 내가 밥을 살게(사- + -ㄹ게).

위 문장의 종결어미는 '-ㄹ게'인데, 약속을 뜻하는 어미이다. 독립적으로 약속법을 설정하는 경우에는 약속형 종결어미가 될 수 있고, 학교 문법에서는 화자가 자신의 생각을 전달한다는 점에서 평서형 종결어미의 일종으로 파악하고 있다. 문장 종결법 안에 숨어 있기는 하지만, 이 어미의 뜻에는 청자에게 화자가 어떤 것을 보증한다는 태도가 표현되어 있는 것이다.

서법은 문장 종결법과 관련된 종결어미 이외에도 선어말어미로 표시된다. 선어말어미가 표시하는 서법에는 직설법, 회상법, 추측법 등이 있다. 예를 들어, '그 친구가 왔겠다.' 에서는 '-겠-' 이 추측이라는 화자의 심리 태도를 나타낸다는 것이다. 그런데 이런 의미는 **양태**라는 의미적 범주에서 다루는 것이 더 이해하기 쉽다.

발 화

발화의 개념

발화(utterance)는 어떤 상황하에서 문장을 실현한 결과이다. 학교 문법에서는 발화를 생각이 실제로 문장 단위로 실현된 것으로 규정하고 있다. 그런데 더 구체적으로는 발화는 음성 언어, 즉 말소리의 형식으로 실현된 것이라고 보아야 할 것이다. 또한 음성 언어를 산출하려면 화자가 정해져야 하기 때문에 화자의 정보가 들어 있지 않은 문장은 발화라고 할 수 없다. 발화는 화자를 전제로 한 언어 단위인 것이다. 즉, 발화는 화자의 의도가 말소리로 실현된 결과로서의 단위이다.

발화는 구어의 기본적인 분석 단위가 될 수 있다. 발화의 정의가 학문 영역마다 다소 다르지만, 기본적으로는 문장에 대응하는 단위로 이해되기 때문이다. 그러나 발화의 분석에는 문장의 분석에서는 직면하지 않아도 되는 여러 문제가 드러난다.

발화의 분석 방법

발화는 언어병리학 분야에서 기본 단위로 널리 이용되어 왔다. 특히 자발화를 수집하고 분석하는 일은 아동 언어 연구에서는 중요한 자료

수집 방법이다. 자발화란 언어 사용자가 일상 상황에서 산출하는 언어를 지칭하는 것으로 전통적으로 언어병리학 분야나 특수교육 분야에서 널리 사용되어 온 용어이다. 이 용어는 'spontaneous speech'나 'spontaneous utterance'를 번역한 것으로 보이는데, 일정한 상황 하에서 화자가 자연스럽게 산출한 발화를 지칭하는 것이다. 자발화 분석은 표준화된 정적 측정 도구가 제공하지 못하는 각종 언어 지표를 잘 보여 주며, 언어 사용자의 표현 언어를 민감하게 반영하므로 임상적으로도 매우 유용하다고 알려져 있다(정부자, 2013: 40).

자발화 분석을 위해서는 발화를 전사하고 일정한 단위로 구분하는 작업이 필요하다. 발화 구분은 문어에서의 문장 구분보다 더 어려운 작업이다. 문장은 문법적 표지의 실현을 통해 그 경계를 정할 수 있다. 주로 종결어미가 주요 단서가 되는 것이다. 그러나 발화는 종결어미의 실현만으로는 범위를 명확하게 정하기 어렵다. 김영태(2014: 284)에서는 발화의 구분 방법으로 문장이나 그보다 작은 언어적 단위로 이루어진 단위를 기본으로 하되 운율의 변화, 주제의 변화 등이 나타나면 별도의 발화로 나눈다는 몇 가지 원칙을 제시하였다.

이때 발화임을 판정할 수 있는 많은 단서가 있다. 기본적으로는 구어의 발화는 문어의 문장과 비슷한 단위로 볼 수 있을 것이다. 그러나 문어와는 달리 구어에서 발화를 찾는 일이 쉬운 것은 아니다. 이때 발화가 갖는 몇 가지 특성을 활용하여 발화를 구분해 낼 수 있다. 우선 말차례 교대가 나타나는 것이 발화를 구분하는 기준이 될 수 있으며, 억양구 경계 성조, 즉 어떤 발화가 종결될 때 나타나는 특징적인 억양이 발화의 경계가 어디인지를 알려 준다. 또한 휴지, 종결어미, 통사적인 서술어의 위치 등은 그 발화의 완전성을 판단하는 기준이 된다(김수진 외, 2011). 문법 지식을 발화 구분의 여러 원칙에 응용하려는 시도도 필요할 것이다.

과제

1. 한국어와 영어 문장의 차이점을 비교하여 설명해 보시오.

2. 한국어의 문형에 따라 몇 가지 예문을 만들어 보시오.

3. 한국어 문장의 어순은 다른 언어에 비해 상대적으로 자유롭지만, 문장성분의 순서가 바뀌면 안 되는 경우도 있다고 합니다. 그 예를 들어 설명해 보시오.

4. 절과 문장의 차이를 설명해 보시오.

5. 문장의 중심이 서술어인 이유를 설명해 보시오.

6. 수사 의문문과 같이 원래의 문장 종결법과 다른 기능으로 쓰이는 문장의 예를 더 찾아보시오.

7. 구어에서는 문장 종결법이 어떻게 실현되는지 그 특징을 찾아보시오.

제11장

문장의 구조

문장성분

문장 구조 분석

문장은 **통사론**이 대상으로 하는 단위이다. 문장의 형성 원리와 구조를 밝히는 일은 통사론의 중심 목표인 것이다. 문장은 여러 개의 하위 요소가 일정한 원리에 따라 모여서 형성된다. 주어와 서술어와 같이 일정한 기능을 하는 부분을 **문장성분**이라고 한다. 문장성분은 총 7종류가 있는데, 각자 특징적인 실현 방법을 갖고 있다. 체언이 문장성분으로 쓰일 때에는 격조사와 함께 나타나는데, 이 격조사가 문장성분을 알려 주는 정보가 된다. 또한 문장을 구성하는 요소들은 일정한 순서를 지켜서 출현한다. 이 순서는 문장성분의 배열로 나타나는데, 주어-목적어-서술어의 어순은 한국어의 중요한 특성이다. 또 구성요소 사이에는 관련성이 높은 것도 있고 낮은 것도 있다. 어순만으로는 나타나지 않는 **계층 구조**가 존재하는 것이다. 예를 들어, 목적어는 주어보다는 서술어와 더 가까운 구조 안에 있다. 이 구조를 시각적으로 확인하기 위해서는 **수형도**와 같은 방법을 이용할 수 있다. 이 장에서는 문장의 구조를 이해하기 위한 몇 가지 방법을 생각해 보기로 한다.

문장성분

문장성분의 개념

문장은 몇 개의 기능적 요소로 이루어진다. 예를 들어, 문장에서 어떤 부분은 서술어가 되고 어떤 부분은 주어라고 할 수 있는데 이렇게 문장 안에서 문장을 구성하면서 일정한 문법적인 기능을 하는 각각의 부분을 문장성분이라고 한다. 학교 문법에서 규정한 문장성분은 주성분인 서술어, 주어, 목적어, 보어, 부속성분인 관형어, 부사어, 독립성분인 독립어 등 일곱 가지가 있다. 어절, 구, 절 등 다양한 크기의 단위가 문장성분이 될 수 있다.

서술어

서술어는 주어의 동작이나 상태, 성질 등을 풀이하는 기능을 하는 문장성분이다. 서술어는 동사나 형용사로 이루어지는 것이 보통이지만, 체언에 서술격조사 '이다'가 결합되어 이루어지기도 한다. 서술어는 문장에서 가장 중요한 문장성분이다. 서술어의 종류에 따라 문장의 유형이 정해지기 때문이다.

새가 날아간다. (무엇이 어찌한다)
꽃이 예쁘다. (무엇이 어떠하다)
그는 학생입니다. (무엇이 무엇이다)

앞 문장에서 '어떠하다', '어찌하다', '무엇이다'에 해당하는 부분이 서술어이다. '날아간다'는 동사가 서술어가 된 것이고, '예쁘다'는 형용사가 서술어가 된 것이며, '학생이다'는 명사와 '이다'가 결합된 서술어이기 때문에 체언서술어라고 부른다. 각각의 문장을 서술어의 핵심 요소에 따라 동사문, 형용사문, 명사문이라고 부를 수도 있다.

서술어는 문장의 필수 성분을 요구한다. 즉, 서술어로 쓰이는 단어의 특성에 따라 꼭 필요한 문장성분이 정해지는 것이다. 한국어를 서술어 중심 언어라고 부르는 이유가 여기에 있다. 이렇게 서술어가 요구하는 필수

성분을 논항이라고 한다.

서술어의 자릿수

서술어는 그 성격에 따라서 필요로 하는 문장성분의 개수가 다른데, 이를 서술어의 자릿수라고 한다. 다음 문장을 보자.

그 아이가 예쁘다.

이 문장의 서술어는 주어만을 요구한다. 목적어나 보어가 이 문장에 나올 필요는 없다. 이런 경우 이 문장의 서술어를 한 자리 서술어라고 한다.

나는 오늘 영화를 보았다.

이 문장의 서술어는 타동사로, 목적어가 필요하다. 목적어가 빠진 다음 문장은 적절한 문장이 아니다.

?나는 오늘 보았다.

물론 이 문장이 일정한 문맥 내에서 실현되었다면 이해하는 데 어려움이 없을 것이다. 그러나 이 문장 자체로는 분명히 결핍된 부분이 있다. 따라서 이 문장의 서술어는 두 자리 서술어이다.

우정은 보석과 같다.
물이 얼음이 되었다.

앞 문장의 서술어는 목적어를 요구하지는 않지만, 주어 외에 필요한 성분이 있다. '보석과', '얼음이'와 같은 말이 그것이다. 학교 문법에서 전자는 부사어, 후자는 보어로 규정하고 있다. 이 문장의 서술어 역시 두 자리 서술어이다.

자식들이 용돈을 부모에게 드렸다.

이 문장의 서술어는 세 자리 서술어이다. 주어, 목적어, 부사어가 모두 문장에 나타나야 하기 때문이다.

주 어

주어는 문장에서 동작이나 상태, 성질의 주체를 나타낸다. 서술어의 종류에 따라 나눈 문장의 유형에서 '무엇이'에 해당하는 것이 주어이다. 주어는 체언이나 체언 구실을 하는 구나 절에 '이/가', '께서'가 붙는 것으로 알 수 있는데, 주격조사가 생략될 수도 있고 보조사가 붙을 수도 있다.

아이가 잠을 잔다. (명사+주격조사)
너 어디 가니? (대명사)
선생님도 여기로 오실 거야. (명사+보조사)
그 친구가 나를 많이 도와주었지. (명사구+주격조사)
이 일을 문제 없이 잘 해결하기가 쉽지는 않네. (명사절+주격조사)
할머니께서도 그 일을 아셔. (명사+주격조사+보조사)

목적어

주어와 서술어 외의 주성분으로는 목적어와 보어가 있다. 목적어는 서술어의 동작 대상이 되는 문장성분으로, 타동사가 서술어로 쓰일 때는 목적어가 반드시 필요하다. 목적어는 대개 체언에 목적격조사 '을/를'을 붙이는 것이 일반적이나, 생략될 수도 있다. 또한 '을/를'이 생략되는 대신 특정한 의미를 더해 주는 보조사가 붙기도 한다.

나는 과일을 좋아해. (명사+목적격조사)
난 과일 좋아해. (명사)
나는 과일도 좋아해. (명사+보조사)

그러나 다음 문장에서의 목적어는 다소 논란의 대상이 된다.

나는 학교를 갔다.
나는 학교에 갔다.

학교 문법에서는 목적격조사를 취하고 있으면 목적어로 처리하고 있으나, 이 경우에는 이 어절에 목적격조사가 있지만 기능이나 의미상 부사어 또는 보어로 보는 것이 적당하다. 즉, '갔다' 앞의 '학교를'과 '학교에'가 각각 다른 문장성분이 된다고 보는 것은 형식에 치우친 분석이며, 기능을 중심으로 한 분석에서는 두 성분의 공통점을 찾을 수 있다. 다만, 현재의 문법 체계에서는 기능보다는 형식 위주의 분석이 더 일반적이라는 사실을 기억해야 한다.

민서는 선물을 의준이를 주었다.

민서는 선물을 의준이에게 주었다.

앞의 두 문장도 마찬가지이다. '의준이를'은 형식상 목적어이지만 기능상으로는 부사어에 가깝다. 이렇게 기능상으로는 목적어로 보기 힘든 것을 설명하는 방법이 몇 가지 있다. 목적격조사의 쓰임에 보조사적 용법이 있다고 보거나 강조의 보조사 '을/를'이 별도로 있다고 보는 견해도 있다.

보 어

보어는 주성분에 속한다. 학교 문법에서는 '되다', '아니다'와 같은 서술어가 필요로 하는 문장성분으로 주어가 아닌 부분만을 보어로 인정하고 있다. 이 경우 보어는 체언에 보격조사 '이/가'가 붙어서 실현된다.

물이 얼음이 되었다.

학교 문법에서는 다음 문장의 '얼음으로'는 보어로 보지 않고 있다.

물이 얼음으로 되었다.

그러나 위 문장에서 '얼음으로'는 필수적인 성분이다. 즉, 주성분의 특성을 갖고 있다. 기능 위주의 분석에서는 이 문장성분도 보어로 보는 것이 합당하다고 보이지만, 학교 문법에서는 필수적 부사어라는 다소 모순이 있는 개념을 설정하여 처리하고 있다.

관형어

관형어와 부사어는 다른 말을 수식하는 문장성분으로 부속 성분에 속한다. 즉, 문장에서 필수적인 성분이 아니므로 이 성분이 나타나지 않아도 문장의 실현에는 문제가 없다. 관형어는 체언을 수식하는 성분을 말한다. 관형사는 그대로 관형어가 되는 것이 기본이다. 이때 관형어와 관형어의 수식을 받는 피수식 명사는 하나의 단위, 즉 명사구나 명사절이 된다.

아기가 새 옷을 입었다.

체언에 관형격조사 '의'가 결합되어 관형어로 쓰이기도 한다. 때로는 관형격조사 '의'가 없이 '체언+체언'의 구성으로 나타나기도 한다.

나는 가을의 날씨를 좋아한다.
나는 가을 날씨를 좋아한다.

또 용언의 관형사형, 즉 용언의 어간에 관형사형 전성어미 '-(으)ㄴ, -는, -(으)ㄹ, -던' 등이 결합한 형식으로 나타나기도 한다.

나는 화창한 날씨를 좋아한다.

따라서 앞의 문장들에서 '새 옷, 가을의 날씨, 가을 날씨, 화창한 날씨' 등은 모두 명사구라고 할 수 있다. 이때 중심 명사를 꾸미는 말인 '새, 가을의, 가을, 화창한' 등은 모두 관형어가 된다.

부사어

부사어는 관형어와 같은 부속 성분이지만 관형어가 체언만을 수식하는 것과는 달리 용언뿐만 아니라 관형어나 다른 부사어를 수식하고, 문장이나 단어를 이어 주는 기능도 갖고 있다는 특성이 있다. 학교 문법에서는 부사어를 성분 부사어와 문장 부사어 그리고 접속부사어의 세 가지로 나눈다.

성분 부사어

성분 부사어는 특정한 성분을 수식하는 부사어이다. 성분 부사어는 용언, 관형사, 다른 부사를 수식한다.

그는 아주 새 사람이 되었다.

이 문장에서 '아주'는 부사가 부사어로 쓰인 것인데, '새'를 수식하고 있다. '새'는 관형사이다.

연이 매우 높이 날고 있다.

이 문장에서 '매우'는 부사가 부사어로 쓰인 것인데, '높이'를 수식하고 있다. '높이'는 부사로, 서술어 '날고 있다'를 수식하는 부사어이다.

부사가 그대로 부사어가 되는 것이 기본이나, 체언에 부사격조사 '에, 에서, 에게, (으)로' 등이 결합되어 나타나거나, 용언 어간에 부사형 전성어미 '-이, -게, -아서, -도록' 등이 결합한 활용형으로 나타날 수도 있고, 보조사가 결합되어 실현되기도 한다.

와, 거 되게 비싸네.

주문한 책이 오후에 사무실에 배달되었다.

물이 무척이나 깨끗해 보입니다.

첫 번째 문장은 부사에 의해 실현된 부사어, 두 번째 문장은 체언에 부사격조사가 결합되어 실현된 부사어를 포함하고 있다. 세 번째 문장의 부사어는 부사에 보조사 '이나'가 결합하여 나타난 것이다.

문장 부사어

문장 부사어는 문장 전체를 수식하는 부사어로, '과연, 설마, 모름지기, 확실히, 만일, 설령, 제발, 부디'와 같이 말하는 사람의 심리적 태도를 나타내는 부사가 많다. 이러한 부사들은 특별한 말과 호응 관계를 이루는 경우가 흔하다.

만일 네가 계속 이런 식으로 나온다면 더 이상은 참을 수 없어.

모름지기 학생은 공부를 해야 합니다.

첫 문장의 부사 '만일'은 '-다면'과 '모름지기'는 '-여야 합니다'와 호응을 이루고 있다.

접속 부사어

'그러나, 그리고, 그러므로' 등은 문장과 문장을 이어 주고, '및'과 같은 부사는 단어를 이어 주는 역할을 하므로 접속부사로 보고, 이들은 성분 부사어나 문장 부사어와는 조금 다른 기능을 갖고 있다고 보아 접속 부사어로 이름 붙이기도 한다. 그러나 접속부사는 부사어가 아니라 독립어로 보는 것이 낫다는 견해도 있다.

그러나 희망이 아주 사라진 것은 아니다.
정치, 경제 및 문화가 발달하여야 선진국입니다.

필수적 부사어

문장에서 꼭 필요로 하는 부사어를 필수적 부사어, 그렇지 않은 부사어를 수의적 부사어라 한다. 부사어는 문장에서 꼭 필요한 주성분이 아니라 부속성분이므로 수의적인 것이 당연한 것처럼 보인다. 그러나 다음 문장을 보면 반드시 그렇지는 않다는 것을 알 수 있다.

피망은 고추와 다르다.
그 놈, 멋지게 생겼네.
선생님께서 너에게 선물을 주셨다.

위 문장에서 밑줄 친 부사어를 제외하면 문장의 구조가 흔들린다. 즉, 위 부사어는 각각 서술어가 요구하는 필수 요소가 되는 것이다. 이런 부사어를 필수적 부사어라고 한다. '다르다, 생기다, 같다, 비슷하다, 닮다, 다르다'와 같은 두 자리 서술어나 '주다, 삼다, 넣다, 두다' 같은 세 자리 서술어는 위와 같은 필수적 부사어가 있어야 한다.
서술어가 필요로 하는 필수 성분이지만 목적어가 아닌 위와 같은 요소를 보어로 볼 수도 있다. 학교 문법은 '되다/아니다' 앞에 오는 필수 성분만을 보어로 인정하고, 필수적 부사어는 보어에서 제외하고 있다. 이것은 필수적 부사어가 대개 부사격조사와 결합한 모양을 보이고 있기 때문이다. 즉, 학교 문법은 주로 형식적 특성에 기반을 두고 있다고 할 수 있다. 그러나 기능적 특성의 관점에서 보면 이 필수적 부사어는 보어로 처리하는 것이 바람직하다.

독립어

독립어는 문장의 어느 성분과도 직접적인 관련이 없는 문장성분이다. 일반적으로 감탄사가 독립어가 되나, 체언에 호격조사 '아, 이여'가 결합된 형태로도 나타난다. 앞에서 언급했듯이 접속부사는 독립어의 성격이 있다.

신이시여, 우리에게 은총을 내리소서.
글쎄, 철수가 게임을 너무 많이 해요.

그런데 철수가 게임을 너무 많이 해요.

문장 구조 분석

문장성분을 나타내는 표지

문장에 포함된 문장성분은 일정한 구조적 특성을 갖고 있다. 물론 필수 성분인 서술어, 주어, 목적어, 보어가 문장의 중심 구조를 형성하고, 부속 성분인 관형어와 부사어는 중심 구조의 주변 요소가 되리라고 예상할 수 있다. 독립어는 다른 성분과의 관련성이 낮으므로 문장 구조에 포함시키지 않고 별도로 처리해도 별 문제는 없다.

한국어에서 문장성분을 찾는 일은 사실 그렇게 어려운 것은 아니다. 문장성분에 대한 문법적 표시 장치가 마련되어 있기 때문이다. 주어는 '이/가'로 알 수 있다. 목적어는 '을/를', 보어는 '이/가'가 성분 표지이다. 관형어는 조사 '의'나 어미 '-는' 등으로, 부사어는 다양한 조사 '에,

에게, 로' 등과 어미 '-게, -도록' 등으로 짐작할 수 있다. 서술어는 조사 '이다'나 동사와 형용사가 주어와 관련된 경우를 검색하는 것으로 파악할 수 있는 것이다.

수형도

그렇지만 문장의 구조가 복잡해지면 성분 표지만으로는 문장의 전체 얼개를 파악하기가 매우 어려워진다. 또한 서술어와 다른 문장성분의 관련성을 선형적으로 이해하는 데도 한계가 있다. 따라서 문장의 구조를 간명한 그림으로 파악하는 방법을 도입하면 **계층 구조**를 이해하는 데 도움이 된다.

이렇게 문장 구조를 그림으로 나타낸 것을 **수형도**(tree diagram)라고 한다. 마치 나뭇가지가 무성한 나무를 거꾸로 세워 놓은 듯한 형상을 하고 있어서 붙여진 이름이다. 수형도를 이용하면 문장 구조를 명확하게 파악할 수 있지만 수형도를 그리는 방법은 문법 이론에 따라 많이 다르기 때문에 어떤 문법 체계를 따를 것인지를 먼저 확정해야 한다. 최근의 통사 이론에 따른 수형도는 꽤 복잡하기 때문에 이 책에서는 전통적으로 알려져 있는 기본 구조만 소개하기로 한다.

수형도의 기본 구조는 다음과 같다.

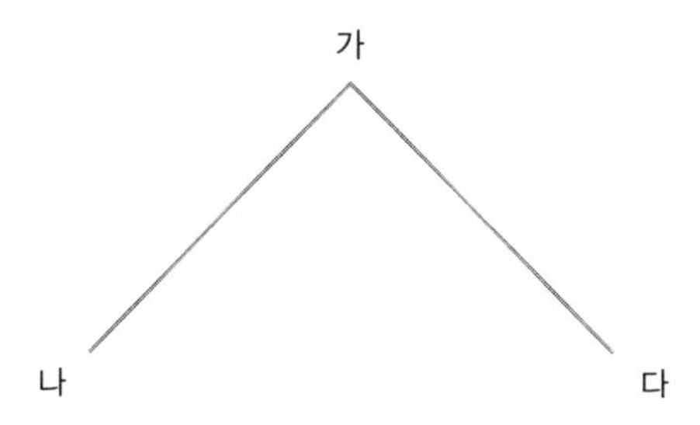

이 그림이 바로 수형도다. '가'와 '나', '가'와 '다'를 연결하고 있는 선을 **가지**(branch)라고 한다. 그리고 '가', '나', '다'와 같이 범주 표시가 되어 있는 가지의 끝 부분을 **마디**(node)라고 한다. 문법 이론에서는 이런 문장의 구조를 만들어 내는 규칙이 있다고 가정한다. 이렇게 수형도 구조를 생성해 내는 규칙을 구절 구조 규칙이라고 한다.

구절 구조 규칙

구 구조 규칙 또는 **구절 구조 규칙**(phrase structure rule)은 수형도로 표시되는 문장의 구조를 형성하는 기본적인 원리이다. 앞 그림의 수형도는 다음과 같은 규칙에서 도출된다고 본다.

가 → 나 + 다

이 규칙은 '가'라는 표지를 가진 마디가 '나' 표지를 가진 마디와 '다' 표지를 가진 마디로 확장될 수 있다는 것을 형식적으로 나타낸 것이다. 이 규칙에 의해 만들어진 그림에서 '가' 마디는 '나' 마디와 '다' 마디를 **지배한다**(dominate). 수형도에서 위에 있는 마디가 바로 아래에 있는 마디를 지배한다고 하고, 지배하는 마디와 지배받는 마디는 가지로 연결된다. 또한 이 그림에서 '나'는 '다'에 **선행한다**(precede). '가' 마디에서 왼쪽으로 뻗어나간 가지와 연결된 마디가 오른쪽으로 뻗어나간 가지와 연결된 마디보다 시간적으로 먼저 나타난다는 것을 표시한 방식이다.

이 수형도에서 각각의 마디가 갖는 표지를 **구 표지**(phrase marker)라고 한다. 구 표지에 따라 해당 마디가 문장에서 어떤 특성을 갖는지를 알 수 있다. 구절 구조 규칙은 이런 구 표지를 부여하는 방식으로 확장될 수 있다. 다음 그림은 수형도에 구 표지를 부여한 것이다.

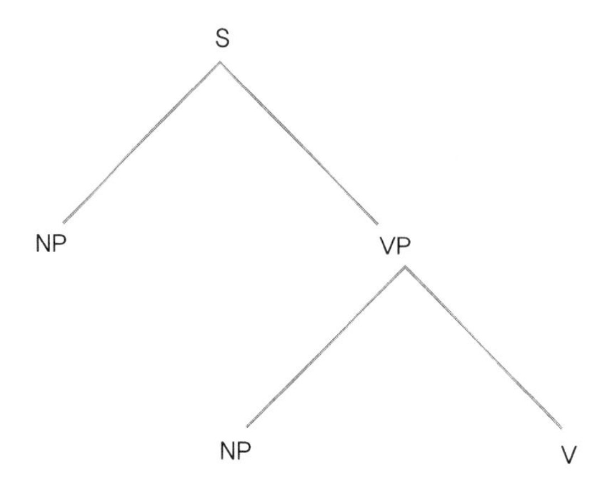

이 수형도는 몇 개의 구절 구조 규칙으로 만들어진 것이다. 먼저 다음 구절 구조 규칙을 보자.

S → NP + VP

이 규칙에서 'S'는 문장을 나타내는 표지이다. 이 규칙은 S라는 범주를 NP와 VP라는 두 개의 범주로 다시 쓸 수 있다는 것이다. NP는 **명사구**의 약자이고, VP는 **동사구**의 약자이다. 그렇다면 이 규칙은 문장이 명사구와 동사구의 구조를 갖는다는 진술이라고 해석할 수 있다. 그런데 과연 문장이 명사구와 동사구로 구별되는 것일까? 우리는 문장의 정의는 주어와 서술어의 관계가 있다는 것에서 찾을 수 있음을 앞에서 확인한 적이 있다. 그렇다면 문장은 명사구와 동사구로 구성되었다는 말은 문장은 주어를 포함한 **주어부**와 서술어를 포함한 **술어부**로 구성되었다는 말과 깊은 관련이 있음을 짐작할 수 있다.

이것은 문장의 주어로 기능하는 요소는 명사로 대표되는 체언 부류가 담당하기 때문이다. 같은 논리로, 서술어로 기능하는 요소는 동사로 대표되는 용언 부류가 주로 담당한다. 그러니까 S의 직접 지배를 받는, 즉 S 아래에 바로 나타나는 NP는 주어 기능을 하고, S의 직접 지배를 받는 VP는 서술어 기능을 한다고 보면 될 것이다. 다음 문장은 이 구조의 수형도로 바로 설명된다.

강아지가 짖는다.

그런데 술어부에는 체언이 더 올 수 있다. 만약 다음 문장처럼 타동사가 서술어로 쓰인다면 목적어가 나타나야 한다. 목적어는 체언에 목적격 조사가 결합한 모양으로 쓰일 것이다. 그럼 이 목적어는 주어부에 있을까, 술어부에 나타날까? 다시 말하면 S의 지배를 받는 NP 안에 있을까, S의 지배를 받는 VP 안에 있을까? 전자보다는 후자가 자연스러울 것이다. 목적어가 서술어에 의해 결정되므로 술어부에 있다고 보는 것이 더 올바른 분석이다.

강아지가 먹이를 먹는다.

이 구조를 수형도로 표시하려면 다음 구절 구조 규칙이 필요하다.

$VP \rightarrow NP + V$

이 규칙은 동사구, 즉 VP가 서술어에 오는 동사와 이 동사가 요구하는 명사구(논항)의 구조를 갖는다는 것을 의미한다. 타동사는 두 개의 논항, 즉 주어와 목적어를 요구하는데, 이렇게 되면 주어와 목적어는 형식이 다르지만 수형도 내의 구조도 크게 다르다는 것을 알 수 있다. 주어는 S의 직접 지배를 받는 NP이고, 목적어는 VP의 직접 지배를 받는 NP가 되는 것이다.

이렇게 우리가 본 수형도는 두 개의 구절 구조 규칙으로 만들 수 있다. 이렇게 만들어진 수형도를 실제 문장과 연결시켜 보면 다음처럼 될 것이다.

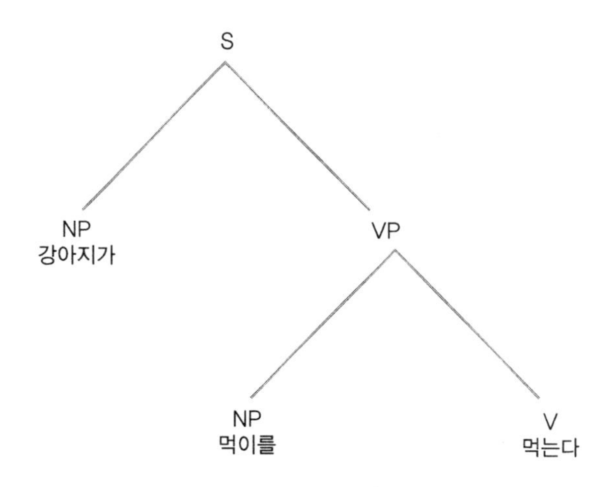

물론 우리가 사용하는 문장은 이것보다 더 복잡하다. 가장 큰 이유 중 하나는, 문장 안에 들어있는 요소들이 여러 가지 수식을 받는다는 것이다. 우선 체언은 관형어의 수식을 받을 수 있고, 용언은 부사어의 수식을 받을 수 있다. 관형어의 수식은 다음과 같은 구조를 형성한다.

그 강아지

우리 강아지

철수 강아지

예쁜 강아지

짖는 강아지

체언은 그 앞에 수식하는 말이 올 수 있다. 이렇게 체언을 수식하는 말을 문장 구조의 관점에서 보면 **관형어**라고 한다. 즉, 앞의 예들은 모두 관형어+체언의 구성이다. 이 구조에서 중심 요소는 수식을 받는 명사이다. 이 관형어+체언 구성은 마치 하나의 명사처럼 쓰일 수 있다. 만약 '빨리 철수 강아지를 찾아야 해.'라는 문장에서 목적어를 찾는다면 '철수 강아지'라는 명사구 전체가 목적격조사와 결합한 '철수 강아지를'이 될 것이다. 이 구성은 새로운 규칙으로 설명할 수 있다.

NP → 관형어 + N

앞의 규칙은 명사구(체언구)는 수식부(관형어)와 중심 명사의 구조를 갖는다는 것이다. 관형어가 될 수 있는 말은 매우 다양해서 관형사, 대명사, 명사, 형용사, 동사가 모두 가능하다. 심지어는 문장이 관형어가 되기도 한다. 이런 문장을 관형절이라고 하는데, 뒷장에서 자세히 살펴볼 것이다.

용언은 **부사어**의 수식을 받는다. 한국어의 부사는 분포가 자유롭기 때문에 특정한 구조 틀을 만들기가 쉽지는 않지만 다음과 같은 구조를 잠정적으로 설정해 볼 수 있다.

많이 먹는다.
맛있게 먹는다.
신나게 먹는다.

VP → (부사어) + V

이 규칙은 동사구(용언구)는 수식부와 용언의 구조를 갖는다는 것인데, 이때 부사어가 될 수 있는 말은 주로 부사지만, 형용사나 동사도 가능하고 문장이 부사어가 되기도 한다. 이런 문장을 부사절이라고 한다. 위 규칙에서 괄호를 친 것은 부사어가 수의적 성분이라는 것을 표시한 것이다.

구조 분석에서 주의할 점

구절 구조 규칙에서 이용하고 있는 문장에 해당하는 단위는 주어부와 술어부로 분석할 수 있다. 그런데 이 문장은 종결 여부를 판정할 수 있는 것은 아니다. 명사구+동사구의 기본 구조, 즉 주어와 서술어의 관련성만 도식화하고 있다. 엄밀하게 말하면 이 문장 단위는 절과 다르지 않다. 다음 장에서 알아볼 문장의 확대 방법에는 S라는 구 표지가 그 내부에 다시 S 마디를 갖는 구조가 있다. 이런 문장을 복문이라고 한다. 이때 내부에 포함된 S는 모두 절이 될 것이다. 다음 장에서 이 문제를 더 자세히 살펴보기로 한다.

과제

1. 문장을 임의로 고르고 다음 문장성분을 찾아보시오. 각 문장은 다섯 어절 이상이 되어야 합니다. [예: 봄이 슬며시 왔다. (세 어절이므로 X)]

   1) 서술어

   2) 주어

   3) 목적어

   4) 보어

   5) 관형어

   6) 부사어

   7) 독립어

2. 서술어의 자릿수라는 개념은 무엇인지 설명해 보시오.

3. 필수적 부사어를 보어로 간주하는 견해를 학교 문법과 비교해 보고 장단점을 비교하여 설명해 보시오.

4. 기본 문형의 수형도를 작성해 보시오.

제12장

문장의 확대

문장은 주어와 술어를 바탕으로 구성된다. 그런데 한 문장에 주어와 서술어의 관계가 여러 번 나타나는 문장이 있다. 이런 문장을 복문이라고 한다. 단문을 복문의 형식으로 확대하는 방법에는 내포와 접속 두 가지가 있다. 내포는 문장성분으로 쓰이는 절, 즉 성분절을 전체 문장에 포함하여 문장을 확대하는 방법이고, 접속은 절을 차례대로 이어 문장을 확대하는 방법이다. 실제 문장에서는 내포와 접속의 예가 여러 번 출현하기도 한다. 이 장에서는 문장의 구조를 확대해 가는 방법과 문장의 구조를 분석하는 방법에 대해 살펴보기로 한다.

단문과 복문

단 문

학교 문법에서는 주어와 서술어의 관계에 따라 홑문장과 겹문장을 구분하고 있다. 홑문장은 주어와 서술어의 관계가 한 번만 나타나는 문장인데, 홑문장보다는 단문이라는 용어가 더 일반적이다. 주어와 서술어의 관계가 확립되면 부속성분인 관형어, 부사어 같은 것은 여러 번 나타나도 문장의 기본 구조에 큰 영향을 주지 않는다.

아이가 예쁘다.
그 강의실에서 오늘 중간고사가 있어.

첫 번째 문장은 주어와 서술어만으로 이루어진 단문이다. 두 번째 문장도 단문이다. 이 문장의 주어는 '중간고사가'이고, 서술어는 '있어'이다. 그러니까 나머지 부분인 '그, 강의실에서, 오늘'은 단문과 복문을 판정하는 데에는 역할을 하지 못한다.

복 문

단문은 구조가 단순하므로 사건이나 상태를 세밀하게 표현하는 데 한계가 있다. 따라서 단문을 여러 방법으로 확대하여 복잡한 문장인 복문을 만들게 되는데, 이런 과정을 문장의 확대라고 한다. 문장의 확대는 두 가지 방법으로 이루어지는데, 단문 안에 다른 문장을 문장성분으로 포함시키는 방법과 문장을 연속해서 연결하는 방법이 있다. 전자를 **내포**, 후자를 **접속**이라고 한다.

겹문장은 주어와 서술어의 관계가 두 번 이상 나타나는 문장인데, **복문**이라고도 한다. 겹문장보다는 복문이라는 용어가 더 일반적이다. 복문은 그 안에 주어와 서술어의 관계를 갖지만 문장 형식으로 완결되지 않은 절을 갖는데, 이 절이 문장 안에서 문장성분으로 기능하는 것이 **성분절**이며, 성분절을 가진 문장을 **안은 문장** 또는 **내포문**[內包文, 또는 포유문(抱有文)]이라고 한다. 그리고 절이 연속적으로 이어지는 문장을 **접속문**, 또는 **이어진 문장**이라고 한다.

> 어제 핀 장미꽃이 무척 예쁘더라. (내포, 관형절 '어제 핀'이 포함된 내포문)
> 이것은 장미꽃이고, 저것은 국화야. (접속, 두 개의 절이 대등하게 이어진 접속문)

성분절과 내포

내포의 개념

학교 문법에서는 내포라는 용어가 아닌, 안은 문장과 안긴 문장이라는 용어를 사용하고 있다. 다른 문장 속에 들어가 하나의 성분처럼 쓰이는 홑문장을 안긴 문장이라고 하고, 안긴 문장을 포함한 문장을 안은 문장이라고 한다. 안긴 문장은 '절'이 된다. 주어와 서술어의 관계가 들어 있지만 종결되지 않고 다른 형식으로 나타나기 때문이다. 그런데 이 절은 문장성분으로 쓰이기 때문에 성분절이라고 부른다. 학교 문법에서는 다음과 같이 다섯 종류의 성분절을 인정하고 있다.

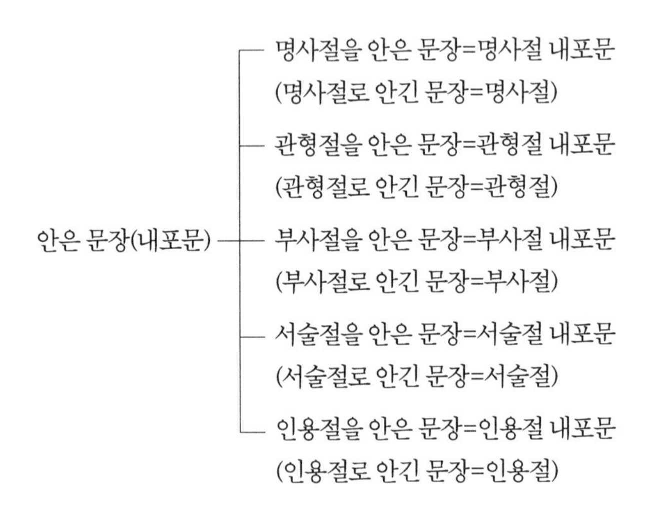

명사절과 명사절 내포문

명사절은 절 전체가 문장에서 명사처럼 쓰이는 것이다. 명사절은 주어, 목적어, 보어, 부사어 등의 다양한 문장성분으로 쓰일 수 있다. 명사절은 명사형 전성어미 '-(으)ㅁ, -기'가 붙어서 이루어진다.

아이가 그 일을 하기가 쉽지 않아.

이 문장에서 '아이가 그 일을 하기'는 주어와 서술어의 관계가 형성되어 있는 부분이지만, 완결되지 않고 명사형 전성어미 '-기'에 의해 조사와 결합할 수 있는 명사로서의 특성을 갖게 된다. 이런 절을 명사절이라고 한다. 여기서 명사절은 주격조사 '가'와 결합하여 전체 문장의 주어로 쓰이고 있다. 이때 전체 문장은 명사절을 포함한 **명사절 내포문**이 된다.

철수가 합격했음이 밝혀졌다. (주어 명사절)
나는 농사가 잘 되기를 진정으로 빌었다. (목적어 명사절)

다음 문장은 **명사절**로 볼 수도 있고, **관형절＋의존명사**로 볼 수도 있다.

내가 좋아하는 것은 아이스크림이야.

이 문장은 '내가 좋아하는 것'을 명사절로 볼 수도 있고, '내가 좋아하는'이라는 관형절이 의존명사 '것'을 꾸미는 구조로 볼 수도 있다. 일반적인 문법서에서는 의존명사 '것'을 포함한 성분절을 관형절과 의존명사의 결합으로 처리하고 있다. 그러나 '관형사형 전성어미+것' 구성은 구어체에서는 명사형 전성어미보다 더 자주 명사절 표시 장치로 사용되는 경향이 있다. 따라서 구어에서는 이 구성을 명사절로 처리하는 것이 더 적합할 수 있다.

어떤 종결어미나 연결어미는 그 자체로 명사절을 형성하기도 한다. '-느냐, -는가, -는지' 등의 어미를 취하는 문장은 그대로 다른 문장 안에 명사절로 안길 수 있다.

어떻게 하는가가 중요해.

이 문장에서 '어떻게 하는가'는 완결될 수 있는 문장이지만 그대로 주격조사와 결합해서 문장에서 주어로 사용된 것이다.

관형절과 관형절 내포문

관형절은 절 전체가 문장에서 관형어의 기능을 하는 것이다. 관형절은 관형사형 전성어미 '-(으)ㄴ, -는, -(으)ㄹ, -던'이 붙어 만들어진다. 관형사절이라고도 한다.

이건 내가 읽은 책이다.
이건 내가 읽는 책이다.
이건 내가 읽을 책이다.
이건 내가 읽던 책이다.

앞의 예문은 각각의 관형사형 전성어미에 따라 문장의 의미가 달라진다. 위 문장에서 관형절을 만드는 관형사형 전성어미는 차례대로 과거,

현재, 미래, 과거 중 회상의 시제를 표현하고 있다. 관형절은 수식을 받는 체언과의 관계에 따라 관계 관형절과 동격 관형절이라는 두 가지 유형으로 구별된다.

관계 관형절

관계 관형절은 뒤에 오는 체언과 관형절 내의 성분이 동일하여 그 성분이 탈락되는 것이다.

나는 어제 산 책을 읽고 있어요.

이 문장에 내포된 안긴 문장은 '나는 어제 책을 샀다.'이다. 이 문장에서 전체 문장과 동일한 성분인 '나는'과 '책을'을 생략하고, 관형사형 전성어미를 붙여 관형절을 만드는 것이다.

동격 관형절

동격 관형절은 안긴 문장 그 자체가 뒤에 오는 체언과 동일한 의미를 가지는 것으로, 관형절의 어떤 성분을 생략하는 것이 불가능하다.

나는 그가 착한 사람이라는 생각이 들었다.
?나는 착한 사람이라는 생각이 들었다. (자신이?)

이 문장에 내포된 관형절의 주어 '그가'를 생략하면 문장의 의미가 완전히 달라진다. 동격 관형절을 **명사구 보문**이라고도 한다.

한 단어 관형절의 문제

다음과 같은 문장은 주의해서 볼 필요가 있다.

예쁜 꽃이 피었다.

복문에서 주어가 같거나 서술어가 같은 경우 동일 주어나 동일 서술어는 생략될 수 있다. 학교 문법에서는 위 문장을 '꽃이 예쁘다.'와 '꽃이 피었다.'가 결합한 문장인데, 체언 '꽃'을 꾸며 주는 관형절 '꽃이 예쁜'에 있는 단문의 주어가 생략된 것으로 보아 겹문장으로 처리하고 있다. 즉, 용언 하나로 된 관형어라도 이에 대한 주어를 복원할 수 있으면 성분절로 보는 것이다. 그러나 이런 처리는 실제 언어 분석에서는 여러 문제를 가져온다. 관형어와 관형절의 구별이 쉽지 않고, 복문의 수도 증가하게 된다. 따라서 분석의 목적에 따라 위와 같은 구성을 관형어로 볼지, 관형절로 볼지를 결정해야 한다.

부사절과 부사절 내포문

부사절은 절 전체가 문장에서 부사어의 기능, 즉 서술어를 수식하는 역할을 하는 것을 말한다. 부사절은 부사형 전성어미 '–이, –게, –도록, –아서'에 의하여 이루어진다.

그들은 우리가 입은 것과 똑같이 입고 있습니다.
그는 아는 것도 없이 잘난 척을 한다.
호텔 로비는 그림이 아름답게 장식되었다.
철수는 발에 땀이 나도록 뛰었다.
길이 비가 와서 질다.

그런데 학교 문법에서는 부사형 전성어미와 종속적 연결어미 중 일부의 공통성을 인정하고 있다. '-아서'와 같은 종속적 연결어미로 된 절들은 부사절로 볼 수도 있다고 기술하고 있는데, 이것은 같은 말에 대해 종속적 연결어미 또는 부사형 전성어미로의 해석도 가능하다는 것을 보여주는 것이다. '-게, -도록' 역시 부사형 전성어미로도, 종속적 연결어미로도 볼 수 있다.

서술절과 서술절 내포문

서술절은 전체가 문장에서 서술어 기능을 하는 절이다. 서술절은 절 표지가 따로 없다는 점에서 다른 성분절과 차이를 보이는데, 서술절을 안은 문장은 한 문장에 주어가 두 개 있는 것처럼 보인다. 이 때 앞에 나오는 주어를 제외한 나머지 부분이 서술절에 해당한다.

이 책이 글씨가 너무 작다.

이 문장에서 '글씨가'의 서술어는 '너무 작다'이고, '이 책이'의 서술어는 '글씨가 너무 작다'가 된다. 이때 주어와 서술어의 관계가 드러나는 문장 전체가 서술어가 되므로 서술절이라고 부르는 것이다. 서술절은 주어가 두 개 나타나는 이중주어문을 해석하는 한 가지 방법이 된다. 이중주어문은 한국어 특유의 현상으로 인정되는데, 학교 문법은 계층 구조를 도입하여 서술절을 안은 문장으로 설명하고 있다.

인용절과 인용절 내포문

인용절은 다른 사람의 말을 인용한 것이 절의 형식으로 안기는 것이다. 사실 인용절은 통사론적으로 보면 서술어를 수식하는 기능을 수행하므로 부사절에 포함시킬 수 있다. 그러나 일반적인 부사절과는 차이가 적지 않으므로 부사절과 다른 유형의 절로 취급하는 것이다. 인용절은 인용의 방식에 따라 두 가지로 구별된다.

직접 인용절

직접 인용절은 주어진 문장을 그대로 직접 인용하는 것으로, 인용격조사 '라고'가 붙어 이루어진다.

철수가 "선생님, 어디 가세요?" 라고 물었다.

간접 인용절

간접 인용절은 말하는 사람의 표현으로 바꾸어서 간접 인용한 것으로, 인용격조사 '고'가 붙어서 이루어진다. 서술격조사 '이다'로 끝난 간접 인용절에서는 '이다고'가 아니라 '이라고'로 나타난다.

형은 철수가 학교에 간다고 말했다.

접 속

접속의 개념

접속은 두 개 이상의 절이 모여 더 큰 하나의 문장이 되는 과정을 말한다. 한국어의 접속은 선행절의 서술어 어간에 연결어미를 결합하여 후행절과 연결하는 방식으로 이루어진다.

학교 문법에서는 접속이라는 용어 대신 이어진 문장이라는 용어를 사용한다. 이어진 문장은 단문(홑문장) 두 개가 이어져서 만들어진 문장이다. 여기에 포함되어 있는 단문을 각각 앞절과 뒷절, 또는 선행절과 후행절이라고 부를 수 있는데, 선행절과 후행절의 의미 관계에 따라 대등 접속문과 종속 접속문으로 나눌 수 있다.

대등 접속문

대등 접속문, 즉 대등하게 이어진 문장은 이어지는 홑문장들의 의미 관계가 대등한 것이다. 대등하게 이어진 문장에서 선행절과 후행절은 '나열, 대조' 등의 의미 관계를 갖는다. 대등하게 이어진 문장은 대등적 연결어미 '−고, −(으)며, −(으)면서'(나열), '−지만, −(으)나'(대조), '−거나, −든지'(선택) 등에 의해 실현된다. 대등 접속문을 중문이라고 부르는 경우도 있다.

여름에는 비가 내리<u>고</u> 겨울에는 눈이 내린다. (나열)

하늘도 맑<u>으며</u> 햇살도 따뜻하다. (나열)

여기에는 비가 오지만 그곳에는 눈이 온다. (대조)

그는 마음은 좋으나 현명하지 못하다. (대조)

오늘은 어머니가 오시거나 아버지가 오신다. (선택)

집에 가든지 학교에 가든지 해라. (선택)

대등 접속문은 몇 가지 통사적 특성이 있다. 우선 대등 접속문은 선행절과 후행절의 위치를 바꾸어도 의미의 차이가 크게 바뀌지 않는다.

바람도 잠잠하고, 하늘도 맑다.

하늘도 맑고, 바람도 잠잠하다.

바다로 가든지 산으로 가든지 어서 결정합시다.

산으로 가든지 바다로 가든지 어서 결정합시다.

또 대등 접속문은 어떤 절이 다른 절의 내부에 들어갈 수는 없다.

바람도 잠잠하고 하늘도 맑다.

*하늘도 바람도 잠잠하고 맑다.

첫 번째 문장의 선행절을 후행절 안으로 이동시키면 두 번째 문장이 된다. 이런 구조가 불가능하다면 이 문장은 대등 접속문이었던 것으로 확인된다.

의사소통단위와 최소종결단위

통사적 발달 특성을 측정하기 위한 지표로 언어병리학 분야에서 널리 이용되고 있는 단위로 **의사소통단위**(C-unit)와 **최소종결단위**(T-unit)가 있다. 의사소통단위(Communication unit: C-unit)는 주절과 종속절을 포함한 단위를 말하는데, 한국어에 대해서는 종속적으로 이어진 문장과 안긴 문장을 포함하는 복문을 하나의 의사소통단위로 인정하는 것이 보통이다. 최소종결단위(minimal Terminable unit: T-unit)는 하나의 주절과 여기에 결합되는 종속절로 구성되는 것으로 정의되는데, 한국어에서는 의사소통단위와 거의 유사한 것으로 규정되고 이용되어 왔다(김자성 2011). 이들은 성분절을 포함한 문장을 한 단위로 보고, 소위 중문, 즉 대등 접속문의 선행절과 후행절은 별개의 단위로 보는 것인데, 두 단위의 차이는 전자는 한 단어로 된 발화도 의사소통단위로 인정하는 데 비해 후자는 주어와 서술어가 실현되는 완결된 단위만 최소종결단위로 판단한다는 데 있다.

이들 단위는 구문 발달의 유용한 지표이지만 한국어에 적용하는 데에는 몇 가지 문제가 있다. 우선 영어에서는 and, but, or 등의 등위접속사가 중문의 판정 기준이 되지만, 한국어에서는 대등 접속문의 판정이 영어처럼 수월하지 않다. 대등 접속문은 형식적 특성은 물론 의미를 확인해야 알 수 있기 때문이다. 또 한 가지 문제는 이 단위가 구어에서 특별한 통사적 종결 지표를 찾기 어려운 영어에서 일정한 발화 단위를 획정하기 위한 목적으로 만들어진 것이라는 데 있다. 그런데 문장 종결이 정해진 어미로 실현되는 한국어에서는 이 단위는 문장과 별 차이를 보이지 않는다. 결국 이 단위를 따로 설정하지 않고 대등 접속문만을 접속으로 인정하는 최근의 문법 경향을 도입하면 비슷한 결과에 도달할 수 있을 것이다.

종속 접속문

종속 접속문, 즉 종속적으로 이어진 문장은 앞절과 뒷절의 의미 관계가 독립적이지 않고 종속적인 것이다. 선행절과 후행절의 의미 관계에 따라 다양한 종속적 연결어미가 사용되는데, '-고'(계기), '-(으)면'(조건),

'-(으)ㄹ지라도'(양보), '-아서/-어서'(원인), '-(으)려고'(의도), '-는데'(배경) 등 다양한 의미 관계를 찾을 수 있다. 몇 가지 예를 들어 보면 다음과 같다.

> 그는 연락을 받고 급히 집을 나섰다. (계기)
> 집에 가서(가-+-아서) 좀 쉬어야지. (계기)
> 이사철이 되자 전세 값이 오르기 시작했다. (계기)
> 희망이 없으면 미래도 없다. (조건)
> 혹시 길이 미끄럽거든 지하철을 이용해라. (조건)
> 마음이 맞아야 함께 일을 하지. (조건)
> 민서는 아직 어려서(어리-+-어서) 학교에 안 다닌다. (원인, 이유)
> 배가 고프니까 밥 먹고 하는 게 어때? (이유)
> 타인의 모범이 되므로 이 상장을 드립니다. (이유)
> 숙제를 하느라고 잠을 못 잤어. (이유)
> 일찍 떠나려고 미리 준비를 해 두었다. (의도, 목적)
> 점심을 먹으러 집에 간다. (의도, 목적)
> 아이들이 길을 안전하게 건널 수 있도록 보살펴야 한다. (목적)
> 약속 시간에 늦지 않게 일찍 출발해라. (목적)
> 하늘이 무너져도(무너지-+-어도) 솟아날 구멍이 있다. (양보, 인정)
> 마음에 걱정이 있을지라도 내색하지 마라. (양보, 인정)
> 내가 텔레비전을 보고 있는데 전화벨이 울렸다. (배경)
> 아이는 공부를 하다가 잠이 들었다. (전환)

종속적으로 이어진 문장은 '-기 때문에, -는 가운데, -는 중에'와 같이 명사절, 관형절로도 이루어진다. 이런 구성은 어미와 기능이 같다고 할 수 있으므로 기능적 관점에서는 어미와 같이 취급할 수도 있다.

비가 오기 때문에, 길이 질다.

비가 오는 가운데, 행사는 예정대로 열렸다.

종속 접속문은 대등 접속문과는 달리 선행절과 후행절의 위치를 바꿀 수 없다.

시간이 다 되어서 나는 일어났다.

*나는 일어나서 시간이 다 되었다.

종속 접속문에서는 대등 접속문과는 달리 선행절이 후행절 내부로 이동하기도 한다.

비가 와서 길이 질다.

길이 비가 와서 질다.

종속 접속문이 대등 접속문과 통사적 차이를 크게 보이기 때문에, 종속 접속을 대등 접속과는 달리 처리하려는 견해가 많다. 학교 문법에서도 종속적 연결어미에 의하여 종속적으로 이어진 문장들은 부사절로 볼 수 있다고 기술하고 있다. 위와 같이 선행절이 후행절의 내부로 들어갈 수 있다는 것은 선행절을 후행절의 한 성분으로 파악해도 별 문제가 없다는 것을 의미한다. 종속 접속문과 부사절은 관점에 따라 상보적인 관계에 있을 수도 있다. 즉, 동일한 문장을 접속으로 볼 수도 있고, 내포로 형성된 것으로 볼 수도 있다.

성분의 생략

접속문에는 몇 가지 지켜야 할 사항이 있다. 그중 대표적인 것이 선행절과 후행절에 동일한 성분이 나타나면 이를 생략해야 한다는 것이다. 또 문맥에서 예상 가능한 경우에는 해당 성분을 생략하든지 다른 요소로 대용하는 것이 자연스럽다.

?철수가 학교에 가고, 영이가 학교에 갔다.

철수와 영이는 학교에 갔다.

첫 번째 문장은 자연스럽지 않다. 그 이유는 술어부인 '학교에 가다'가 앞절과 뒷절 모두에 동일하게 나타났기 때문이다. 선행절의 중복 요소를 제거하면 두 번째 문장처럼 깔끔한 문장이 된다.

나는 철수를 자주 만나지만, 철수를 좋아하지는 않는다.

나는 철수를 자주 만나지만, 그를 좋아하지는 않는다.

나는 철수를 자주 만나지만, 좋아하지는 않는다.

세 개의 문장은 모두 비슷한 의미를 나타낸다. 문체적으로는 세 가지 문장의 뉘앙스는 조금씩 다르다. 특별한 표현적 이유가 없다면 세 번째 문장이 가장 자연스러운 것이다.

문 접속과 구 접속

접속은 주어와 서술어의 관계가 나타나는 두 개 이상의 절을 하나의 문장으로 이어 주는 문법적 장치이다. 다음 문장은 두 개의 절, 즉 문장이 될 수 있는 단위가 접속된 것으로 볼 수 있다.

> 철수와 영이가 학교에 갔다.
> 철수가 학교에 갔다. + 영이가 학교에 갔다.

그렇다면 첫 번째 문장은 복문으로 보아야 할 것이다. 주어와 서술어의 관계가 두 번 나타났는데 접속 과정에서 동일한 성분이 생략되는 현상 때문에 주어가 하나의 명사구로 통합된 것이다. 그러나 다음 문장은 복문으로 보기 어렵다.

> 철수와 영이가 만났다.
> ?철수가 만났다. + 영이가 만났다.

이 문장의 주어는 '철수와 영이가'이다. 이 문장의 서술어 '만나다'는 복수로서의 주어가 문장에 실현될 것을 요구한다. '철수'와 '영이'를 연결하여 하나의 명사구를 만들고 이것을 주어로 이용한 것이다. 따라서 이 문장은 단문이다.

복문의 분석

성분절을 내포하고 있는 내포문과 절과 절이 접속되어 있는 접속문은 앞에서 본 수형도를 활용하면 구조를 조금 더 명확하게 파악할 수 있다. 앞에서 확인한 구절 구조 규칙을 다시 한 번 살펴보자.

> S → NP + VP
>
> VP → NP + V

이 규칙은 기본적인 문장의 구조를 명시적으로 보여 준다. 여기에 제시한 두 개의 규칙은 타동사문의 구조를 그릴 수 있게 해 준다. 제11장에서 본 수형도를 다시 제시해 보았다.

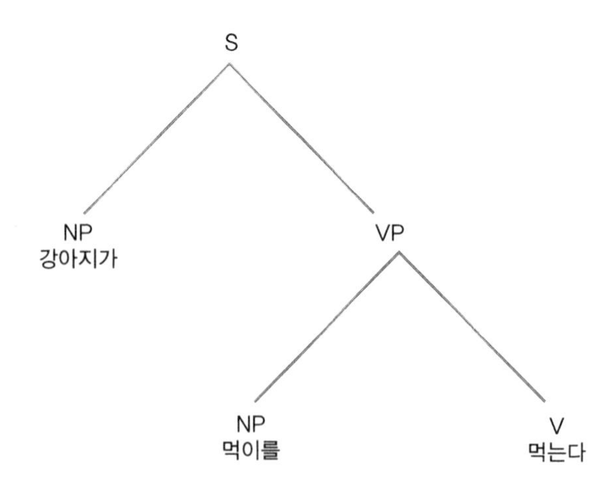

이 문장은 단문이다. 그러나 실제로 우리가 접하는 문장은 구조가 더 복잡한 것이 많다. 복문의 구조를 수형도로 그리면 어떻게 될까? 아주 복잡해지는 것을 막을 수는 없겠지만 그 안에서 중요한 기본 틀이 존재한다는 것을 확인하는 정도까지만 알아보기로 하자.

복문의 구절 구조 규칙

복문은 상위 마디의 S가 하위 마디에 다시 S를 포함하는 구조라고 정의할 수 있다. 만약 문장이 그 내부에 다시 문장을 포함할 수 있다면 귀환성의 원리가 적용될 것이다. 문장을 무한히 만들어 낼 수 있는 원리 중 하나이다.

먼저 다음 규칙을 보자.

NP → S(명사절)

이 규칙은 명사구가 그 내부에 다시 절을 가질 수 있다는 것이다. 이런 구조를 갖는 문장을 앞에서 살펴본 적이 있다. 바로 **명사절**이다. 명사절은 절이 문장 안에서 명사처럼 쓰이는 것이다. 즉, 명사구의 실제 구조가 다시 명사구와 동사구를 보유한 절의 형식을 갖고 있는 것이다.

우리는 비가 오기를 기대했다.

이 문장의 구조는 서술어로 타동사가 쓰였으므로 주어+목적어+서술어라는 세 개의 문장성분으로 구성될 것이다. 그런데 이 문장의 목적어는 '비가 오기를'이고, 목적격조사 '를'이 '비가 오기'라는 구성과 결합되어 있다. 이 구성은 체언의 성격을 갖는다. 조사와 결합했기 때문이다. 그런

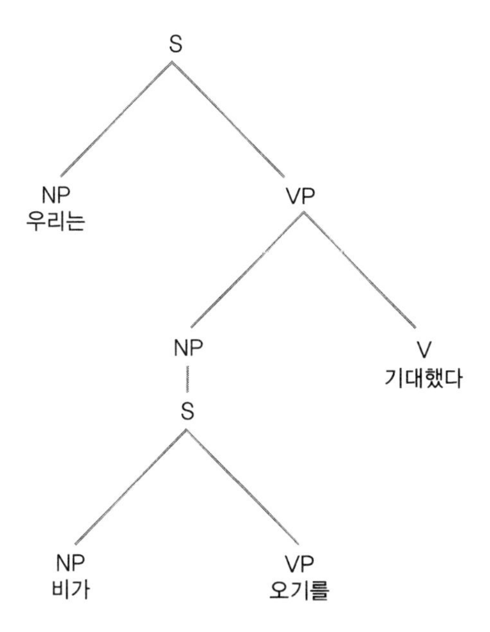

데 다른 명사와는 달리 내부 구조를 갖는다. 두 어절은 각각 주어와 서술어 기능을 한다. 다시 말하면 명사구가 곧 절인 것이다. 이 문장의 구조를 그려 보면 앞의 그림과 같다.

이 수형도에서 NP 밑에 나오는 S가 바로 명사절인 것이다. 맨 위에 있는 S는 전체 문장이다. 수형도의 맨 위를 뿌리 마디라고 하는데, 문장을 나타낸다. 여기서는 안은 문장인 명사절 내포문이다. 뿌리 마디에 있는 S는 문장이지만, 내부에 있는 다른 S는 성분절이다.

관형절도 비슷하게 분석할 수 있다. 어떤 관형어는 절의 구조를 갖는다.

관형어 → S(관형절)

이 규칙은 관형어가 다시 절로 분석될 수 있다는 뜻이다. 다음 구성을 보면 이런 구조의 예를 확인할 수 있다.

<u>비가 오는</u> 소리

이 구성은 '소리'라는 명사를 앞의 요소가 수식하고 있는 구조이다. 그런데 그 관형어가 다시 내부 구조로 분석될 수 있다. 두 어절이 각각 주어와 서술어 기능을 하고 있다. 즉, 관형어가 곧 절인 것이다.

비가 오는 소리가 들린다.

관형절이 문장에서 쓰인다면 다른 구절 구조 규칙이 더 필요하다. 관형어는 명사구 안에서 명사를 수식하는 부분이므로 다음 구절 구조 규칙과 관형절을 생성하는 규칙을 적용하여 수형도를 그리면 다음과 같다. 이 수형도에서 관형어 밑에 나오는 S가 바로 관형절이다.

NP → 관형어 + N

관형어 → S(관형절)

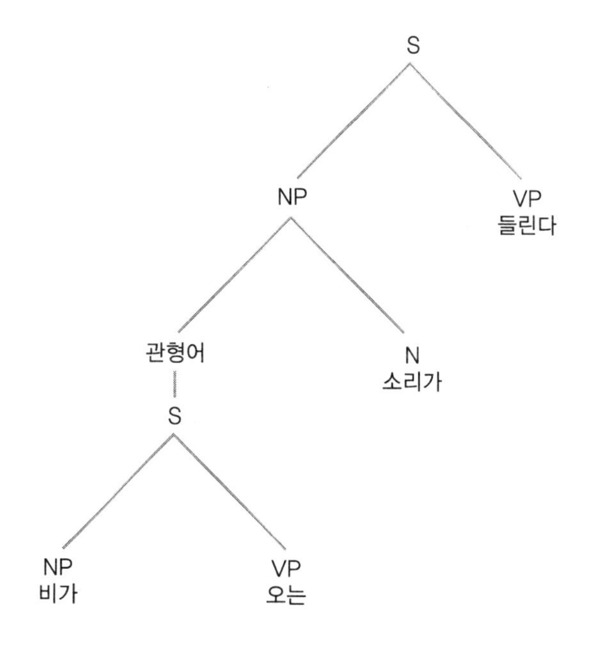

다음 구성은 부사절이나 인용절의 예이다. 이런 성분절은 다음 규칙으로 구조를 그릴 수 있다.

VP → (부사어) + V

부사어 → S(부사절, 인용절)

부사어가 절이 될 수 있다면 이 구성은 서술어를 보충해 주거나 수식하는 부사절이나 인용절이 동사구 안에 포함될 수 있는 구조가 된다. 예를 들어, '나는 철수가 왔다고 들었다.'라는 문장에서 '철수가 왔다고'가 인용절이라면 동사구의 지배를 받는 S가 될 것이다.

서술절의 경우에는 다음 구조를 상정할 수 있다.

VP → S(서술절)

서술절은 서술어가 절인 문장이다. 따라서 문장을 주어부와 서술부로 나눈다면 서술부 전체가 다시 절이 되는 위의 구절 구조 규칙으로 그릴 수 있을 것이다. 물론 여기에 제시한 구절 구조 규칙은 오늘날 널리 이용되는 방식은 아니다. 문장의 구조를 이해하기 위해서 구체적인 국어학의 성과가 있음에도 불구하고 매우 전통적인 방식으로 제한하여 소개한 것이다.

한편, 접속은 내포와는 달리 구성이 복잡하지 않다. 주어와 서술어, 즉 명사구와 동사구 구조가 연속적으로 계속 나타나면서 접속 표지를 부여받으면 접속문이 된다.

S → S + S ……

하늘도 맑고 날씨도 따뜻하다.

이 문장의 구조는 아마 다음과 같을 것이다. 뿌리 마디의 S는 전체 문장이고, 그 아래에 있는 각각의 S는 선행절과 후행절이 된다.

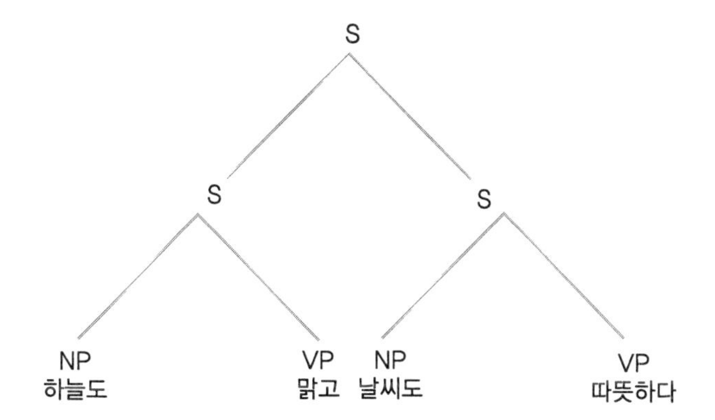

과제

1. 다음 유형의 문장을 만들어 보고, 그 안에 포함된 성분절을 찾아보시오.
   1) 명사절 내포문
   2) 관형절 내포문
   3) 부사절 내포문
   4) 서술절 내포문
   5) 인용절 내포문

2. 다음 유형의 접속문을 만들어 보시오.
   1) 대등 접속문
   2) 종속 접속문

3. 다음 문장을 단문으로 보는 견해와 복문으로 보는 견해의 장단점을 설명해 보시오.
   • 예쁜 꽃이 피었다.

4. 직접 인용절과 간접 인용절의 차이를 설명해 보시오.

5. 이중주어문을 서술절과 관련지어 설명해 보시오.

6. 한국어 접속의 특성을 영어와 비교하여 설명하시오.

7. 대등 접속문과 종속 접속문을 구별하는 방법을 찾아보시오.

8. 종속 접속문을 부사절로 처리하는 견해에 대해 종속 접속문을 인정하는 견해와 비교하여 장단점을 설명해 보시오.

9. 다음 문장이 접속문이 될 수 있는지 생각해 보시오.
   철수와 영이가 학교에 갔다.

제13 장

문법 범주

높임법

시제와 동작상

부정 표현

어떤 문법적 특성은 일정한 형식으로 문장에 드러난다. 예를 들어, 그 문장이 과거에 일어난 사건을 언급하고 있다는 것은 문장의 서술어에 포함된 과거 시제로 알 수 있다. 이렇게 문법적인 의미를 나타내는 정해진 형식을 문법 범주라고 한다. 문법 범주의 종류는 성, 수, 격, 상, 시제, 서법, 인칭 등 상당히 다양하지만 한국어에서는 이 중 일부 범주는 형식적 체계를 갖고 있고, 일부 범주는 형식적으로 잘 드러나지 않는다. 이 장에서는 대표적인 한국어 문법 범주 몇 가지를 살펴보기로 한다.

높임법

높임법의 개념

높임법은 화자가 청자나 어떤 대상에 대하여 높임의 태도를 형식적 장치로 표현하는 문법 범주이다. 높임법은 한국어 특유의 문법 현상이다. 다른 언어에도 높임법에 해당하는 문법적 특성이 존재하겠지만 한국어에서의 높임법은 그 정교한 체계 때문에 유독 주목받는다. 높임법 외에도 대우법, 경어법, 존대법, 존비법 등 여러 이름으로 지칭된다.

동생이 이리로 오고 있다.
할아버지께서 이리로 오시고 있다.

화자는 어떤 대상에 대하여 상대적 위계를 판단하고 그 결과를 언어적으로 구별하여 표현할 수 있다. 앞 예에서 문장의 주어가 되는 사람에 대한 우리의 판단이 달라지면 언어 표현도 바뀐다는 것이 확인된다. 할아버지에 대해서는 주격조사 '이' 대신에 '께서'를 쓰고, 서술어에도 선어말어미 '-시-'를 추가해야 한다. 이렇게 하지 않으면 한국어 사용자에게는 조금 낯설거나 추가적인 의미를 발생시키는 문장이 될 것이다. '할아버지가 이리 오고 있다.'라고 한다면 그 할아버지는 존중하는 대상이 아닌 것이다.

높임법의 종류

높임법은 청자나 대상에 대한 판단을 드러내는 방식인데, 어떤 것에 대한 판단인가에 따라 세 가지 종류로 나뉜다. 상대 높임법, 주체 높임법, 객체 높임법이 그것이다. 이 세 가지 높임법은 종결어미, 선어말어미 '-(으)시-', 조사 '께, 께서', 특수한 어휘 '계시다, 드리다'와 같은 다양한 장치를 통해 실현된다.

상대 높임법

상대 높임법은 한국어 높임법 중 가장 대표적인 것으로, 상당히 세분화되어 있다. 상대 높임법을 청자 높임법이나 청자 대우법이라고 부르기도 하는데, 화자가 청자의 연령이나 지위 등 다양한 측면을 파악하고 이 판단에 따라 높이거나 낮추는 방식을 결정하는 것이기 때문이다. 즉, 청자를 어떻게 대우하느냐가 이 높임법의 내용이다. 상대 높임법은 특정한 종결어미로 실현되는데, 크게 격식체와 비격식체로 나눌 수 있다. 상대 높임법을 실현하는 종결어미를 정리하면 다음 표와 같다.

	격식체				비격식체	
	해라체	하게체	하오체	하십시오체	해체(반말)	해요체
평서형	-(는/ㄴ)다.	-네.	-오.	-(ㅂ니)다.	-어.	-어요.
의문형	-(느)냐?	-(느)ㄴ가?	-오?	-(ㅂ니)까?	-어?	-어요?
감탄형	-(는)구나!	-(는)구먼!	-(는)구료!	-	-어!	-어요!
명령형	-어라.	-게.	-오.	-(ㅂ)시오.	-어.	-어요.
청유형	-자.	-세.	-	-(ㅂ)시다.	-어.	-어요.

격식체

격식체는 의례적 용법으로 심리적인 거리감을 나타낸다. 격식체는 높임의 정도에 따라 4등급으로 나뉘는데, 각각의 등급에는 명령형 어미와의 결합형을 따서 해라체, 하게체, 하오체, 하십시오체(합쇼체)라는 이름을 붙인다. 격식체는 주로 공식적인 자리에서 사회적 관계를 염두에 두고 사용된다.

잘 지내시고 있습니까?(하십시오체)
여보, 잘 지내고 있소?(하오체)
김 군, 잘 지내고 있나?(하게체)
철수야, 잘 지내고 있냐?(해라체)

비격식체

비격식체는 정감적이고 격식을 덜 차리는 표현으로, 해체와 해요체로 나뉜다. 비격식체는 주로 격식을 잘 차리지 않아도 되는 자리에서 화자와 청자의 관계가 가깝고 친밀한 경우에 많이 사용된다. 물론 상대 높임법의 사용 상황은 매우 다양하므로 양상은 달라질 수 있다. 일상적인 대화 상황에서는 비격식체가 격식체보다 널리 쓰인다.

철수 씨, 잘 지내고 있어요? (해요체)

철수야, 잘 지내고 있어? (해체)

명령형의 문체

다음과 같은 표현의 차이를 비교해 보자.

이 책을 봐라(보아라)./꿈은 크게 꾸어라./공부를 열심히 해라(하여라).

이 책을 보라./꿈은 크게 꾸라./공부를 열심히 하라.

첫 줄의 문장들은 해라체의 명령형 어미가 붙은 것이다. 이때 쓰인 종결어미는 '-아라/-어라/-여라'이다. 두 번째 줄 문장들에는 '-라'가 붙었는데, 이것 역시 명령형 어미에 속하지만 느낌이 조금 다르다. 이렇게 주로 문어에서 사용되는 '-라'를 '하라체'라고 부른다.

주체 높임법

주체 높임법은 서술어의 주체가 그 말을 하는 화자보다 나이나 사회적 지위 등에서 더 상위에 있을 때, 주로 주어로 실현되는 문장 서술어의 주체를 높이는 방법이다. 서술어에 주체 높임 선어말어미 '-(으)시-'를 붙이는 것이 보통이지만 부수적으로 주격조사 '이/가' 대신 '께서'를 쓰거나 주어로 쓰인 명사에 접사 '-님'을 덧붙이는 방법도 이용된다.

저기 아버지가 오는구나.

저기 아버님께서 오시는구나.

'-(으)시-'는 높여야 할 대상이 문장의 주어와 밀접한 관련을 맺는 경우에도 쓰인다. 다음 예문에서는 문장의 주어가 직접 높여야 하는 대상은 아니지만 화자가 높여야 한다고 판단한 대상인 '선생님'과 밀접한 관계를 갖는다. 신체의 일부분이나 소유물 등에 해당하는 것이면 높임의 직접 대상이 아니어도 '-시-'를 붙이는 방식이 있는 것이다.

선생님 말씀이 맞으십니다.
돈이 많이 있으시다고요?
넥타이가 아주 멋지시네요.

앞의 예문에서 '맞으십니다, 있으시다고요, 멋지시네요'의 주어인 '선생님 말씀'과 '돈', '넥타이'는 화자가 높이려는 대상인 '선생님' 등과 긴밀하게 관련되어 있는 것이므로 높임 대상의 일부분이라고 할 수 있다.

주체 높임을 실현하는 어휘

주체 높임법이 미리 정해져 있는 어휘 항목으로 실현되는 경우도 있다. '계시다, 잡수시다, 주무시다, 편찮으시다, 돌아가시다' 등은 주체 높임법을 실현하기 위한 단어들이다. 특히 '있다'의 주체 높임 표현은 '-(으)시-'가 붙은 '있으시다'와 특수 어휘 '계시다' 두 가지가 있는데, 이 둘의 쓰임이 같지 않다.

아버지, 무슨 고민 계세요.(X)
아버지, 무슨 고민 있으세요.(O)

'계시다'는 화자가 주어를 직접 높일 때 사용하고, '있으시다'는 주어와 관련된 대상을 통하여 주어를 간접적으로 높일 때 사용한다. 전자를 직접 높임, 후자를 간접 높임이라고 한다.

압존법

다음 문장에서처럼 청자가 문장의 주어가 가리키는 대상보다 더 높은 지위를 갖는 경우에는, 문장에 표시된 주어가 높임의 대상이라도 주체 높임의 선어말어미를 실현하지 않는다는 관습이 있다. 이를 **압존법**이라고 한다. 그러나 오늘날에는 별로 준수되지 않는 것이 보통이다.

할아버지, 아버지가 아직 안 왔어요.(O)
할아버지, 아버지가 아직 안 오셨어요.(X)

객체 높임법

객체 높임법은 목적어나 부사어가 지시하는 대상, 즉 서술어의 객체를 높이는 방법이다. 객체 높임법은 특수 어휘, 그중에서도 특수한 동사를 사용하는 방법으로 실현된다. 이런 동사로는 '여쭙다, 모시다, 뵙다, 드리다' 등이 있다. 부사어에서 격조사 '에게' 대신 '께'를 사용하는 것도 객체 높임법이다.

나는 동생을 데리고 병원으로 갔다.
나는 아버지를 모시고 병원으로 갔다.

나는 친구에게 과일을 주었다.
나는 선생님께 과일을 드렸다.

높임을 드러내는 어휘

'드리다'는 문장의 객체를 높이는 객체 높임법에 쓰이는 단어이지만, 최근에는 명사와 결합해서 객체를 높이는 의미의 동사로 파생되어 쓰이기도 한다. 이럴 경우에는 '-드리-'를 접미사로 볼 수 있을 것이다.

감사드리다, 기도드리다, 문안드리다, 부탁드리다……

사전에도 이 말이 접미사로 수록되어 있다. 이 '드리다'는 '하다' 대신 쓰여서 높임의 뜻을 나타낸다.

-드리다7 형태 분석: [-드리_다] 【접미사】동작을 나타내는 일부 명사 뒤에 붙어 '그 동작을 공손하게 하다'의 뜻을 더하여 동사를 만드는 말(고려대 한국어대사전).

한편, 어떤 단어는 그 자체가 높임의 뜻을 갖고 있다. '밥-진지, 나이-연세, 생일-생신' 등의 그 예가 된다. 이 단어 쌍에서 뒤에 오는 말은 앞말의 높임말이다. 청자를 높이기 위해 화자를 낮추는 대명사도 있는데, '나-저, 우리-저희' 등이 있다. 이 단어 쌍에서는 뒷말이 앞말의 낮춤말이다. 대상을 높이기 위해서 명사에 접미사 '-님'을 붙여서 표현하기도 한다. '선생님'처럼 알려진 단어도 있지만, 이름 뒤에 '-님'을 붙여서 쓰기도 하는 등의 용법이 확산되고 있다(아무개님, 어디로 와 주세요. 등).

시제와 동작상

시제와 상의 개념

문장에 나타나는 시간과 관련된 문법 범주로는 시제와 상을 들 수 있다. 시제는 화자가 발화하는 시점을 중심으로 사건의 선후 관계를 나타내는 문법 범주이다. 한국어에는 과거 시제, 현재 시제, 미래 시제의 세 가지 시제가 있다. 상은 서술어가 표시하는 동작의 양상을 나타내는 문법 범주인데, 주로 동작에 대한 것이므로 **동작상**이라고 부른다. 한국어의 동작상에는 진행상, 완료상, 예정상, 기동상 등이 있다. 한국어에서는 시제와 상이 잘 구별되지 않는 현상이 종종 보인다. 그래서 시제와 상을 함께 다루는 **시상법**이라는 용어를 이용하기도 한다.

시제의 종류

언어에는 시간을 나타내는 범주가 있다. 이 장치를 이용해서 어떤 사건이 언제 일어났는지에 따라 언어 표현을 다르게 할 수 있다. **시제**(時制, tense)는 시간을 인위적으로 구분하여 나타내는 문법 범주이다. 시제는 화자가 말하는 시점인 **발화시**(發話時)와 어떤 사건의 동작이나 상태가 일어나는 시점인 **사건시**(事件時)를 구별하고, 이 발화시와 사건시의 관계를 언어적으로 표현하는 방식이다. 발화시와 사건시의 관계에 따라 과거 시제, 현재 시제, 미래 시제로 구별한다. 학교 문법에서는 이 세 가지 시제를 모두 인정하고 있다.

- 과거 시제: 사건시 → 발화시(사건시가 발화시에 선행)
- 현재 시제: 발화시(사건시와 발화시가 일치)
  사건시
- 미래 시제: 발화시 → 사건시(사건시가 발화시에 후행)

과거 시제

과거 시제는 사건시가 발화시보다 앞서 있는 시제이다. 대표적인 방법은 과거 시제 선어말어미 '-았-/-었-'을 사용하는 것이다. '-았었-/-었었-'도 과거를 나타내는 표현인데, 발화시보다 훨씬 전에 발생하여 현재와는 강하게 단절된 사건을 표현하는 데 쓰여 '-았-/-었-'의 의미와 조금 차이를 보인다. 이를 대과거라는 용어로 표시하기도 한다.

어제도 물고기를 꽤 많이 잡았네.
작년만 해도 이 저수지에는 물고기가 적었었는데 말이야.

과거 어느 때를 기준으로 그때의 일이나 경험을 돌이켜 회상할 때에는 '-더-'를 사용한다. 다음 문장 역시 과거형이라고 할 수 있다.

어제는 물고기가 참 잘 잡히더라.

동사 어간에 붙는 관형사형 전성어미 '-(으)ㄴ'도 과거 시제를 나타내는 데 사용된다. 그러나 형용사나 서술격조사 다음에는 회상 선어말어미 '-더-'와 관형사형 전성어미 '-(으)ㄴ'이 결합된 관형사형 전성어미 '-던'이 쓰인다.

어제 잡은 물고기가 모두 몇 마리지?
그렇게 많던 철새가 다 사라졌(사라지-+-었-)네.
어부이던 사람들은 모두 도시로 떠났(떠나-+-았-)지.

현재 시제

현재 시제는 발화시와 사건시가 일치하는 시제이다. 현재 시제는 동사에서는 현재 시제 선어말어미 '-는-/-ㄴ-'과 관형사형 전성어미

'-는'으로 나타나고, 형용사와 서술격조사에서는 관형사형 전성어미 '-(으)ㄴ'이 쓰이거나 선어말어미 없이 현재 시제임을 알 수 있다.

> 집에서는 음악을 자주 듣는다. / 내가 듣는 음악
> 이 꽃은 향기가 없다. / 향기 없는 꽃
> 철수는 학생입니다. / 학생인 철수

'음악을 듣는다'에서 이 문장이 현재의 사건을 나타내고 있음을 바로 알 수 있다. 그러나 '향기가 없다'에는 특별히 현재 시제를 나타내기 위한 장치가 있는 것은 아니지만, 청자는 이 발화가 현재의 상태를 나타내고 있다고 해석한다.

미래 시제

미래 시제는 사건시가 발화시보다 나중인 시제이다. 미래 시제 표현으로는 선어말어미 '-겠-'이 대표적이다. 선어말어미 '-(으)리-'도 있는데, '-(으)리다, -(으)리라, -(으)리니' 등과 같이 한정된 표현에서 사용되며, 예스러운 의미를 나타낸다. '-겠-'은 미래 시제를 나타내는 것 이외에 추측이나 의지, 가능성 등의 양태적 의미를 표현하기 위해서도 쓰인다.

> 잠시 후 이곳에 내빈들이 입장하시겠습니다.
> 거기 두면 나중에 먹으리다.

관형사형 전성어미로는 '-(으)ㄹ'이 사용되고, 관형사형 전성어미 '-(으)ㄹ'과 의존명사 '것'이 결합된 '-(으)ㄹ 것'도 널리 사용되는데,

'-겠-'과 의미가 비슷하다.

먼저 읽을 사람이 책을 빌리는 게 좋겠다.
올해도 어김없이 봄은 올 것이다.
그는 내일 올 거야.

동작상의 종류

시제는 아니지만, 시간을 나타내는 표현으로 동작상이 있다. 동작상은 시제와 매우 밀접한 관계를 갖는데, 시간의 흐름 속에서 그 동작이 진행되고 있는지, 완결된 것인지 등 동작의 양상을 표현하는 방법이다. 동작상에는 진행상, 완료상 등이 있는데, 대체로 진행상은 현재 시제와, 완료상은 과거 시제와, 예정상은 미래 시제와 일치한다. 주로 보조용언 일부가 동작상을 보여 주지만 때로는 연결어미로 실현되기도 한다.

완료상

완료상은 동작이 다 끝났음을 나타내는 것으로, '-어 버리다, -어 있다(보조용언)', '-고서(연결어미)' 등을 통하여 실현된다.

자장면을 다 먹어 버렸다.
지현이는 지금 의자에 앉아 있다.
그녀는 밥을 다 먹고서 집을 나섰다.

진행상

진행상은 동작이 진행되고 있음을 나타내는 것으로 '-고 있다, -어 가다(보조용언)', '–으면서(연결어미)' 등을 통하여 실현된다.

그는 이미 자고 있었다.
영이는 밥을 다 먹어 간다.
그녀는 미소를 지으면서 대답하였다.

예정상과 기동상

예정상은 동작이 앞으로 일어날 것을 표시하는 것으로 학교 문법에서는 기술하지 않고 있으나 다음 예의 첫 번째 문장에서 찾아볼 수 있다. 기동상 역시 학교 문법에는 포함되어 있지 않지만, 동작이 막 시작되는 것을 표시하는 형식이다.

이번에 그곳에 가게 되었어.
버스가 천천히 움직이기 시작했다.

'가게 되었어'에서 이 동작은 미래에 일어날 예정임을 파악할 수 있다. '–게 되다'라는 본용언+보조용언 구성이 이런 뜻을 표현하는 데 쓰인다. '움직이기 시작했다'에서 '–기 시작하다'라는 본용언+보조용언 구성은 동작의 시작을 표시하는 기동상 표현 장치이다.

시제와 시간 표현

시제와 상이라는 문법 범주는 형식적 장치이다. 여기서 중요한 점은 시제가 문법적으로 특정한 형식에 의해서 실현된다는 것이다. 보통 '어제, 옛날'과 같은 시간을 나타내는 부사어가 사용되면 과거의 일을 나타낸다고 볼 수 있다. '지금, 오늘'과 같이 현재 시간을 나타내는 부사어가 사용되면 현재의 일이고, '내일' 등은 미래의 일을 나타내는 문장에 나타나는 일이 많기는 하다. 그렇지만 이런 단어를 시제라고 부르지는 않는다. 시간의 의미가 있더라도 모두 다 시제가 되는 것은 아니다. 문법적으로 정해진 표현에 대해서만 시제라는 이름을 붙이는 것이다.

그런데 시제로 나타내는 특성이 실제 문장의 의미와 항상 일치하지 않는 사례가 많다. 다음 문장은 미래의 사건을 표시한 것이지만 미래 시제는 아니다.

내일이면 철수가 온다.

이 문장은 현재 시제이다. 그렇지만 미래의 사건을 표현하고 있다. 한국어에는 이렇게 시제의 형식이 다른 시간을 표현하는 경우가 적지 않다. 다음 예도 마찬가지이다.

철수가 오늘 결석했다.
넌 인제 큰일 났어.

첫 번째 문장은 과거 시제이지만 현재의 사건을 표현하고 있다. 두 번째 문장에는 과거 시제가 쓰였지만 실제 의미는 미래의 일을 예측한 것이다.

봄이 왔다.
참 잘 생겼네.
이제 가겠지?

'봄이 왔다'에는 과거 시제 선어말어미가 들어 있지만, 실제 기능은 '완료'라는 상적 특성을 나타내는 것이다. 과거의 일이라기보다는 계절의 도래가 완성되었다는 뜻을 더 강하게 표시한 것이다. '이제 가겠지?'에는 미래 시제 선어말어미 '-겠'이 쓰였지만 실제 의미는 추측에 있다고 할 수 있다. 이렇게 시제 형식이 동작상이나 양태와 같은 다른 기능을 표시하는 데 쓰이는 것은 한국어의 중요한 특성 중 하나이다.

절대 시제와 상대 시제

시제는 발화시와 사건시의 상대적인 관계에 의해 기술되는 범주이므로, 발화시와 사건시에 따라 의미가 달라지기도 한다. **절대 시제**는 발화시를 기준으로 하여 결정되는 시제를 말하고, **상대 시제**는 주문장의 사건시에 의존하여 상대적으로 결정되는 시제를 가리킨다.

> 비가 오는 소리가 들렸다.
> 비가 오며 바람이 세차게 불었다.

앞 복문에서 비가 온 사건은 과거에 일어난 것이다. 그럼에도 '비가 오는, 비가 오면'처럼 현재 시제를 나타내는 관형사형 전성어미와 연결어미가 사용되었다. 이 문장에서 관형절이나 선행하는 종속절의 시제는 현재 시제이지만, 그 의미는 주문장에 나타난 사건시의 시제인 과거 시제로 해석하는 것이 맞다. 절대 시제는 발화시를 기준으로 하여 결정되는 시제이다. 빗소리가 들리고 바람이 불어온 일은 과거의 일이므로 '들렸다, 불었다'에서 과거 시제 선어말어미로 표시된 시제가 바로 절대 시제이다. 상대 시제는 '오는, 오며'에 나타난다. 이 단어의 시제 형태는 분명히 현재이다. 그렇지만 전체 문장이 과거의 사건을 나타내므로 비가 온 것도 과거의 일이다. 즉, 상대 시제로 보면 '오는, 오며'는 현재가 아니라 '과거'로 해석되는 것이다.

부정 표현

부정 표현의 개념과 종류

부정법은 부정을 나타내는 부사나 보조용언을 이용하여 긍정문의 내용을 부정하는 문법 범주이다. 학교 문법에서는 **부정 표현**이라는 이름으로 부정법을 다루고 있다. 부정 표현은 긍정 표현에 대하여 언어 내용의 의미를 부정하는 문법 기능을 말하는데, 한국어에서는 부정부사 '안, 못'과 부정 용언 '아니하다, 못하다'를 사용하여 부정 표현을 만들 수 있다. 명령문이나 청유문에서는 '말다'가 쓰인다.

나는 그를 안 만났다.
나는 그를 만나지 않았다.
그를 만나지 마라.
그를 만나지 말자.

부정법은 방식에 따라서 부사를 이용하는 단형 부정과 용언을 이용하는 장형 부정으로 나눌 수 있고, 또 내용에 따라 주어의 의지를 나타내는 의지 부정과 주어의 능력에 따른 부정의 상황을 나타내는 능력 부정이 있다.

의지 부정과 능력 부정

먼저 의지 부정은 '안' 부정이라고 하기도 한다. 이 부정은 주어의 의지에 따라 부정이 결정되는 것이기 때문에 의지 부정이라고 하는 것인데,

'나는 그를 안 만났다.', '나는 그를 만나지 않았다.' 같은 부정문으로 실현된다.

능력 부정은 '못' 부정이라고 하는데, 이 부정은 주어의 능력이 부족하거나 주위 환경이 불가피해서 어쩔 수 없이 나타나는 부정을 뜻한다. '나는 그를 못 만났다.', '나는 그를 만나지 못했다.' 등이 능력 부정문이다.

단형 부정과 장형 부정

학교 문법에서는 단형 부정을 짧은 부정문이라고 기술하고 있다. 짧은 부정문은 긍정문의 서술어 앞에 부정부사 '안(아니), 못'을 첨가해서 만든다. '안'은 의지 부정을 나타내는 부사이고, '못'은 능력 부정을 나타내는 부사이다.

장형 부정을 학교 문법에서는 긴 부정문이라고 한다. 긴 부정문은 '-지 않다', '-지 못하다' 등의 부정 의미를 나타내는 구성으로 표현된다. 장형 부정문은 긍정문의 서술어 어간 뒤에 보조적 연결어미 '-지'를 붙이고, 이 뒤에 부정 용언을 결합하는 보조용언 구성으로 실현된다. '아니하다(않다)'는 의지 부정, '못하다'는 능력 부정을 나타낸다.

단형 부정과 장형 부정이 어디서나 쓰일 수 있는 것은 아니다. 장형 부정은 별 제약 없이 모든 용언에 자유롭게 붙일 수 있지만 단형 부정은 일부 용언으로는 만들지 못하는 등 제약이 있다.

안 익다, 안 하다, 안 가다

*안 설익다, *안 공부하다, *안 오가다

'설익다, 공부하다'는 파생어이고, '앞서다'는 합성어이다. 이렇게 파생어나 합성어는 부정부사 '안'과 함께 쓰면 어색하게 느껴진다. 그러나 이런 제약은 상황에 따라 완화되기도 한다. 언어발달의 측면에서 보면 단형 부정이 먼저 발달하고 이후에 장형 부정이 발달한다.

그 외의 부정 표현

부정문에는 몇 가지 제약이 존재한다. 우선 명령문과 청유문은 보조용언 구성 '-지 말다'를 이용해서 부정문으로 만들 수 있다. 명령문 부정법은 따로 정해진 형식을 갖고 있는 것이다. 이것을 '말다' 부정이라고도 한다. 그런데 '*너는 지금부터 안 예뻐라.'처럼 명령문과 청유문의 서술어로는 형용사가 올 수 없으므로 형용사인 서술어로는 이런 종류의 부정문을 만들 수 없다. 체언서술어, 즉 체언과 '이다'가 결합한 서술어도 '말다'를 이용해 부정문을 만들 수 없다.

가지 마라.
하지 말자.
*예쁘지 마라.
*예쁘지 말자.
*학생이지 마라.

체언서술어, 즉 '이다'가 나타나는 문장의 경우, 긍정문에 대한 부정문은 형용사 '아니다'를 이용하여 만들 수 있다.

그는 학생이다.
그는 학생이 아니다.

앞에서 파생어와 합성어의 경우 단형 부정이 잘 되지 않는다는 것을 기술한 바 있다. 그런데 파생어나 합성어가 아닌 '알다, 모르다, 없다' 등도 '*안 알다, *안 없다'와 같은 짧은 부정 표현이 불가능하고, 긴 부정 표현만 사용 가능하다는 특성이 있다.

부정문의 의미

부정문은 부정이 미치는 범위에 따라 같은 문장이라도 둘 이상의 의미로 해석될 가능성이 있다.

학생들이 다 안 왔다.
학생들이 다 도착하지 않았다.

문장에 부사 '다, 모두, 조금, 많이' 등이 있으면 부정의 범위에 그 부사의 의미가 포함될 수도 있고 그렇지 않을 수도 있어서 두 가지 의미로 해석이 가능하다. 학생들이 전혀 오지 않았거나, 일부만 왔다고 해석할 수 있는 것이다. 이럴 때 몇 가지 방법으로 중의성을 없앨 수 있다. 우선 보조사를 '은/는'을 붙이면 이러한 중의성이 해소될 수 있다. 그 밖에 구어에서는 특정한 부분을 강조해서 돋들리게 하는 방법으로 중의성을 없앨 수도 있다.

학생들이 다 도착하지<u>는</u> 않았다.

한편, 부정문에는 부정문에서만 나타날 수 있는 말이 자주 보인다. 예를 들어, '별로'라는 부사는 부정문이 아니면 나타나기 힘들다.

*별로 좋다.

별로 안 좋다.

별로 좋지 않다.

앞의 문장에서 첫 번째 문장은 허용되기 어렵다. 이렇게 부정문에서만 나타나는 말을 **부정극어**(否定極語)라고 부른다. '별로, 절대로, 미처, 차마, 아무도' 등의 단어는 부정문에서만 쓰일 수 있다.

부정문의 범위

다음 문장이 부정문이 될 수 있을지 생각해 보자.

그는 아직 미성년입니다.

나는 그녀의 마음을 잘 모른다.

나는 수중에 돈이 없습니다.

'없다, 모르다' 등은 부정적 의미를 가진 어휘이다. 그리고 不, 非, 無 등의 부정적인 뜻을 나타내는 접두사가 쓰이는 문장도 부정의 의미를 나타낸다. 그러나 이런 문장을 부정문이라고 부르지는 않는다. 문법에서 말하는 부정은 일정한 문법적 형식을 갖추어야 하기 때문이다. 의미상 부정의 뜻이 있어도 그것을 실현하는 문법적 장치가 체계적으로 갖추어지지 않았다면 문법 범주가 될 수 없다.

과제

1. 상대 높임법을 실현하는 방법의 체계를 만들어 보시오.

2. 가족 사이에서는 높임법이 잘 지켜지지 않는 것처럼 보이는 경우가 많다. 그 이유를 설명해 보시오.

3. 다음 표현에 어떤 오류가 있는지 설명해 보시오.

   손님, 오천 원이세요.

4. 다음 문장은 과거 시제 선어말어미가 쓰였으나 과거 시제를 나타낸다고 보기 힘들다.

   • 동생은 엄마랑 닮았네.

   이 문장에 쓰인 '-았-'의 의미에 대해 설명해 보시오.

5. 시제가 아니지만 시간을 나타내는 어휘적 표현을 조사해 보시오.

6. 동작상을 실현하는 방법을 더 찾아보시오.

7. 짧은 부정문을 사용할 수 없는 용언을 찾아 특성을 설명해 보시오.

8. 중의성을 보이는 부정문의 예를 찾고 중의성을 해소해 보시오.

제14 장

피동과 사동

같은 말처럼 보여도 표현 방법이 다르면 그 의미는 상당히 달라진다. '내가 너를 안았다.'와 '네가 나에게 안겼다.'는 둘 다 동일한 상황에 대한 표현이지만 조금 뉘앙스가 다르다. '경찰이 도둑을 잡았다'와 '도둑이 경찰에게 잡혔다.', '강아지가 고양이를 물었다.'와 '고양이가 강아지한테 물렸다.'도 유사한 쌍이다. 이렇듯 각각의 표현에서 발생하는 의미의 차이를 적극적으로 이용하여 효과를 높일 수 있고, 이런 방식의 수사법은 생각보다 널리, 적극적으로 사용된다. 이 장에서는 문법 범주 중 문장을 표현하는 방식과 관련된 두 가지 범주, 즉 **피동**과 **사동**에 대해 알아볼 것이다. 그런데 피동과 사동을 이해하기 위해서는 주어나 목적어와 같은 문장성분 외에도 동작주, 피동작주 등의 의미 개념을 바탕에 두어야 한다. 따라서 우선 논항과 의미역 등의 개념을 살펴보기로 한다.

논항과 의미역

서술어의 중요성

문장의 중심 성분은 **서술어**이다. 서술어가 문장의 구조를 결정하기 때문이다. 우리는 앞에서 서술어 역할을 하는 단어의 특성에 따라 필요한 성분의 종류와 수가 달라진다는 사실을 확인한 적이 있다. 이 개념을 '서술어의 자릿수'라고 하는데, 다음과 같이 '예쁘다' 같은 형용사가 서술어 역할을 하면 더 필요한 문장성분은 주어 하나밖에 없다. '먹다'와 같은 타동사가 서술어가 되면, 주어와 목적어 두 개의 문장성분이 실현되어야 한다.

한 자리 서술어
– 꽃이 예쁘다.
①

두 자리 서술어
– 우리가 밥을 먹다.
① ②

세 자리 서술어
– 자식들이 부모에게 용돈을 드리다.
① ② ③

'드리다'가 서술어가 되면 주어 외에도 부사어 '부모에게'와 목적어 '용돈을'이 문장에 명시되어야 한다. '자식들이 용돈을 드리다.', '자식들이 부모에게 드리다.' 이런 문장은 문맥의 도움이 있으면 의미를 알 수 있지만, 만약 다른 문장들과 분리하여 놓으면 어딘가 불완전하다는 느낌을 준다. 문장의 구조가 완성되지 않았기 때문이다. 문장들의 구조는 서술어에 의해 결정된다는 것이 확인된 것이다.

서술어가 요구하는 문장성분의 특성

이렇게 서술어가 요구하는 문장성분과 밀접하게 관련되는 세 가지 용어를 알아둘 필요가 있다. 논항, 격, 의미역 이 세 가지이다.

논항

논항(論項, argument)은 서술어가 갖는 고유한 통사적 · 의미적 특성에 따라 필요로 하는 성분으로 정의된다. 즉, 서술어가 요구하는 필수 성분이다. 한국어의 문장성분 중에서 필수 성분은 주어, 목적어, 보어, 그리고 일부 필수적 부사어이고, 이들은 대개 체언이다.

논항은 서술어가 요구하는 필수 성분이므로 서술어 자리에 오는 동사나 형용사에 의해 결정된다. 그런데 이 논항은 특별한 통사적 특성과 의미적 특성을 갖게 된다. 논항이 갖는 통사적 특성을 격이라고 하고, 의미적 특성을 의미역이라고 한다. 논항이 아닌 요소를 부가어(adjunct)라고 한다.

격

격(格, case)은 서술어가 요구하는 논항이 갖는 문법적인 자격을 말한다. 즉, 문장 안에서 명사나 대명사 등의 체언이나 용언의 명사형이 서술어에 대하여 가지는 자격이다. 한국어에서는 격을 격조사가 표시한다. 주격은 주격조사가, 목적격은 목적격조사가 부여하는 것이다.

의미역

의미역(thematic roles)은 논항이 갖는 의미적 기능을 말한다. 예를 들어, 다음 문장에서 철수가 하는 역할을 의미역이라고 한다.

철수가 빵을 먹었다.

이 문장이 표시하는 사건을 생각해 보자. 철수가 식사나 간식으로 빵을 먹은 사건인데, 서술어 '먹었다'와 관련된 두 논항 '철수'와 '빵'은 각각 이 동작을 수행한 당사자와 동작의 대상을 의미한다. 그런데 이 의미역은 격과 일대일로 대응하지는 않는 것처럼 보인다.

나는 따뜻하다.
잔이 따뜻하다.

옷이 따뜻하다.

이 문장들에서 맨 첫 어절은 모두 주어이다. 주격조사 '이/가'가 결합된 것으로, 통사적으로 주격을 부여받고 있는 것이다. 그러나 각 문장의 의미를 살펴보면 서로 다른 양상이 보인다. 우선 '나는 따뜻하다.'에서 '나'는 의미적으로 보면 서술어가 의미하는 경험을 직접 느끼는 주체가 된다. 이 의미역에 '경험주'라는 이름을 붙일 수 있다. 그런데 '잔이 따뜻하다.'에서는 '잔'이 상태의 대상이 된다. 의미역은 '대상'이다. '옷이 따뜻하다.'는 따뜻한 체험의 대상이나 주체가 아니라 따뜻함을 제공하는 도구의 의미가 있다.

이런 식으로 논항의 의미적 특성을 정리하면 다양한 의미역을 찾을 수 있다. 의미역의 종류는 명확하게 통일되지는 않았지만 대표적인 것을 들어 보면 다음과 같다.

- 동작주(행위자, 행위주, agent): 어떤 활동이나 동작을 하는 주체
  강아지가 먹이를 먹는다.
- 경험주(experiencer): 지각, 감정의 경험자
  나는 가을이 좋다.
- 피동작주(patient): 동작이나 행동의 대상
  도둑이 경찰에게 잡혔다. 경찰이 도둑을 잡았다.
- 대상(theme): 행위의 영향을 받는 대상
  그는 이삿짐을 날랐다.
- 장소(location): 동작주나 대상의 위치
  일단 공항에서 만나자.
- 출발점(source): 어떤 동작의 출발점

저녁거리를 마트에서 사 왔다.

- 도착점(goal): 어떤 동작의 종착점

  준영이가 학교에 갔다.

- 도구(instrument): 어떤 행동에 사용되는 수단

  우리는 지하철로 그곳까지 가기로 했다.

형식적으로는 주어로 나타나지만, 의미역이 다른 예를 자주 볼 수 있다. '강아지가 먹이를 먹는다.'에서 '강아지가'는 주어이면서 동작주(행위자) 의미역을 갖는다. 그러나 피동문에서는 양상이 많이 다르다. '강아지가 잡혔다.'에서 '강아지가'는 주어이면서 피동작주 의미역으로 기능하는 것이다. 이 문제를 다음 절에서 자세히 살펴보기로 한다.

피 동

피동의 개념

문장은 동작이나 행위를 누가 하느냐에 따라 능동문과 피동문으로 나누어진다. 주어가 동작을 제 힘으로 하는 것은 **능동**(能動), 주어가 다른 주체에 의해서 동작을 당하게 되는 것을 **피동**(被動)이라고 한다. **피동법**은 문장의 주어가 남에 의해 행하여지는 행위를 받는 것을 표현하는 **피동**이라는 문법 범주를 문장으로 실현하는 문법적 방법이다. 피동법은 영어의 수동태와 유사하다.

고양이가 쥐를 물었다. (능동문)

쥐가 고양이한테 물렸다. (피동문)

앞의 예문에서 첫 번째 문장은 능동문이고, 두 번째 문장은 피동문이다. '물다'는 능동사, '물리다'는 피동사가 된다. 능동문이 피동문으로 바뀔 때에는 능동문의 주어가 피동문의 부사어가 되고, 능동문의 목적어는 피동문의 주어가 된다. 피동문의 부사어는 유정성에 따라 유정명사에는 '에게, 한테'가, 무정명사에는 '에'가 결합해서 만들어진다. '에 의해서'가 붙기도 하는데 번역문의 느낌이 강하다.

쥐가 쥐덫에 잡혔다.
쥐가 새로운 방제 기술에 의해서 사라지게 되었다.

앞에서 확인하였듯이 피동문은 주어의 의미역이 능동문과 다른 것이다. 동사가 서술어로 쓰일 때에는 주어가 그 동사의 주체를 표시한다. '철수가 고기를 잡는다.'라는 능동문에서 고기를 잡는 동작을 하는 주체, 즉 동사 '잡다'의 동작주는 철수이다. 그러나 주어의 형식을 갖고 있어도 이것이 동작주가 아닌 문장도 많이 있다. '고기가 잘 잡힌다.'라는 문장에서 '고기가'는 분명히 주어이지만, 물고기는 동작을 직접 수행하는 주체가 아니라 그 동작의 대상, 즉 피동작주가 된다. 이렇게 주어가 동작주가 아니라 피동작주의 의미역을 갖는 문장을 피동문이라고 한다. 능동문은 주어가 동작주이고, 피동문은 주어가 피동작주인 것이다.

피동의 종류

피동문을 만드는 방법은 크게 두 가지로 나뉘는데, 단어형성법을 이용하는 것과 통사적인 방법을 이용하는 것이다. 전자를 파생적 피동이라고 하고 후자를 통사적 피동이라고 부른다. 어휘적인 피동 표현도 가능하다.

파생적 피동(단형 피동)

파생적 피동문은 짧은 피동문, 접사 피동문, 단형 피동문이라고도 한다. 이 피동문은 능동사의 어간에 피동 접미사 '-이-, -히-, -리-, -기-'가 붙어서 만들어진 피동사가 문장의 서술어 자리에 오면 실현된다.

토끼가 사냥꾼에게 잡혔다(잡히었다).

파생적 피동은 단어형성법 중 파생법에 의해 만들어진 새로운 파생어에 의해 표시되는 것이다. 따라서 모든 능동사에 적용 가능한 것은 아니다. 어떤 능동사는 피동사로 파생될 수 있지만 실제로 한국어에는 피동사가 있는 능동사보다 피동사가 없는 능동사가 더 많다.

보다: 보이다, 잡다: 잡히다. 듣다: 들리다

주다: ?, 얻다: ?, 알다: ?

'보다'의 피동사는 어근 '보-'에 피동 접미사 '-이-'가 붙어서 만들어진 '보이다'이다. 그런데 '주다'는 이 단어에 기반하여 피동사를 만들 수 없다. '*주이다' 같은 말은 없는 것이다. 이것은 피동사를 만드는 과정이 굴절이 아닌 조어의 과정이기 때문이다. 피동사는 단어형성을 거친 것이므로 사전에 등재된다. 사전에는 '보이다, 잡히다, 들리다' 등의 단어가 표제어로 등록되어 있다. 이들을 검색해 보면 능동사와 피동사의 관련성을 쉽게 이해할 수 있다.

다음의 예에서 알 수 있듯이, 모든 피동사가 능동사를 그 짝으로 갖는 것도 아니다.

사과가 많이 열렸다.
?사과를 많이 열었다.

'열리다'는 피동 접미사 '-리-'가 어근 '열-'에 붙어서 만들어진 피동사이다. 그러나 문장에 이 피동사가 쓰였을 때 그 짝이 되는 능동문을 찾기는 어렵다. 피동문은 능동문을 이용하여 기계적으로 변환할 수 있는 것이 아니라는 것을 보여 준다.

통사적 피동(장형 피동)

통사적 피동문은 긴 피동문이라고도 하는데, '-어지다' 구성을 이용하여 나타낸다. '-어지다' 피동법은 파생적 피동법과는 달리 대부분의 용언에 적용될 수 있다.

이 펜은 글씨가 잘 <u>써집니다</u>.
새로운 사실이 <u>밝혀졌다</u>.
날씨가 점점 <u>좋아지네</u>.

'-어지다'는 본용언의 연결어미 '-어'와 보조용언 '지다'가 결합한 구성이다. 그런데 다른 보조용언들과 달리 '-어지다'는 본용언과 띄어 쓰지 않고 마치 한 단어처럼 붙여서 쓴다. 이것은 이 구성이 문법적 기능을 수행하는 일종의 문법 요소로 굳어진 것으로 인식되기 때문이다. '-어지다' 구성은 파생적 피동문에 다시 적용되어 '보여지다, 찢겨지다'처럼 중복된 피동 표현으로 사용되기도 한다.

어휘적 피동

학교 문법에서는 '-게 되다' '-되다' 등의 구성도 피동으로 인정하고 있다.

새로운 사실이 드러나게 된다.
이것은 저것과 관련된다.

학교 문법에서는 '-게 되다'를 통사적 피동으로, 그리고 '관련되다'와 같은 표현은 '-되-'를 접사로 보아 파생적 피동으로 처리하고 있다.

어휘적 피동은 이와는 달리 '당하다, 받다'와 같이 피동의 의미를 갖는 어휘를 써서 피동을 나타내는 것을 말한다. 어휘적 피동은 용법이 제한적이고, 문법적 장치를 이용한 것이 아니므로 문법 범주로서의 차원에서는 피동에서 제외하는 것이 보통이다. 그러나 기능을 중심으로 한 분석에서는 이들을 피동의 범주에 포함하는 것이 불가능하지는 않다.

예를 들어, 사전에서 '받다'를 찾아보면 이들이 접사로 새로운 단어를 만드는 파생 과정에 참여할 수 있는 요소라고 인정하고 있다. 그리고 그 기능을 '피동'의 뜻을 더하는 것이라고 구체적으로 명시하고, 이 접사가 붙어 만들어진 동사를 표제어로 수록한다.

-받다4【접미사】일부 명사 아래에 붙어, '그로 인한 결과를 입다' 또는 '그러한 일을 당하다'의 뜻을 더하여 동사를 만드는 말.
예) 강요받다, 고통받다, 버림받다, 영향받다, 사랑받다, 혜택받다(고려대 한국어대사전).

따라서 문법적인 피동의 전형적인 예가 아니더라도 일부 어휘적 피동 표현은 매우 널리 쓰이며 점차 문법적 피동의 지위를 획득하는 과정에 있다고 볼 수 있을 것이다.

탈행동적 피동

어떤 피동문은 형식은 피동문이지만, 의미로는 피동의 사태를 나타내지 않는 것이 있다. 이런 피동문은 관용적으로 굳어진 것으로 볼 수 있다. 이 피동문의 주어는 어떤 행동을 할 수 없는 것들이므로 피동적인 해석이 될 수밖에 없다. 이처럼 분명한 동작주를 상정하기 어려운 경우를 **탈행동적 피동**이라고 한다.

> 날씨가 풀렸다.
> 종이 울렸다.
> 마음이 진정되었다.

목적어 있는 피동문

피동문에는 보통 목적어가 없다. 파생으로 만들어진 피동사는 모두 자동사이기 때문이다. 따라서 피동문을 찾아내는 기준 중의 한 가지는 문장의 목적어 실현 여부를 확인하는 것이다. 그런데 어떤 피동문은 목적어와 함께 나타나기도 한다.

> 도둑이 경찰에게 소매를 잡혔다.

이런 피동문을 **'목적어 있는 피동문'**이라고 한다. 목적어 있는 피동문에 대응하는 능동문은 '경찰이 도둑을(의) 소매를 잡았다.'와 같이 목적어를 두 개 갖는 문장이 된다. 이런 피동문은 일반적인 피동문과는 좀 다른 유형이므로 주의해야 한다.

사 동

사동의 개념

문장의 주어가 피사동주로 하여금 어떤 행위를 하게 하거나 어떤 상황에 처하게 하는 것을 표현하는 것을 **사동**이라고 한다. **사동법**은 이런 사동의 표현을 위한 문법적 방법이다.

문장은 주어가 동작이나 행위를 직접 하느냐 아니면 다른 사람에게 하도록 하느냐에 따라 **주동문**과 **사동문**으로 나눌 수 있다. 주어가 동작을 직접 하는 것을 **주동**(主動)이라 하고, 주어가 남에게 동작을 하도록 시키는 것을 **사동**(使動)이라고 한다.

철수가 옷을 입었다. (주동문)
어머니가 철수에게 옷을 입혔다. (사동문)

앞의 문장은 각각 주동문과 사동문이다. 첫 문장에서 표현한 상황을 보면 철수는 직접 옷을 입은 것이다. 주어가 되는 존재가 서술어의 동작을 직접 수행한 것이므로 이 문장은 주동문이고, '입다'는 주동사가 된다. 그런데 두 번째 문장에서는 어머니가 직접 동작의 주체가 된 것이 아니라 철수가 옷을 입도록 직접적이든 간접적이든 영향력을 행사했다는 뜻이 된다. 주어가 되는 존재가 다른 대상이 동작을 수행하도록 만들었으므로 이 문장은 사동문이고 '입히다'는 사동사가 된다. 사동문을 만드는 방법에는 파생적 사동과 통사적 사동이 있다.

사동의 종류

파생적 사동(단형 사동)

파생적 사동문은 짧은 사동문이나 단형 사동문이라고도 한다. 파생적 사동문은 사동사로 실현되는데, 사동사는 주동사 어간에 사동 접미사 '-이-, -히-, -리-, -기-, -우-, -구-, -추-'가 붙어 실현된다. '서다'와 같은 일부 자동사는 두 개의 접미사가 연속되어 있는 '-이우-'가 붙어서 '세우다'와 같이 사동사로 파생된다. 몇 가지 사동사의 예를 제시하면 다음과 같다.

자동사가 사동사로 파생된 것
속다 → 속이다, 익다 → 익히다, 자다 → 재우다

타동사가 사동사로 파생된 것
먹다 → 먹이다, 입다 → 입히다, 지다 → 지우다

형용사가 사동사로 파생된 것
높다 → 높이다, 밝다 → 밝히다, 낮다 → 낮추다

파생적 사동법은 단어형성법과 관련된 것이므로 모든 용언에 대해 적용되지는 않는다. 어떤 동사나 형용사는 주동사에 대한 사동사를 가질 수 있지만, 그렇지 않은 것도 많이 있다. '던지다, 주다, 공부하다, 만나다' 등은 대응하는 사동사가 없다.

주동문과 사동문을 대응해 보면 서술어에 오는 단어의 특성에 따라 그 양상이 조금씩 달라진다. 우선 주동문의 서술어가 형용사나 자동사이면 주동문의 주어가 사동문의 목적어가 된다. 사동문의 주어인 사동주는 새로 도입된다. 다음 문장에서 자동사 '울다', 형용사 '넓다'가 사동사가 되면, 주동문의 주어는 사동문의 목적어가 된다. 또 이 사동문에는 새로운 주어가 나타나야 하는 것이다.

> 아이가 울었다.
> (누군가가) 아이를 울렸다.
> 길이 넓다.
> (누군가가) 길을 넓혔다.

주동문의 서술어가 타동사이면 주동문의 주어가 사동문의 부사어가 되고, 주동문의 목적어는 그대로 사동문의 목적어가 된다. 사동문의 부사어는 주동문의 주어가 모습을 바꾸어 된 것인데, 주로 '에, 에게'가 붙는다. 역시 사동문의 주어는 새로 도입되어야 한다.

> 아이가 옷을 입는다.
> 어머니가 아이에게 옷을 입힌다.

통사적 사동(장형 사동)

통사적 사동문은 긴 사동문이나 장형 사동문이라고도 한다. 통사적 사동문은 연결어미 '-게'에 보조용언 '하다'가 붙은 '-게 하다'를 붙여 실현한다.

차를 정지하게 했다.

통사적 사동법은 파생적 사동법과는 달리 대부분의 용언에 적용될 수 있다. 또한 통사적 사동법은 '남을 속이게 하다'처럼 파생적 사동법이 적용된 문장에 다시 적용될 수도 있다.

어휘적 사동

사동의 뜻을 우리말로 풀어 보면 '시키는' 것이다. 그러니까 '시키다'라는 말이 들어가면 사동의 기능을 수행할 수 있음을 짐작할 수 있다. 실제로 체언에 '시키다'를 결합하면 사동문이 된다.

차를 정지시켰다.

앞에서 살펴본 대로, 이 경우도 어휘적 피동과 마찬가지로 사동의 기능을 나타내는 접미사 '-시키-'가 새로운 단어를 만든 것으로 볼 수 있다. 전형적인 문법적 차원의 사동에 포함하기는 어렵겠지만, 넓은 의미에서 보면 사동의 범주에 넣을 수 있을 것이다.

사동법의 의미 차이

파생적 사동문과 통사적 사동문은 의미의 차이가 있다. 파생적 사동문, 즉 단형 사동문은 직접적인 의미와 간접적인 의미를 모두 갖고 있고, 통사적 사동문, 즉 장형 사동문은 간접적인 의미를 나타내는 경향이 있다.

어머니가 딸에게 옷을 입혔다.
어머니가 딸에게 옷을 입게 하였다.

첫째 문장은 파생적 사동문으로 '어머니가 딸에게 직접 옷을 입혔다.'로도 해석되고, '어머니가 딸에게 옷을 입으라고 말해서 아이가 직접 옷을 입었다.'로도 해석할 수 있다. 그러나 두 번째 문장인 통사적 사동문은 후자의 해석만 가능하고 '어머니가 딸에게 직접 옷을 입혔다.'로는 해석되지 않는다.

피동사와 모양이 같은 사동사

사동사 중에는 '보이다, 잡히다, 업히다, 끌리다, 뜯기다' 등처럼 피동사과 모양이 동일한 것이 많다. 따라서 이들이 문장에서 어떻게 쓰였는지를 구별하는 데 주의를 기울여야 한다.

그는 타고 다니던 자동차까지도 담보로 잡혀 있는 상태이다. (피동사)
도박에 빠진 그는 결국 사채업자에게 집을 잡히고 돈을 빌렸다. (사동사)

과 제

1. 의미역의 종류를 더 찾아보고, 각 의미역이 문장에서 실현된 예를 정리해 보시오.

2. 능동과 피동의 차이를 문장에서 비교해 보시오.

3. 주동과 사동의 차이를 문장에서 비교해 보시오.

4. 한국어의 피동사 목록을 찾아보시오.

5. 짧은 피동문과 긴 피동문에는 어떤 차이가 있는지 알아보시오.

6. 목적어 있는 피동문의 예를 더 찾아보시오.

7. 한국어의 사동사 목록을 찾아보시오.

8. 피동사와 모양이 같은 사동사를 찾아보고, 피동문과 사동문을 구별하는 방법을 정리해 보시오.

9. 짧은 사동문과 긴 사동문의 의미 차이에 대해 알아보시오.

제15 장

문법의 확장

이 장에서는 문법의 특성이 언어학의 다른 분야와 관련되는 여러 가지 주제를 다룰 것이다. 문법적 원리는 음운론, 의미론, 화용론 등 이론 언어학의 여러 분야는 물론, 사회언어학이나 문체론, 교육 등 다양한 분야의 주제와 관련된다. 이들을 모두 다루기는 어렵고, 여기에서는 문법에 대한 이해가 있어야 설명될 수 있는 몇 가지 현상을 중심으로 살펴보기로 한다.

음운론과 문법

음운론은 말소리에 대한 학문이다. 한국어 말소리의 체계와 말소리 변화의 특성을 밝히는 데에는 문법적 지식도 중요한 역할을 한다.

한국어의 말소리

한국어에는 19개의 자음 음소가 있는데, 자음은 조음 위치, 발성 유형, 조음 방법의 세 가지 기준에 의해 체계화될 수 있다. 조음 위치로는 양순, 치경, 경구개, 연구개, 성문의 다섯 가지 위치가 있으며, 발성 유형의 기준으로 보면 평음, 경음, 격음의 삼지적 상관 체계가 있다. 음절 구조에서 자음은 초성과 종성에 올 수 있는데, 연구개 비음 /ŋ/을 제외한 열여덟 개의 자음은 표면형에서 초성 자리에 올 수 있지만, 종성 자리에는 일곱 개의 자음만 올 수 있다.

한국어의 단모음을 학교 문법에서는 열 개로 규정하고 있지만, 실제

언중들의 단모음 실현 양상을 보면 일곱 개의 단모음 음소가 있다고 보는 것이 현실적이다. 단모음은 입술 모양, 혀의 전후 위치, 혀의 높이(개구도)의 세 가지 기준으로 체계화할 수 있다. 한국어의 이중모음은 활음과 단모음의 결합으로 볼 수 있는데, 단모음을 일곱 개로 한정한다면 이것과 결합하는 이중모음, 즉 활음+단모음 조합은 모두 열 가지이다.

한국어에서 음절은 매우 중요한 단위가 되는데, 음절은 발음의 단위이기도 하고, 인식의 단위도 되며, 표기에서도 기본 운영 단위로 반영된다. 음절은 모음이 중심이 되어 그 앞뒤에 자음이 결합하는 구조로 되어 있는데, 이때 모음 앞의 자음을 초성, 모음을 중성, 모음 뒤의 자음을 종성이라고 한다. 한국어에서는 표면형에서 초성과 종성 자리에 자음을 하나씩만 허용한다는 제약이 있다.

음운 현상과 문법

말소리가 다른 말소리와 만나서 변하는 현상을 음운 현상이라고 한다. 그런데 이 음운 현상은 생성 이론적 관점에서는 형태소의 형태 정보를 기저형으로 설정하고 그 기저형을 실제로 발음되는 표면형으로 유도하는 음운 규칙을 이용하여 설명해 왔다. 기저형은 형태소의 정보이므로 문법의 체계 안에서 설명되어야 하는 대상이다. 특히 음운 현상 중에서는 문법적 특성을 알아야 그 현상이 일어난 이유를 설명할 수 있는 범주에 속하는 것들이 있다. 이런 음운 현상을 형태론적 음운 현상이라고 한다.

나는 강아지를 <u>안</u>고 있다.
오늘 아침에는 머리를 <u>감</u>지 않았다.

'안고'는 [안꼬]로, '감지'는 [감찌]로 발음된다. 그런데 이런 경음화 현상을 비음 종결 어간 뒤 경음화라고 부른다. 용언 어간이 비음으로 끝나는 경우에만 일어나는 현상이기 때문이다. 즉, 어간이라는 문법적 차원의 정보가 있어야 이 현상을 제대로 기술할 수 있게 되는 것이다. 문법적 정보가 음운론의 설명에 필요한 사례 중 하나이다.

의미론과 문법

의미론의 개념

형태론은 단어의 형식적 측면에 대한 학문이고, 통사론은 문장의 형식적 측면에 대한 학문이다. 의미론(semantics)은 언어의 내용에 대한 학문이다. 따라서 의미론은 문법 단위인 단어와 문장은 물론 문장을 넘어서는 담화와 텍스트의 의미도 다룬다. 의미론은 대상 영역에 따라 단어의 의미를 다루는 어휘의미론, 문장의 의미를 다루는 문장의미론, 발화의 상황을 고려한 상황의미론 또는 화용의미론 등으로 나눌 수 있는데, 여기서는 어휘의미론과 문장의미론의 주요 개념을 알아본다.

학교 문법에서는 의미론의 여러 지식 중 의미의 개념과 단어의 의미만을 다루고 있다. 따라서 이 장에서는 학교 문법의 틀에 매이지 않고 의미론의 기초적인 지식을 폭넓게, 그리고 간략하게 정리하였다.

의미의 정의

의미는 말소리로 실현되는 형식과는 달리 형식과 관련되어 해석되는 내용이므로 그 실체를 확인하기 어렵다. 따라서 의미의 정의에 대해서도 여러 가지 학설이 제기되어 왔다. 대표적인 것으로 지시설, 자극-반응설, 개념설 등을 들 수 있다.

지시설은 언어의 의미를 말소리와 같은 형식이 지시하는 실제 사물이라고 보는 견해로 [강아지]라는 말로 실제의 강아지를 지시하는 것처럼 실제로 존재하는 **지시 대상**(referent)이 곧 그 말의 의미가 된다는 가설이다. 지시설은 고유명사와 같이 지시물이 분명히 존재하는 경우에는 별 문제가 없으나, '도깨비, 용, 견우, 직녀'와 같이 현실에 존재하지 않는 사물을 가리킨다든지, '사랑, 믿음' 등과 같이 추상적인 의미를 갖는 말, '은/는, -았-/-었-'과 같이 문법적인 기능을 갖고 있는 말의 의미를 설명하기에는 적절한 이론이 아니다.

자극-반응설은 행동주의 심리학에 기초한 학설로, 언어의 의미를 행동의 한 가지 양상으로 보고 있다. 화자는 어떤 상황, 즉 현실적 자극(S)에 따라 언어적 반응(r)을 하게 되고, 청자는 이 언어적 자극(s)에 따라 현실적 반응(R)을 보이게 되는데, 이 과정에서 의미를 알 수 있다는 것이다. 이 이론은 의미를 관찰 가능한 대상으로 파악하려는 시도이지만 상황과 자극 및 반응은 개개인에 따라 달라질 수 있기 때문에 의미의 정의로 보기에는 한계가 있다.

가장 널리 수용되고 있는 의미의 정의는 바로 **개념설**이다. 개념설은 의

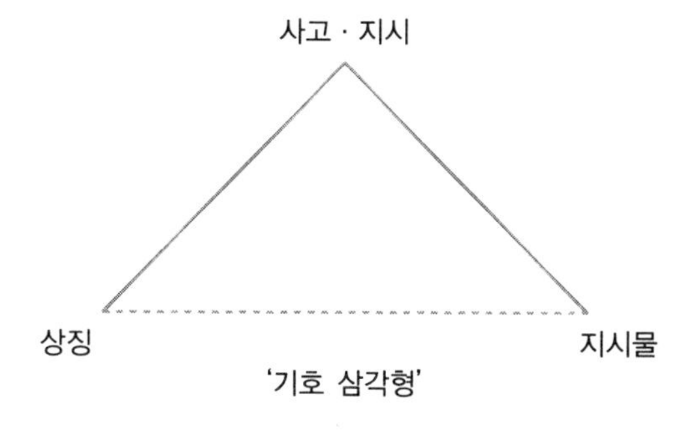

'기호 삼각형'

미가 바로 개념이라는 관점인데, 다음과 같은 기호 삼각형 혹은 의미 삼각형이라는 도식으로 대표된다.

앞 그림(기호 삼각형)에서 '상징'은 말소리나 문자로 표시된 언어 기호의 형식을 가리킨다. '지시물'은 앞서 살펴본 것과 같이 지시 대상을 말한다. 그런데 지시설과는 달리 이 그림에서는 상징과 지시물이 직접 관련되지 않는다. 이 그림에서 점선은 상징과 지시물이 직접적인 관련을 맺지는 않는다는 뜻을 나타낸다. 상징과 지시물은 머릿속에 존재하는 '사고, 지시'에 의해 간접적으로 연결될 수 있는데, 이 '사고, 지시'가 바로 개념이고 의미이다. 개념은 사람들이 알고 있는 공통의 지식이라고 할 수 있다. '강아지'나 '사랑'이라는 말을 듣고 그 의미를 알 수 있는 이유는 우리가 이 언어형식에 대한 개념을 공유하고 있기 때문인 것이다.

의미의 종류

학교 문법에서는 의미의 종류를 몇 가지로 구별하고 있는데, 이를 통해 단어 의미의 여러 가지 특성을 짐작할 수 있다. 이 중 함축적 의미, 사회적 의미, 정서적 의미, 주제적 의미는 여기 소개하지는 않은 연어적 의미와 함께 묶여 연상적 의미라고 불리기도 한다.

중심적 의미와 주변적 의미

하나의 형식은 여러 의미와 관련되는 경우가 많다. 사전을 찾아보면 표제어 하나에도 상당히 다양한 의미가 있다는 것을 알 수 있다. 이렇게 한 가지 형식에 여러 내용이 연결된 단어, 즉 의미가 여럿인 단어를 다의어라고 한다. 한 단어에 여러 개의 의미가 있다면 어떤 것은 중심적 의미이고 그 밖의 것은 주변적 의미가 될 것이다. '손'을 예로 들면 다음과 같다.

중심적 의미

아기의 귀여운 손

주변적 의미

손이 모자란다. (일손)

그 사람과 손을 끊겠다. (관계)

손이 크다. (씀씀이)

다의어와 동음이의어

다의어와 **동음이의어**(동음어)는 모두 하나의 형식에 두 가지 이상의 의미가 연결된 것이다. 다의어는 그 의미들이 서로 관련되어 있는 것이고, 동음이의어는 의미 사이의 관련성을 찾기 힘든 것을 말한다. '손'을 예로 들면 일손, 관계, 씀씀이를 나타내는 뜻은 다의어의 하위 의미로 볼 수 있다. 그러나 '손님'이라는 뜻의 '손'은 신체의 일부분을 나타내는 '손'와 전혀 관련성이 없다. 두 단어는 서로 동음이의어 관계에 있는 것이다.

사전적 의미와 함축적 의미

어떤 단어의 가장 기본적이고 객관적인 의미를 사전적 의미라고 한다. 개념적 의미, 외연적 의미, 인지적 의미도 같은 말이다. 이 의미는 가장 필수적이고 기본적인 특성에 바탕을 두는데, '여성'의 사전적 의미는 '사람이면서 남성과 대립되는 말' 정도가 된다. 그러나 '여성'에서 '모성애, 부드러움' 등의 의미를 떠올릴 수도 있다. 이렇게 연상이나 관습 등에 의해 형성되는 의미를 함축적 의미 또는 내포적 의미라고 한다.

사회적 의미와 정서적 의미

사회적 의미는 어떤 말을 사용하는 사람의 사회적 환경을 반영하는 의미이다. 말을 듣고 그 사람의 출신 지역, 사회적 지위, 교양 수준, 직업 등을 알 수 있다면 이것이 사회적 의미가 된다. 사회적 의미는 단어의 종류는 물론 말소리의 특성, 글의 문체 등 다양한 양상으로 전달된다. 정서적 의미는 말하는 사람의 태도나 감정을 드러내는 의미이다. 어떤 사람의 말을 듣고 그 사람의 기분, 청자에 대한 태도, 화제에 대한 관심 정도 등을 알 수 있는데, 이를 정서적 의미라고 한다.

주제적 의미와 반사적 의미

주제적 의미는 화자나 필자의 의도를 드러내는 의미이다. 주제적 의미는 어순이나 억양 등으로 실현된다. 다음 예에서 첫 번째 문장과 두 번째 문장은 비슷한 뜻을 나타내지만, 조금 더 생각해 보면 첫 번째 문장은 두 번째 문장보다 '선이'를 더 강조하고 있다는 것을 알 수 있다.

선이가 글짓기 대회에서 금상을 받았다.
글짓기 대회에서 선이가 금상을 받았다.

반사적 의미는 어떤 언어 형식의 사전적 의미와는 별 관계없는 반응을 불러일으키는 경우를 가리키는 말이다. 또는 동일한 사전적 의미를 갖는 두 가지 언어 형식이 다른 느낌을 나타낼 때에도 이를 반사적 의미로 보기도 한다. '엄마'와 '어머니'의 뉘앙스 차이가 한 가지 예이다.

단어 사이의 의미 관계

단어 중 어휘적 의미를 갖는 명사, 동사, 형용사, 부사 등을 **내용어**라고 하는데, 이 내용어의 의미를 보면 그들 사이의 관계적 특성을 볼 수 있다.

유의 관계

단어가 서로 비슷한 의미를 가질 때 이 단어는 **유의 관계**를 이룬다고 하고, 유의 관계를 갖는 단어를 **유의어**라고 한다. 의미가 동일하다는 뜻으로 **동의어**라는 용어를 쓰기도 하지만, 엄밀히 말하면 완전히 의미가 같은 단어가 있다고 보기는 어렵다. 따라서 동의어라는 용어보다는 유의어라는 용어를 쓰는 것이 낫다. 유의 관계는 다음 예에서 보듯이 여러 단어에 걸쳐 나타나는 것이 보통이다.

매우, 몹시, 아주, 되게, 퍽, 참, 무척, 대단히……

이 부사들은 모두 어떤 특성의 정도가 기준을 넘어선다는 의미를 갖는다. 유의 관계는 **계열관계**에 놓인 단어에 나타나는 의미 관계이므로, 유의어인지를 확인하려면 **대치**의 방법을 이용할 수 있다. 같은 자리에 올 수 있고, 의미의 유사성이 유지되면 유의어, 즉 비슷한 말로 볼 수 있을 것이다. 다음 예에서 '매우'와 '무척'의 유의성은 아주 강하지만, '몹시'는 이들과는 조금 다르다. 따라서 유사성에도 정도의 차이가 있다는 것을 알 수 있다.

매우 건강하다.
무척 건강하다.
?몹시 건강하다.

반의 관계

단어의 의미가 서로 짝을 이루어 대립하는 경우를 **반의 관계**라고 하고, 반의 관계에 있는 단어를 **반의어**라고 한다. 반의 관계에 있는 두 단어는 서로 밀접한 관계에 있어야 한다. 즉, 한 개의 의미 요소만 다르고 나머지 의미 요소는 모두 공통적이어야 하는 것이다. 음운론의 **변별적 자질**을 생각하면 될 것이다. '남자 : 여자'는 성별이라는 의미 요소로 서로 대립을 이룬다. 반의어는 하나의 단어에 대해 여러 가지가 있을 수 있다. '벗다'의 반의어는 '(옷을) 입다, (모자를) 쓰다, (신을) 신다, (장갑을) 끼다' 등으로 다양하고, '열다'의 반의어도 '닫다, 잠그다, 채우다' 등을 생각할 수 있다.

반의어에는 몇 가지 유형이 있다. '길다 : 짧다'처럼 중간 단계를 설정할 수 있고 정도나 등급의 대립으로 볼 수 있는 **정도 반의어**와 '남성 : 여성'처럼 서로 배타적인 개념을 구분하는 **상보 반의어**, 그리고 방향과 관계를 나타내는 **방향 반의어**가 있는데, '위 : 아래'나 '가다 : 오다', '사다 : 팔다' 등이 여기에 속한다.

상하 관계

한 단어의 의미가 다른 쪽에 포함되는 경우, 이들은 서로 **상하 관계**에 있다고 한다. 이때 포함되는 단어를 **하의어** 또는 **하위어**라 하고, 다른 단어의 의미를 포함하는 단어를 **상의어** 또는 **상위어**라고 한다. 상의어일수록 일반적이고 포괄적인 의미를 갖고, 하의어일수록 개별적이고 한정적인 의미를 갖는다. 분류표에서의 단어들이 갖는 관계가 바로 상하 관계이다. '새'는 '참새'의 상의어가 되고, '동물'의 하의어가 된다.

은유와 환유

언어 표현에는 비유적인 것이 많다. 비유에는 **은유**(metaphor)와 **환유**(metonymy) 두 가지가 있는데, 은유는 표현하고자 하는 영역과 기존의 경험 세계 영역의 유사성에 기초한 표현을 말한다. 예를 들어, '그 친구는 천사야' 라는 표현은 '천사' 에 대한 여러 가지 공유된 인식을 이용하여 그 친구의 특성을 표현하려고 하는 것이다. 은유는 계열관계에 있는 두 요소 사이의 대치로 형성된다.

한편 환유는 인접성에 바탕을 둔 비유법이다. 인접해 있는 두 요소 사이에는 의미적 연상이 형성된다. 예를 들어, '서울 한 장 주세요.' 라는 표현은 형식 그대로 해석하면 논리적 문제가 있는 것처럼 보이지만, 이 표현이 '서울행 기차표 한 장 주세요.' 라는 뜻으로 쓰임을 이해하기에는 전혀 문제가 없다. '서울' 이 '서울행 기차표' 를 형성하고 있는 요소이며 둘 사이에 인접성이 있으므로 전체를 언급하지 않아도 되는 것이다. 결합관계에 있는 요소 중 어떤 것이 생략되는 방식으로 형성된다.

문장의 의미

문장은 단어의 결합으로 이루어진 단위이지만, 그 의미도 단어의 의미가 단순히 더해져서 이루어졌다고 보기는 어렵다. 문장의 의미를 해석하기 위해서는 개별 단어의 의미는 물론 단위들의 통사적 관계 등 단어 이상의 차원의 정보를 알아야 한다.

유의성

유의성은 문장의 구성 방식에 차이가 있지만 의미는 비슷한 것을 말한다. '그 친구는 발이 넓다.' 와 '그 친구는 아는 사람이 많다.' 는 형식은 다르지만 의미는 비슷하다. 유의성은 능동문과 피동문, 어순 변화, 부정문의 종류, 사동문의 종류, 관용 표현 등 다양한 이유로 발생한다.

중의성

문장의 중의성(ambiguity)이란 하나의 문장이 둘 이상의 다른 의미를 가지는 경우를 말한다. '학생들이 다 도착하지 않았다.'는 학생이 모두 도착하지 않았거나, 학생 중 일부가 아직 도착하지 않았음을 나타내는 데다 사용할 수 있다. 중의성은 단어 의미의 중의성, 문장의 계층 구조의 차이, 부정의 범위 등에 의해 발생한다. 형식과 내용의 독립성이 있기 때문에 하나의 형식에 여러 내용이 연결된다든지, 복수의 형식에 하나의 내용이 연결될 수 있는 가능성이 있다. 전자를 중의성이라고 하고, 후자를 동의성이라고 하는 것이다.

전제와 함의

어떤 문장의 의미가 다른 문장의 의미를 포함하는 경우가 있다. 여기에는 두 가지 논리적 관계가 있다.

S1: 철수는 어제 산 옷을 입었다.
S2: 철수가 어제 옷을 샀다.

S1이 참이라면 S2도 참이 된다. 이럴 때 S2는 S1의 전제가 된다고 한다. S1을 부정해서 '철수는 어제 산 옷을 입지 않았다.'라고 해도 S2는 여전히 참이 되는 것이다. 그런데 다음 문장의 관계는 조금 다르다.

S1: 철수가 유리창을 깼다.
S2: 유리창이 깨졌다.

S1을 통해 S2를 알 수 있지만, 만약 S1을 부정하면 S2도 성립되지 않는

다. '철수가 유리창을 깨지 않았다.'면 유리창이 깨졌는지 판단할 수 없게 되는 것이다. 이런 경우 S2는 S1의 함의가 된다.

문법과 의미의 관련성

문법론은 형식에 대한 탐구를 중심으로 한다. 내용에 대한 연구가 의미론의 영역이라면 두 분야는 잘 구별될 수 있을 것처럼 보인다. 그러나 실제로는 문법적 원리를 규명하는 과정에서 의미에 기댈 수밖에 없는 상황이 많이 나타난다. 연결어미의 분류는 문법론적인 기준보다는 의미적 기준을 바탕으로 하는 것이 더 유용하다는 것이 한 가지 예가 된다. 서술어 논항의 의미역이나 양태 등도 의미를 언급하지 않으면 접근하기 힘든 영역이다.

화용론과 문법

화용론의 개념

화용론은 문장 이상의 문법 단위에 대한 학문이다. 문장보다 큰 단위는 언어 사용자를 포함한 기능적 영역이라고 할 수 있으며, 이렇게 화자와 청자가 산출하고 교류하는 언어의 의미를 연구하는 분야가 바로 화용론이다. 상황을 고려한 언어 의미에 대한 연구이므로 상황의미론이라고도 한다. 화용론은 화자와 청자, 그리고 사용 상황의 의사소통적 속성을 모두 고려하므로 문장에 한정된 언어 기술보다는 의사소통이라는 언어의 본질을 더 잘 반영할 수 있는 학문이지만, 그만큼 형식화하기도 쉽지 않은 영역이다.

담화와 텍스트

이야기, 담화, 텍스트

모든 언어는 일정한 상황하에서 사용된다. 이런 상황을 고려해야 언어의 의미를 제대로 파악할 수 있다.

지금 몇 시입니까?

같은 문장이라도, 길을 가다가 모르는 사람에게 위의 말을 하는 경우와, 약속 시간에 늦은 사람을 책망하면서 말을 하는 경우의 대답은 달라질 것이다. 이렇게 화자와 청자의 관계, 그리고 해당 문장이나 발화가 사용된 상황에 따라 언어 형식과 관련된 내용이 달라지는 문제를 화용론에서 다룬다.

우리가 사용하는 언어는 하나의 문장이나 하나의 발화로 한정되지 않는다. 관련된 문장이나 발화 여러 개를 일정한 원리에 의해서 통일성 있게 풀어내야 한다. 학교 문법에서 언급되는 '**이야기**'는 문장이나 발화가 모여 형식과 내용의 완결성을 갖춘 단위를 말한다. 이야기를 언어 매체에 따라 **담화**(discourse)와 **텍스트**(text)로 구별하기도 한다. 학자에 따라 그 개념에 차이가 있지만, 대개 담화는 구어적 언어 형식으로, 텍스트는 문어적 언어 형식으로 규정한다. 다시 말하면 담화는 말에 대한 것, 텍스트는 글에 대한 것이다. 학교 문법에서 사용하는 '이야기'라는 용어보다는 담화나 텍스트라는 용어가 문장을 넘어서는 화용론적 단위를 지칭하는 데 더 많이 쓰인다. '이야기'는 매우 일반적인 술어이면서 때로는 서사

(narrative)의 개념으로도 쓰이므로 혼란을 피할 수 없기 때문이다.

담화와 텍스트의 요건

담화나 텍스트가 성립되기 위해서는 화자와 청자가 참여해야 한다. 화자를 말하는 이, 발신자라고 하기도 하고 청자를 듣는 이, 수신자라고 한다. 물론 독백과 같이 특정한 청자가 없는 담화도 있지만 이 경우에는 화자가 스스로를 가상의 청자로 상정하는 것이다.

화자와 청자가 서로 교환하는 내용은 문장이나 발화의 형식적 조건을 갖추어야 실현될 수 있다. 또한 이 발화가 나타나는 시간과 공간적 상황이 없으면 내용을 정확하게 알 수 없다. 즉, 내용 외에도 **화자**, **청자**, **시간**, **공간** 등의 **상황 맥락**을 알아야 담화와 텍스트의 의미를 제대로 파악할 수 있는 것이다.

또한 담화나 텍스트는 일정한 내용과 형식의 구조를 형성해야 한다. 단순하게 문장과 발화를 나열한다고 담화가 이루어지는 것은 아니다. 담화와 텍스트가 갖추어야 할 일정한 구조를 내용 구조와 형식 구조로 나누어 볼 수 있는데, 이 때 준수되어야 하는 요건이 바로 각각 결속성과 결속 구조이다.

내용 구조는 내용면에서 담화나 텍스트가 갖추어야 할 주제나 의미가 하나로 통일되는 것을 말한다. 다른 말로 하면 하나의 주제가 일관성 있게 유지되어야 한다는 뜻이다. 일관된 주제 아래 발화나 문장들이 유기적으로 배치되어야 한다. 이렇게 주제나 의미가 하나로 모이는 것을 **결속성** (coherence)이라고 한다. 결속성은 학자에 따라 응집성이나 응결성, 통일성이라고 번역하기도 한다.

형식 구조는 담화나 텍스트가 갖는 일정한 형식적 특성이다. 지시어나 접속부사와 같은 다양한 담화 표지가 형식적 구조를 표시하는 문법적 장치가 된다. 담화표지를 이용해서 일관된 내용을 유지하게 하는 형식 구조의 통일성이 있는 것이다. 겉으로 드러나는 문법적 장치에 의한 형식 통일성을 결속구조(cohesion)라고 한다. 결속구조는 학자에 따라 결속성이나 응집성이라고 번역하는 등 용어의 차이가 있으므로 주의해야 한다.

어제 극장에 갔었니? 거기서 민서를 만났어.
오늘 날씨가 매우 나쁘군. 하지만 그곳에 꼭 가야 해.

결속구조는 연결어의 사용으로 유지될 수 있다. 연결어는 지시대명사, 접속부사, 연결어미, 보조사 등 종류가 다양한데, 이들이 발화 사이의 의미적 통일성을 표면적으로 유지하는 데 쓰인다면 연결어라고 할 수 있다.

화용론과 관련되는 문법 요소

지시 표현

어떤 표현은 담화와 텍스트가 사용되는 장면을 알지 못하면 그 의미를 올바로 해석할 수 없다.

내가 말했던 사람이 이 사람이야.
물건은 거기다 놓으면 돼요.

한국어의 지시 표현은 주로 '이, 그, 저'와 같은 관형사를 기초로 여러 품사의 단어로 확장되는데, '이것, 저것, 그것'이나 '여기, 저기, 거기'와 같은 지시대명사, '이렇게, 그렇게, 저렇게'와 같은 형용사의 활용형, '이리, 저리, 그리'와 같은 지시부사에 이르기까지 매우 다양하다. '이, 그, 저'의 기능을 각각 근칭, 중칭, 원칭이라고 하기도 하는데, 이 말의 의미는 실제 사용 상황에서 확실히 정해진다.

높임법

한국어에는 화자와 청자의 상하 관계와 친소 관계에 따라 표현이 달라지는 경우가 있다. 이를 높임법이라고 하는데, 화자와 청자 그리고 제3자와의 관계 등 화용적 정보에 따라 실현되므로 화용론과 밀접한 관련성이 있다.

양 태

양태는 화자의 심리적 상태를 나타내는 범주이다. 한국어의 문장은 명제를 나타내는 부분과 양태를 나타내는 부분으로 나누어 생각할 수 있는데, 선어말어미나 종결어미, 보조용언, 보조사 등에 이런 양태적 정보가 드러난다. 양태적 의미는 서술 내용에 대한 화자의 마음가짐이나 단정, 확인, 감탄, 추정, 의혹, 의지 등을 말한다. 다음 문장을 보자.

선이가 지금 숙제를 하-

위의 완결되지 않은 표현이 이 문장의 명제에 해당하는 부분이다. 이 뒤에 결합하는 여러 가지 표현은 이 문장의 양태에 해당하는 부분으로 다음과 같이 다양하게 실현될 수 있다.

-ㄴ다. (단정)

-네. (확인)

–는구나! (감탄)

–는 것 같아. (추정)

–ㄹ까? (의혹)

–는데. (사실의 전달)

생략 표현

한국어는 주요 성분의 생략이 자유로운 언어라고 기술되기도 하지만, 이런 생략도 일정한 화용적 상황이 충족되어야 가능하다. 앞뒤 문맥을 통해 화자와 청자가 쉽게 복원할 수 있는 정보를 나타내는 성분은 생략 가능하다. 이런 생략 표현은 구어에서 더 많이 나타나는데, 구어는 그 상황상 장면이나 맥락의 도움을 받아 정보를 충분히 복원할 수 있기 때문이다.

너 어제 정수 봤니?

민주랑 도서관에 있던데. (주어 생략)

화 행

언어는 단순히 정보를 전달하기 위해서 쓰이는 것이 아니라, 현실 세계에 특정한 영향력을 미치기 위해서도 사용된다. 언어를 일종의 행위로 볼 수도 있는 것이다. **담화 행위**(speech act) 또는 **화행**이란 개념은 바로 담화의 요소인 발화가 어떤 행위를 수행하는 것을 말한다.

문장이나 발화로 할 수 있는 행위는 여러 가지가 있다. 명령, 요청, 질문, 제안, 약속, 경고, 축하, 위로, 협박, 칭찬, 비난 등의 행위는 모두 언어를 통해 할 수 있는 행위이다. 이런 발화 행위는 직접 발화 행위와 간접 발화 행위로 나눌 수 있다.

직접 발화 행위는 화자의 생각을 직접 나타내는 것으로 **직접 화행**이라고도 한다. 직접 화행은 발화의 형태와 기능이 일치하는 것이다. 예를 들어, 의문문으로 질문한다든지, 명령문으로 명령하는 것 등이다. 한국어에서는 문장의 종결어미에 나타난 문장 종결법과 발화 행위가 일치하는 경우가 될 것이다.

문 좀 닫아라.

간접 화행은 발화의 형태와 기능이 일치하지 않는 것이다. 즉, 의문문으로 명령이나 요청의 기능을 수행한다든지 하는 것이다. 같은 행위라도 다음과 같이 표현할 수 있다.

문 좀 닫아 주실 수 있으세요?

간접 화행이 직접 화행보다 더 공손한 표현이 될 수 있다.

어문 규범과 문법

어문 규범의 필요성

학교 문법이 규범적 성격을 지닌다고 했지만, 사실 한국어에서 실제 언어 생활을 통제하기 위해 명문화된 규범은 그리 많지 않다. 어문 규정이라는 이름으로 규정된 규범은 모두 네 가지로, '한글 맞춤법' '표준어 규정' '외래어 표기법' '국어의 로마자 표기법'이다. 이 중 표준어 규정을 제외한 나머지 세 가지는 모두 문자 언어를 사용할 때 지켜야 하는 것으로 '쓰기'를 위한 규정이라고 할 수 있다.

현대사회는 점차 문자 언어 중심의 사회가 되어 가고 있으며 특히 전문 영역일수록 문서의 중요성이 높아지고 있다. 정서법, 철자법으로도 불리는 맞춤법은 문자 언어의 사용에서 매우 중요한 문제일 수밖에 없다. 맞춤법 오류는 일상생활에서는 빈번하게 일어나지만, 전문가가 노출하는 오류는 그 사람의 신뢰에 부정적 영향을 크게 미칠 수밖에 없다. 맞춤법이 잘못된 보고서나 논문을 보면 작성자의 전문성을 의심하게 되는 것은 당연한 일이다.

물론 현재의 어문 규정이 완벽한 것이라고 하기는 힘들다. 또 어문 규정의 내용이 실제 언어 현실과 괴리된 경우도 적지 않다. 그러나 어문 규정이 문법적 지식의 기반 위에서 만들어진 것이라는 기본 원리를 이해한다면 오류의 가능성을 크게 줄일 수 있을 것이다. 학교 문법에서는 어문 규범을 지키는 일이 교양인이 갖추어야 할 기본 소양이라고 기술하고 있는데, 전문인에게는 그 기준이 더욱 엄격해지는 것이 현실이다.

한글 맞춤법

한글 맞춤법의 개념

한글 맞춤법은 한국어를 '한글'이라는 문자로 적기 위한 방법이다. 한국어와 한글이 동일한 의미를 갖지 않는다는 것은 이미 언급한 바 있다. 한글 맞춤법은 1933년에 조선어학회에서 제정한 '한글 맞춤법 통일안'에서 기틀이 세워졌고 1988년에 '한글 맞춤법'이라는 이름으로 공식화되었다. 한글 맞춤법의 목차는 다음과 같다.

한글 맞춤법

제1장 총칙

제2장 자모

제3장 소리에 관한 것

제4장 형태에 관한 것

제5장 띄어쓰기

제6장 그 밖의 것

부록 문장부호

한글 맞춤법의 원리

한글 맞춤법은 크게 두 가지 원리로 구성되어 있다. 총론에 규정된 다음 기술을 통해 이 원리를 짐작할 수 있다.

> 제1항 표준어를 소리대로 적되, 어법에 맞도록 함을 원칙으로 한다.

즉, 한글 맞춤법은 '소리대로 적기'와 '어법에 맞도록 적기' 이 두 가지 원칙을 갖고 있음을 알 수 있다. 전자를 **음소주의** 또는 **표음주의**라고 하고, 후자를 **형태주의** 또는 **표의주의**라고 한다. 한글은 표음문자이므로 음소주의 표기가 기본이 된다. 그러나 실제로는 형태 정보를 밝혀 적는 형태주의 표기가 더 강력한 기준이다. '꽃이 예쁘다.'에서 '꼬치'가 아니라 '꽃이'라고 적는 것은 바로 형태주의 표기에 따른 것이다. '꽃'이라는 명사와 '이'라는 조사의 형태를 그대로 나타내는 표기라는 뜻이다.

일부 단어는 형태주의보다는 소리 나는 대로 적는 음소주의 원칙에 따라 표기한다. 대표적인 것이 **불규칙용언**의 표기이다. 불규칙용언은 '(밥을) 지어, (소리를) 들어, (남을) 도와' 이런 식으로 표기한다. 형태주의 표기라면 '짓어(짓-+-어)'처럼 어간과 어미의 형태소를 그대로 적어야 하지만 이렇게 하지 않고 표음주의 표기를 하는 것이다. 의미의 유지 여부에 따라 판단이 달라지기도 한다. 두 개의 용언이 결합하는 경우나 접사가 붙어서 단어가 만들어질 때, 원형을 알 수 있는 것은 '늘어나다, 먹이'처럼 형태주의 표기를 하지만, 뜻이 유지되지 않거나 뜻을 알기 어려운 것은 '드러나다, 목도리'처럼 원형을 밝히지 않고 표음주의 표기를 한다.

특히 용언의 어간과 어미가 결합하여 활용하는 경우 표기의 오류를 범하는 일이 자주 일어난다. 다음 예를 보자.

그 일을 해야 돼.
그 일을 해야 되지.

'돼'는 어간 '되-'와 어미 '-어'가 합쳐져서 줄어든 형식이다. 어간이 따로 드러나는 경우에는 '되지(되-+-지)'처럼 '되'로 표기한다. 문법적 분석이 표기의 정확성을 보증하는 방법이 되는 것이다.

띄어쓰기

한글 맞춤법의 중요한 원칙 중 하나는 띄어쓰기이다. 띄어쓰기의 원칙은 단어 단위로 띄어서 쓰되, 조사를 앞말에 붙여 쓰는 것이다.

제2항 문장의 각 단어는 띄어 씀을 원칙으로 한다.

흔히 한국어의 띄어쓰기는 어절 단위라고 규정된다고 인식되지만, 실제로는 단어 단위로 띄어쓰기를 하는 것이 원칙이되 조사를 앞의 체언과 붙여서 쓰는 규정 때문에 결과적으로 어절이 표면적으로 확인되는 것이다. 띄어쓰기에서는 몇 가지 허용 규정이 있다. 보조용언은 '도와 드리다'처럼 띄어 쓰는 것이 원칙이지만, '도와드리다'처럼 붙여 쓰는 것도 허용한다. 본용언과 보조용언 구성이 서술어 하나로 기능한다는 것을 생각하면 이런 표기의 타당성이 있다.

체언이 여러 개 연결될 때에도 띄어 쓰는 것이 원칙이지만, 고유명사나 전문용어일 때는 붙여 쓰는 것이 허용된다. 의존명사는 띄어 쓰는 것이 원칙이지만, 숫자와 어울려 쓰일 때에는 '삼 학년'을 '삼학년'처럼 붙여 쓰는 것도 허용된다.

표준어 규정

'교양 있는 사람들이 두루 쓰는 현대 서울말'이 표준어의 정의이다. 표준어 규정은 1988년에 제정된 것으로 방언과 대비된 표준어 어휘의 선정과 표준 발음의 지침을 내용으로 한다. 표준어 규정의 차례는 다음과 같다.

표준어 규정
제1부 표준어 사정 원칙
  제1장 총칙
  제2장 발음 변화에 따른 표준어 규정
제2부 표준 발음법
  제1장 총칙
  제2장 자음과 모음
  제3장 음의 길이
  제4장 받침의 발음

제5장 음의 동화
제6장 경음화
제7장 음의 첨가

표준어 규정은 어휘에 대해 표준어와 비표준어를 구분하고 있지만, 수많은 어휘를 모두 판정하여 규정에 수록할 수는 없으므로 표준어 여부를 확인하려면 사전을 참조해야 한다. 국어사전에서는 비표준어의 경우 잘못된 것임을 표시하고, 대응되는 표준어를 제시하고 있다.

외래어 표기법

외래어 표기법은 외래어를 우리말로 적기 위한 규정이다. 외래어 표기법은 여러 차례 수정을 거쳐 1986년에 공포되었다. 외래어는 '버스, 가스, 라디오' 등 한국어 어휘의 일부를 형성하는 단어를 말하지만, 외래어 표기법에서 말하는 외래어는 이보다는 더 넓은 범위를 포괄한다. 즉, 외국의 인명, 지명 등 외국어도 규정의 대상으로 하고 있다. 외래어 표기법의 차례는 다음과 같다.

외래어 표기법
제1장 표기의 기본 원칙
제2장 표기 일람표
제3장 표기 세칙
제4장 인명, 지명 표기의 원칙

외래어 표기법의 주요 원칙은 별도의 문자를 만들지 않고 한국어의 음운 체계에 맞도록 대응하여 표기하는 것이다. 특별한 것은 '파리'처럼 표기에서 경음을 가급적 배제하고 있다는 것이다. 또 한자로 된 동양의 지명 중 관습적으로 굳어진 것은 '상해'나 '동경'처럼 한국 한자음으로도 표기할 수 있다고 하는 등 관용을 존중한 세칙도 있다.

케이크(O) : 케익(X)

카페(O) : 까페(X)

주스(O) : 쥬스(X)

외래어 표기법은 일상생활에서도 자주 접하는 표기법이다. 다만 표기법은 관습, 즉 사람들이 오랫동안 선택해서 이용해 온 흔적을 존중하므로 실제로 이용하는 표기와 규정의 표기가 충돌하는 예도 적지 않다. 예를 들어, 'orange'를 외래어 표기법의 원칙대로 표기하면 '오린지'가 된다. 그러나 이것은 우리의 언어 감각과는 너무나도 불일치한다. 따라서 '오렌지'라는 관습형을 관용적으로 맞는 것으로 인정하는 것이다.

국어의 로마자 표기법

국어의 로마자 표기법은 한국어, 특히 인명이나 지명 등을 로마자로 표기하기 위한 규정이다. 국어의 로마자 표기법은 2000년에 대폭 수정되었는데 종래에 사용하던 구별 부호를 없애고 로마자만을 표기에 쓰도록 한 것이 큰 변화였다.

로마자 표기법에는 한국어 단어를 글자대로 대응해서 표기하는 방법과 발음대로 표기하는 방법이 있다. 전자를 전자법이라고 하고 후자를 전음법이라고 한다. 국어의 로마자 표기법은 소리 나는 대로 표기하는 음소주의 표기법인 전음법을 따르고 있다. 예를 들어, '종로, 한국'을 로마자 표기법으로 적으면 'Jongno, Hanguk'으로 쓰면 된다. 이 규정의 목차는 다음과 같다.

국어의 로마자 표기법
제1장 표기의 기본 원칙
제2장 표기 일람
제3장 표기상의 유의점

여권을 만들기 위해서는 이름을 로마자로 적는 방법을 알아야 한다. 물론 인명은 관습적 표기가 허용되는 영역이므로 표기법 규정과 다른 표기가 널리 쓰이고 있으나, 로마자 표기법에 따른 인명 표기의 원칙을 알아 둘 필요는 있다. 규정에 따르면 성과 이름은 띄어 쓰고, 이름은 붙여 쓰는 것을 원칙으로 하되 음절 사이에 붙임표를 쓰는 것을 허용한다. 그리고 이름의 각 음절 사이에서 일어나는 음운 변화는 반영하지 않는다.

이봉원 Yi Bongwon

위의 예는 국어의 로마자 표기법에 따른 필자 이름의 로마자 표기다. 로마자 표기법은 아래아한글의 '도구-입력 도우미'에서 자동 변환할 수 있으므로 참고해 보면 좋을 것이다.

과제

1. 형태론적 음운 현상의 예를 더 찾아보시오.
2. 사전의 표제어를 하나 선택하고 기술된 여러 하위 의미를 의미의 종류에 따라 구별해 보시오.
3. 반의어 관계에 있는 어휘 쌍을 찾아 분류해 보시오.
4. 문장의 중의성을 피하기 위한 방법에 대해 설명해 보시오.
5. 화행과 관련해서 발화 행위, 발화 수반 행위, 발화 효과 행위라는 용어의 뜻에 대해 조사해 보시오.
6. 한국어 간접 화행의 예를 찾아서 설명해 보시오.
7. 일상적으로 자주 틀리는 한글 맞춤법의 사례를 조사해 보시오.
8. 표준어와 공통어의 뜻에 대해 알아보시오.
9. 국어의 로마자 표기법과 국제 음성 기호(IPA) 표기의 차이를 생각해 보시오.

참 고 문 헌

강범모. 2005. 『언어: 풀어 쓴 언어학 개론』 한국문화사.

강범모 · 김홍규. 2009. 『한국어 사용 빈도』 한국문화사.

강현화. 2010. "한국어 문법 교육 연구의 현황과 전망." 『언어사실과 관점』(연세대학교 언어정보연구원) 27, 5-42.

고경태. 2008. "한국어 교육을 위한 문법 체계에 대하여." 『한국어학』(한국어학회) 41, 183-206.

고려대학교 민족문화연구원. 2009. 『고려대 한국어대사전』 고려대학교 민족문화연구원.

고영근 편. 2010. 『우리말 문법에 대한 궁금증 115가지』 도서출판 박이정.

고영근 · 구본관. 2008. 『우리말 문법론』 집문당.

고창수. 2012. "소통의 도구로서의 문법." 『어문논집』(민족어문학회) 65, 5-25.

고창수 · 김원경. 2010. 『소통을 위한 한국어 문법』 박문사.

교육인적자원부. 2002. 『고등학교 문법』 서울대학교 국어교육연구소.

국립국어연구원. 1999. 『표준국어대사전』 두산동아.

국립국어원. 2005. 『외국인을 위한 한국어 문법 1-체계 편』 커뮤니케이션북스.

국립국어원. 2006. 『21세기 세종계획 국어 특수자료 구축』 국립국어원 연구보고서.

권유진. 2006. "초등 저학년 아스퍼거증후군 아동의 이야기 회상 산출 능력: 이야기구성, 결속표지, 구문표현." 한림대학교 박사학위논문.

김건희. 2014. "단어, 품사, 문장성분의 분류에 대한 일고찰." 『인문논총』(서울대 인문학연구원) 71-1, 279-316.

김광해 외. 1999.『국어지식탐구』 도서출판 박이정.

김기혁. 1998. “국어문법의 단위.”『논문집』(상지대학교) 9, 157-180.

김수진 · 차재은 · 오재혁. 2011. “발화 요소와 발화 유형.”『한국어의미학』(한국어의미학회) 36, 91-118.

김양진 · 이현희. 2009. “〈고려대 한국어대사전〉의 형태 분석 정보.”『민족문화연구』(고려대학교 민족문화연구원) 51, 55-117.

김영란. 2004. “한국어 교육을 위한 의문사 어휘 정보와 교수 방법 연구.” 상명대학교 박사학위논문.

김영석. 2010.『영어 형태론』 한국문화사.

김영태. 1997. “한국 2~4세 아동의 발화길이에 관한 기초연구.”『말-언어장애연구』(한국언어청각임상학회) 2, 5-26.

김영태. 2014.『아동언어장애의 진단 및 치료』 학지사.

김의수. 2007.『문법 연구의 방법 모색』 도서출판 박이정.

김자성. 2011. “경험이야기와 설명담화에 나타난 학령기의 구문발달특성: 또래 갈등해결과제를 중심으로.” 나사렛대학교 석사학위논문.

김자성 · 김정미. 2011. “설명과 경험이야기에 나타난 학령기 아동 및 청소년의 구문발달 특성.”『언어청각장애연구』(한국언어청각임상학회) 16-4, 540-558.

김종록. 2008.『외국인을 위한 표준 한국어 문법』 도서출판 박이정.

김지혜. 2009. “외국어로서의 한국어 내포문 교육 연구.”『한국어교육』(국제한국어교육학회) 20-1, 45-67.

김태경 · 이필영 · 장경희. 2006. “연령 및 성별 변인과 MLU의 상관관계 연구.”『국제어문』(국제어문학회) 38, 107-124.

김한샘. 2005.『현대 국어 사용 빈도 조사 2』 국립국어원.

나찬연. 2007.『국어 문법의 이해』 제이앤씨.

남기심 · 고영근. 2011.『표준 국어 문법론』 탑출판사.

남길임. 2013. “한국어 정형화된 표현의 분석 단위에 대한 연구: 형태 기반 분석과 어절 기반 분석의 비교를 중심으로.”『담화와 인지』(담화인지언어학회) 20-1, 113-136.

마쓰모토 가쓰미(박종후 역). 2014. 『언어유형지리론과 환태평양 언어권』 역락.
박영순 외. 2008. 『한국어와 한국어교육』 한국문화사.
배소영. 2006. "한국어 발달특성과 학령전기 문법형태소." 『한국어학』(한국어학회) 31, 31-45.
서상규 · 구현정 편. 2002. 『한국어 구어 연구(1)』 한국문화사.
서상규 · 한영균. 1999. 『국어정보학 입문』 태학사.
서정수. 1996. 『국어문법』 한양대학교 출판부.
성광수 외. 2005. 『시와 그림이 있는 한국어 표현 문법』 한국문화사.
시정곤. 1997. "국어의 부정극어에 대한 연구." 『국어국문학』(국어국문학회) 119, 49-78.
신승용 · 이정훈 · 오경숙. 2013. 『국어학 개론』 태학사.
신지영 외. 2012. 『쉽게 읽는 한국어학의 이해』 지식과교양.
안은주. 2008. "일반 초등학생의 설명담화 쓰기 능력: 2, 4, 6학년을 중심으로." 나사렛대학교 석사학위논문.
유목상. 2007. 『한국어의 문법구조』 한국문화사.
유혜원 · 남경완 · 홍종선. 2006. "한국어의 형태론적 중의 어절 사전 구축과 표제어 선정." 『한국어학』(한국어학회) 31, 279-313.
윤미선 · 김수진 · 김정미 · 장문수 · 차재은. 2013. "평균발화길이 분석을 위한 발화 표본의 크기." 『언어청각장애연구』(한국언어청각임상학회) 18-4, 368-378.
이관규. 2002. 『학교 문법론(개정판)』 도서출판 월인.
이관규. 2012. 『학교 문법론(제3판)』 도서출판 월인.
이동석. 2005. "국어사전을 이용한 국어교육." 『어문논집』(민족어문학회) 52, 37-65.
이봉원. 2010. "한국어학과 언어치료학: 인접 분야와의 협력을 위한 한국어 연구의 과제." 『우리어문연구』(우리어문학회) 36, 213-241.
이봉원. 2013. "의사소통 장애 관련 학문 전공자를 위한 문법 교육의 몇 가지 과제." 『한국어학』(한국어학회) 61, 233-259.
이봉원. 2014. "의사소통 분석을 위한 기본 문법 단위." 『한말연구』(한말연구학회)

35, 155-178.
이승환 외. 2001. 『의사소통장애개론』 하나의학사.
이익섭. 2005. 『한국어 문법』 서울대학교 출판부.
이익섭 · 채완. 1999. 『국어 문법론 강의』 학연사.
이정훈. 2012. 『발견을 위한 한국어 문법론』 서강대학교 출판부.
이현정. 2008. "담화유형에 따른 학령기 단순언어장애 아동의 구문사용 특성: 대화와 설명 담화를 중심으로." 이화여자대학교 석사학위논문.
이희자 · 이종희. 2006. 『한국어 학습 학습자용 어미 · 조사 사전』 한국문화사.
임지룡 외. 2005. 『학교 문법과 문법 교육』 도서출판 박이정.
임칠성. 2010. "자국어 문법 교육과 외국어로서의 한국어 문법 교육의 성격 비교 연구." 『문법 교육』(한국문법교육학회) 13, 1-28.
임홍빈 외. 2002. 『국어 문법 현상의 계량적 연구』 고려대학교 민족문화연구원.
장경희 · 이필영 · 김태경 · 김정선 · 김순자 · 전은진. 2014. 『구어 능력 발달 연구』 역락.
장진아 · 김수진 · 신지영 · 이봉원. 2008. "자발화에 나타난 구문구조 발달 양상." 『말소리』(대한음성학회) 68, 17-32.
정경일 외. 2000. 『한국어의 탐구와 이해』 도서출판 박이정.
정병철. 2012. "형태소와 단어의 불분명한 경계에 대한 학교 문법의 처리 방안." 『청람어문교육』(청람어문교육학회) 46, 513-544.
정부자. 2013. "2~4세 일반아동의 자발화 표본크기와 평균발화길이의 비교." 『자폐성장애연구』(한국자폐학회) 13-3, 39-51.
정희창. 2006. "준말의 단어 형성 문제." 『반교어문연구』(반교어문학회) 21, 107-118.
조남호. 2002. 『현대 국어 사용 빈도 조사』 국립국어연구원.
주세형. 2004. "학교 문법 다시 쓰기-언어 단위 문제를 중심으로." 『국어교육학연구』(국어교육학회) 20, 461-498.
지현숙. 2009. " '교육 문법' 에 있어서 한국어 구어 문법을 어떻게 기술할 것인가에 대하여." 『한국어학』(한국어학회) 45, 113-139.

최형용. 2010. "품사의 경계－조사, 어미, 어근, 접사를 중심으로." 『한국어학』(한국어학회) 47, 61-92.

최호철. 1995. "국어의 문법 단위와 문법 교육." 『어문논집』(안암어문학회) 34-1, 637-657.

한정한. 2011. "통사 단위 단어." 『국어학』(국어학회) 60, 211-232.

홍종선. 2014. "구어와 문어를 아우르는 사용자 중심의 한국어 문법." 『어문논집』(한국어문교육연구회) 42, 7-35.

황화상. 2006. 『한국어와 정보』 도서출판 박이정.

황화상. 2013. 『현대국어 형태론』 지식과교양.

Hegde, M. N, 1995, *Introduction to communication disorders*, Austin: Pro-Ed.(김선희 외 공역. 2002. 『의사소통장애』 학지사.)

Owens, R. E. 2010. *Language Disorders: A Functional Approach to Assessment and Intervention*(5th ed.). Boston: Pearson/Allyn and Bacon. (김영태 외 공역. 2012. 『언어 장애: 기능적 평가 및 중재』 시그마프레스.)

찾아보기

저자소개

□ 이봉원

1970년 서울 출생. 고려대학교 국어국문학과에서 학사, 석사, 박사 학위를 받고 현재 나사렛대학교 언어치료학과 부교수로 재직 중이다. 음성학 및 음운론, 한국어 문법, 음성 과학 강의를 담당하고 있으며, 음성학, 음운론, 문법 교육, 인문학적 의사소통 문제와 관련 정책 등에 관심을 두고 연구하고 있다.

전자우편 cynos@kornu.ac.kr

언어치료사를 위한 한국어 문법 블로그 http://blog.daum.net/koreangrammar

언어치료사를 위한
한국어 문법

2015년 3월 30일 1판 1쇄 발행
2020년 9월 10일 1판 7쇄 발행

지은이 • 이 봉 원
펴낸이 • 김 진 환
펴낸곳 • (주) 학 지 사
04031 서울특별시 마포구 양화로 15길 20 마인드월드빌딩 5층
대표전화 • 02) 330-5114 팩스 • 02) 324-2345
등록번호 • 제313-2006-000265호
홈페이지 • http://www.hakjisa.co.kr
페이스북 • https://www.facebook.com/hakjisabook

ISBN 978-89-997-0652-3 93700

정가 15,000원

이 도서의 국립중앙도서관 출판시도서목록(CIP)은 서지정보유통지원시스템 홈페이지(http://seoji.nl.go.kr)와 국가자료공동목록시스템(http://www.nl.kr/kolisnet)에서 이용하실 수 있습니다.
(CIP제어번호: CIP2015006904)